LA CONSERVATION FONCIÈRE DANS LE DISPOSITIF DE SÉCURISATION DES DROITS FONCIERS

Un service incontournable

Raymond Kouassi KRA & Jonas KOUAMBLA

LA CONSERVATION FONCIÈRE DANS LE DISPOSITIF DE SÉCURISATION DES DROITS FONCIERS

Un service incontournable

Préface de Tidiane KABA DIAKITÉ

L'Harmattan
Côte d'Ivoire

Des mêmes auteurs, chez le même Editeur

L'INFORMATION FONCIÈRE URBAINE, ET LA QUESTION DE SA GOUVERNANCE EN CÔTE D'IVOIRE, 17, mai 2021

5-7, rue de l'École-Polytechnique ; 75005 Paris

www.editions-harmattan.fr

ISBN : 978-2-336-53988-1
EAN : 9782336539881

Dédicace

A tous les acteurs de la chaine foncière

ABSTRACT/ RESUME

L'Etat Côte d'ivoire, en matière foncière, a axé sa politique sur la sécurisation de la propriété foncière. La spécificité de ce choix stratégique réside dans l'intervention d'acteurs variés dans le système foncier. Au cœur de l'action de ces administrations plurielles, la Conservation Foncière se présente comme un service aux compétences transversales dans l'exécution des activités foncières et immobilières sur tous les domaines fonciers avec pour mission de garantir et consolider les droits fonciers. Bien que d'importance capitale pour le développement économique, l'activité de la Conservation Foncière découlant du régime foncier de l'immatriculation qui fait du conservateur le garant de la propriété foncière est malheureusement peu connu du grand public et des partenaires fonciers. La Conservation Foncière en tant que service fiscal, est plutôt jaugée en termes de performance, par sa capacité à recouvrer le maximum de taxes, redevances et droits assignés comme objectifs fiscaux. Cette mission financière semble être priorisée par l'administration fiscale, ce qui a pour conséquence dans bien des cas de reléguer au second plan, le rôle de garantie des droits réels immobiliers. A l'inverse, une attention particulière sur la simplification de la procédure d'immatriculation et l'établissement massif de titres fonciers peut être un bon catalyseur pour aligner sécurisation de la propriété foncière et rentabilité fiscale.

Mots clés : Conservation foncière, immatriculation foncière, sécurisation du foncier, fiscalité immobilière, Côte d'Ivoire.

Remerciements

Cette étude a été possible grâce à la contribution de plusieurs intelligences.

Dans le milieu professionnel, plusieurs personnalités n'ont pas manqué de partager avec nous leurs expériences et pratique métier. La substance de leur énorme savoir-faire a enrichi les différentes articulations de ce travail de recherche. Il s'agit de :

Monsieur AKA Jacques, Conseiller spécial du Directeur Général des impôts, ancien Conservateur général ;

Monsieur Tidiane KABA DIAKITE, Directeur du Domaine de la Conservation Foncière de l'Enregistrement et du Timbre ;

Monsieur AHI KOFFI Abdoulaye, Sous-directeur de la conservation foncière ;

Monsieur N'CHO Francis Innocent, Sous-directeur de l'enregistrement et du Timbre ;

Monsieur COULIBALY Fousseni, Sous-directeur du Domaine ;

Monsieur N'GUESSAN Didier, Conservateur Central du Livre Foncier Electronique ;

Monsieur KRAGBE Paul, Secrétaire permanent de l'observatoire des plaintes foncières ;

Monsieur ORSOT Kouassi Sylvain, Conservateur de la propriété foncière et des Hypothèques du Plateau ;

Monsieur DAOUDA OUATTARA, Conservateur de la propriété foncière et des Hypothèques de Grand-Bassam ;

Madame GBE Jidith, Conservateur de la propriété foncière et des Hypothèques de MARCORY ;

Madame SAVANE Drouho Pomannin, Conservateur de la propriété foncière et des Hypothèques de COCODY ;

Monsieur AGNIMEL Jean Chrysostome, Conservateur de la propriété foncière et des Hypothèques d'ABOBO ;

Madame SEHIA Pauline, Conservateur de la propriété foncière et des Hypothèques de RIVIERA ;

Madame KOHUE Namousso FANNY, Conservateur de la propriété foncière et des Hypothèques de Bingerville ;

Plusieurs collègues des services de Conservation Foncière se sont prêtés naturellement aux séances d'interviews, souvent à des moments très indélicats, notamment entre deux diligences. Nous louons leur force de travail, leur disponibilité et cette marque de sympathie. Ils ont mis tout en œuvre pour réunir et mettre à notre disposition l'essentiel des informations en rapport avec la thématique traitée. De ce fait, certains extraits de cet ouvrage leur ont été empruntés, parce que puisés des rapports, des mémorandums et autres comptes rendus, résultats de leurs travaux administratifs.

Madame KOUAME Essan Géneviève, Chef de service de la plateforme du livre foncier électronique ;

Madame KONAN AGO Agnès, Chef de service des applicatifs de la fiscalité immobilière de la Conservation Foncière ;

Monsieur KOUAME Djah Raoul, Chef de service des taxes redevances et revenus du domaine ;

Monsieur SANGARE Badra Ali, chef de service du Contrôle des actes ;

Madame MONGAZI Flora Prudence, Chef de service de la coordination des activités ;

Monsieur KACOU Darius, agent à la Conservation centrale du livre foncier électronique ;

Monsieur SORO Nawa Bernard, agent au service de Contrôle des actes ;

Monsieur DIE Michel, agent à la Conservation centrale du livre foncier électronique ;

Monsieur ACHIE G. Parfait, agent à la Conservation centrale du livre foncier électronique ;

Cette série de remerciements ne peut prendre fin sans reconnaitre, le travail acharné de notre équipe d'enquêteurs, pilotée par Docteur BAN Messou et les différents agents des Guichets Courriers au sein des services de Conservation Foncière parcourus pour le recueil des données auprès des usagers clients. Enfin, à toutes les personnes qui, de près ou de loin, ont apporté leur pierre à la conception de cet ouvrage, nous voudrions exprimer toute notre gratitude.

Préface

Instituée par le décret foncier de 1906, la Conservation Foncière en Côte d'ivoire fait aujourd'hui partie des services centenaires dans le dispositif administratif ivoirien. Que de chemins parcourus, que de mutations subies, que de challenges relevés dans la difficile mission de garantir les droits réels sur les biens immobiliers dans notre pays. Créée au départ par le colon pour servir de cadre institutionnel et organique à la mise en œuvre du régime foncier de l'immatriculation, la Conservation foncière s'est imposée dans le système moderne de gouvernance du foncier ivoirien comme un acteur incontournable du mécanisme de sécurisation foncière.

La tâche n'a pas toujours été aisée dans un pays où la majorité des terres sont régies par les us et coutumes. Le rapport au sol n'est pas toujours guidé par la volonté d'accumuler la richesse, mais semble-il trouver un solide enracinement dans certaines considérations sociologiques et anthropologiques. L'Etat de Côte d'Ivoire, conscient de ce fait, a dès son accession à l'indépendance œuvré pour la promotion de la valeur économique de la terre. Il a réussi tant bien que mal aujourd'hui à faire comprendre à la population que la terre constitue un capital qu'il importe de sécuriser pour l'exploiter en toute quiétude.

C'est dans ce canevas que la Côte d'Ivoire a connu des années fastes avec le développement de l'agriculture en zone rurale. Mieux encore, le boom immobilier de cette dernière décennie dans le domaine urbain témoigne de l'importance du foncier dans le tissu économique. Un véritable marché foncier et de l'immobilier se met en place progressivement en tenant compte de l'explosion actuelle des demandes d'établissement de titre foncier en vue de la délivrance de l'Arrêté de Concession Définitive. Cette hausse de la demande d'accès à la propriété foncière est la preuve que la politique foncière de l'Etat de Côte d'Ivoire produit des résultats satisfaisants.

Dans un pays désormais sécurisé avec une croissance économique soutenue avoisinant les 8% et où l'environnement des affaires est très attractif, la Conservation Foncière est appelée à jouer pleinement sa partition dans le processus de sécurisation des droits fonciers par l'établissement massif de titres fonciers. Si le nombre d'immatriculation des terres pour la garantie des droits fonciers s'est avéré mitigé jusqu'en 2010, depuis la sortie de crise, le volume de titres fonciers a pratiquement doublé et excédant 400.000 en 2023. Il s'agit là d'un bond qualitatif en avant qui laisse entendre que les services de Conservation de la Propriété Foncière et des Hypothèques sont mis à rude contribution dans ce contexte de pression foncière.

Nonobstant ses efforts de performance, l'institution doit essuyer les vives critiques des usagers quant à la lenteur et la lourdeur dans le traitement des demandes actes. Elle doit également faire face aux rapports de force que lui impose l'imbroglio d'une gestion foncière à la chaine et aux mains d'acteurs multiples aux desseins souvent inavoués. Mais la Conservation Foncière forte de son expérience et de son savoir-faire poursuit allègrement sa marche vers l'ultime objectif qui est l'immatriculation de toutes les terres de Côte d'Ivoire afin de faciliter la bancarisation du foncier.

La rigueur et le sérieux dans les procédures et formalités accomplies font que les actes émis par ce service jouissent d'une certaine crédibilité. D'ailleurs, le crédit hypothécaire dont le volume n'a cessé de croitre est accordé sur la base des renseignements fonciers fournis par les services de Conservation Foncière. Avec la création du Livre Foncier Electronique suivant ordonnance du 25 mars 2015, la Conservation Foncière a pris une longueur d'avance en se positionnant comme un interlocuteur fiable en matière d'information foncière et immobilière. La dématérialisation de toutes procédures foncières du ressort de la Direction générale des Impôts, finira d'achever le processus de modernisation de cette administration. D'ici là, la démarche qualité appliquée par la Direction générale des Impôts a un retentissement mélioratif sur l'offre de services des Conservations foncières. En se fixant pour objectif zéro litige foncier du fait des actes qu'elle émet, la Conservation Foncière, en service avant-gardiste, a su amortir les désagréments liés à l'explosion du contentieux qui a marqué le système foncier ivoirien au cours de ces dernières années.

Dans cet environnement foncier fait de complexités et d'opportunités, une étude sur la performance de la Conservation Foncière est d'une utilité indéniable. Elle a l'avantage d'avoir été effectuée par des agents de l'administration foncière et des hommes de sciences. Ce double regard de praticien et de chercheur imprime à la fois à cet ouvrage une approche explicative, critique mais constructive.

Je recommande à tous, professionnels et usagers du service public foncier, ces quelques pages. Elles pourront assurément éclairer, votre lanterne sur le rôle inextricable de la Conservation Foncière dans le système foncier ivoirien.

Tidiane KABA DIAKITÉ
Directeur du Domaine, de la Conservation Foncière,
de l'Enregistrement et du Timbre
Direction générale des Impôts

Avant-propos

Dans le système foncier ivoirien, les services de Conservation de la Propriété Foncière et des Hypothèques jouent un rôle prépondérant. Ils mettent en œuvre le régime de l'immatriculation des terres en donnant vie juridique à toute parcelle. Ils gardent trace de tous les titres de propriété délivrés et de toutes les transactions sur les immeubles immatriculés afin de servir de preuve en cas de contestation. Ces activités de la Conservation Foncière s'exercent sur tous les domaines fonciers, notamment le domaine rural, le domaine urbain, le domaine public, le domaine forestier, les zones industrielles, etc. De ce point de vue, la Conservation Foncière se trouve au carrefour de toutes les activités foncières et immobilières. Elle peut de ce fait être légitimement regardée comme l'épine dorsale de la gestion foncière en Côte d'ivoire.

Lorsque les administrations gestionnaires du domaine délivrent des titres de propriété, d'occupation ou de d'exploitation, la Conservation Foncière se charge de sécuriser les droits réels immobiliers ainsi créés. Elle inscrit, transcrit ou mentionne ces actes sur le titre foncier destiné à l'immeuble régulièrement identifié comme tel. A partir de cet instant, le propriétaire ou le détenteur de l'immeuble est couvert par la protection légale et est en droit de transiger sur le marché hypothécaire pour le financement d'investissements.

C'est un volet économique important que l'activité de la Conservation Foncière permet indirectement de promouvoir et d'accroitre tant que la garantie qu'elle accorde aux transactions est sûre et certaine. En effet, l'instrument de cette confiance est le Livre Foncier. Jusqu'à preuve de contraire, à part le registre de l'Etat civil, il n'existe pas de registre aussi sécurisé et crédible que le Livre Foncier. L'activité de garantie des droits réels nécessite une préservation et une protection de l'intégrité physique et des inscriptions du Livre Foncier. C'est à cette difficile tâche que s'adonnent au quotidien les agents déployés dans les 29 services de Conservation de la Propriété Foncière et des Hypothèques repartis sur toute l'étendue de la Côte d'Ivoire.

La Conservation Foncière en tant que service financier de la Direction générale des Impôts répond à une orientation gouvernementale qui vise à faire du foncier un potentiel de ressources pour le financement du Budget de l'Etat et la réalisation des grands projets de développement durable. Cette déclinaison de la politique foncière de l'Etat de Côte d'ivoire est à la charge du Ministère des Finances et du Budget par le biais de la Direction générale des Impôts.

Dans ce canevas, des objectifs fiscaux sont assignés annuellement aux services de Conservation Foncière et la Direction générale des Impôts table sur un accroissement progressif des recettes de la fiscalité immobilière. Notre administration fiscale et foncière qui s'est donnée d'aligner sécurisation financière des ressources étatiques et sécurité juridique de la propriété en s'appuyant sur la Conservation Foncière s'est inscrite résolument dans un processus d'amélioration continue de ses prestations de service pour satisfaire les clients. Elle mise pour faire face à ces défis, sur la digitalisation complète de la Conservation Foncière. La construction très prochaine d'un pôle foncier au Ministère des Finances et du Budget démontre en a point douter la volonté du gouvernement à assurer la modernisation de la Conservation Foncière.

M. AHI Koffi Abdoulaye
Sous-Directeur de la Conservation Foncière
à la Direction générale des Impôts

Liste des sigles et des acronymes

ACD	: Arrêté de Concession Définitive
AFOR	: Agence Foncière Rurale
AGEDI	: Agence de Gestion des Infrastructures Industrielles
ANCFCC	: Agence Nationale de la Conservation Foncière, du Cadastre et de la Cartographie
BFD	: Bureau Foncier du District
CDMH	: Compte de Mobilisation pour l'Habitat
CEPICI	: Centre de Promotion des Investissements en Côte d'Ivoire
CF	: Conservation Foncière
CGECI	: Confédération des Générales des Entreprises de Cote D'ivoire
CIRACF	: Comité Interministériel de Régulation des Activités de la Chaine Foncière
CMPF	: Certificat de Mutation de la Propriété Foncière
CORIF	: Comité d'optimisation du Rendement de l'impôt Foncier
CPFH	: Conservation de la Propriété Foncière et des Hypothèques
DCAD	: Direction du Cadastre
DCQPCF	: Direction de la Communication de la Qualité et de la Promotion du Civisme Fiscal
DDCFET	: Direction du Domaine de la Conservation Foncière de l'Enregistrement et du Timbre
DDU	: Direction du domaine urbain
DGI	: Direction Générale des Impôts
GAR	: Gestion Axée sur les Résultats
GERA	: Gestion Assiette Recette
GUF	: Guichet Unique du Foncier
IDEF	: Initiatives pour le Développement et la Conservation les Forêts
IDUFCI	: Identifiant Unique du Foncier de Côte d'Ivoire
LEA	: Logiciel pour l'Enregistrement des Actes
LIFE	: Livre foncier électronique
MBPE	: Ministère du Budget et du Portefeuille de l'Etat
MCLU	: Ministère de la Construction du Logement et de l'Urbanisme

MEER : Ministère de l'Entretien et de l'Equipement Routier
MPIP : Ministère de la Promotion des investissements Privés
MINADR : Ministère de l'Agriculture et du Développement Rural
RDCFET : Recettes du Domaine de la Conservation Foncière de l'Enregistrement et du Timbre
RTI : Radiotélévision Ivoirienne
SIF : Système d'Information Foncière
SIG : Système d'Information Géographique
SIGEFIM : Système Intégré de Gestion de la Fiscalité Mobilière et Immobilière
SIGFU : Système Intégré de Gestion du Foncier Urbain
SIGICI : Système Intégré de Gestion des Impôts de Côte d'Ivoire

Liste des tableaux

TABLEAU N°1 : DESCRIPTIF DE L'ENQUETE 60

TABLEAU N°2 : ZONES D'ENQUETE 61

TABLEAU N°3 : DU CHRONOGRAMME DE L'ENQUETE ET BUDGETISATION 61

TABLEAU N°4 : MODE DE CALCUL DE LA TAXE DE PUBLICITÉ FONCIÈRE 124

TABLEAU N°5 : MODE DE CALCUL DES DROITS DE PUBLICATION DES BAUX EMPHYTÉOTIQUES 126

TABLEAU N°6 : TYPOLOGIE DESACTES À PUBLIER 127

TABLEAU N°7 : BAREME DES REDEVANCES INDUSTRIELLES 139

TABLEAU N°8 : BAREME DES REDEVANCES D'OCCUPATION DU DOMAINE PUBLIC 140

TABLEAU N°9 : TARIF DE LA REDEVANCE TOURISTIQUE 141

TABLEAU N°10 : COUT ET LA DATE DE PAIEMENT DE LA TAXE FORESTIERE 141

TABLEAU N°11 : BAREME DES TARIFS DES REGIMES MINIERS ET DU REGIME D'EXPLOITATION MINIERE SEMI INDUSTRIELLE (1) 142

TABLEAU N°12 : BAREME DES TARIFS DES REGIMES MINIERS ET DU REGIME D'EXPLOITATION MINIERE SEMI INDUSTRIELLE (2) 142

TABLEAU N°13 : BAREME DES TARIFS DES PRIX DE CESSION DE TERRAIN A ABIDJAN 143

TABLEAU N°14 : BAREME DES TARIFS DES PRIX DE CESSION DE TERRAIN A L'INTERIEUR 143

TABLEAU N°15 : RECAPITULATIF DES OPERATIONS ET DROITS DUS POUR LA MUTATION ONEREUSE 145

TABLEAU N°16 : RECAPITULATIF DES OPERATIONS ET DROITS DUS AU MOMENT DE LA CONSTITUTION DES SOCIETES 146

TABLEAU N°17 : RECAPITULATIF DES OPERATIONS ET DROITS DUS AU DE L'EXISTENCE DE LA SOCIETE 146

TABLEAU N°18 : RECAPITULATIF DES OPERATIONS ET DROITS DUS AU MOMENT DE LA DISSOLUTION DES SOCIETES 147

TABLEAU N°19 : CONFIGURATION DU LIVRE FONCIER ELECTRONIQUE 156

TABLEAU N°20 : REFORMES DOING BUSINESS A LA CHARGE DE LA DGI 165

TABLEAU N°21 : RECOMMANDATIONS DE LA CONFERENCE DES CONSERVATEURS DE 2019 177

TABLEAU N°22 : RECAPITULATIF DES USAGERS CLIENTS ENQUETES 212

TABLEAU N°23 : RECAPITULATIF DES MOYENS DE COMMUNICATION AYANT PERMIS LA CONNAISSANCE DE LA CONSERVATION FONCIERE 220

TABLEAU N°24 : NIVEAU DE COMPREHENSION DU ROLE DE LA CONSERVATION FONCIERE PAR LES USAGERS CLIENTS 223

TABLEAU N°25 : DEFINITIONS DU « *TITRE FONCIER* » PROPOSEES PAR LES USAGERS: 226

TABLEAU N°26 : RECAPITULATIF DES DONNEES EN TERMES DE SATISFACTION AU NIVEAU DE L'ACCUEIL 228

TABLEAU N°27 : MOTIFS D'INSATISFACTION DES USAGERS 231

TABLEAU N°28 : OPINIONS SUR LA FACILITE D'ACCES A L'INFORMATION DANS LES SERVICES DE CONSERVATION FONCIERE 233

TABLEAU N°29 : APPRECIATION DE L'EFFICACITE DE LA CONSERVATION FONCIERE DANS LE TRAITEMENT DES ACTES 236

TABLEAU N°30 : DETAILS RELATIF A L'AVIS GENERAL SUR LA QUALITE D'ENSEMBLE DES CPFH 239

TABLEAU N°31 : LISTE D'EVENEMENTS POUR ASSURER UNE VISIBILITE 316

Liste des figures

FIGURE N°1 : SCHEMA SYNOPTIQUE DE L'IMMATRICULATION 122

FIGURE N°2 : EVOLUTION DES REALISATIONS FISCALES GLOBALES DE LA DGI2014-2020 190

FIGURE N°3 : EVOLUTION DES REALISATIONS FISCALES GLOBALES DE LA DDCFET2014-2020 192

FIGURE N°4 : EVOLUTION DES REALISATIONS EN MATIERE DE CONSERVATION, DOMAINE ET ENREGISTREMENT 2014-2020 EN M. DE FCFA 194

FIGURE N°5 EVOLUTION DE LA PRODUCTION DE TITRE FONCIER PAR LES SERVICES DE CPFH 195

FIGURE N°6 : EVOLUTION DU NOMBRE DE TRANSFERT DE PROPRIETE 2002-2013 198

FIGURE N°7 : EVOLUTION DU NOMBRE D'ACD PUBLIES AU LIVRE FONCIER 199

FIGURE N°8 : EVOLUTION DU NOMBRE D'INSCRIPTIONS SUR LES TITRES FONCIERS 2010-2021 201

FIGURE N°9 : EVOLUTION DU MONTANT DES BIENS IMMOBILIERS INSCRITS AU LIVRE FONCIER DANS LE CADRE DE LA PUBLICATION DE L'ACD 203

FIGURE N°10 : EVOLUTION DU NOMBRE DE MUTATIONS IMMOBILIERES FORMALISEES DE 2013-2020 205

FIGURE N°11 : EVOLUTION DES MONTANTS DE MUTATIONS IMMOBILIERES FORMALISEES DE 2010-20210 EN MILLIARDS DE FCFA 206

FIGURE N°12 : EVOLUTION DU NOMBRE D'HYPOTHEQUES CONVENTIONNELLES INSCRITES AU LIVRE FONCIER DE 2000 A 2020 208

FIGURE N°13 : EVOLUTION DU MONTANT DES HYPOTHEQUES CONVENTIONNELLES INSCRITES AU LIVRE FONCIER DE 2000 A 2020 EN MILLION DE FCFA 209

FIGURE N°14 : EFFECTIF DETAILLE DE LA POPULATION ENQUETEE PAR SERVICE DE CPFH 213

FIGURE N°15 : EFFECTIF DETAILLE SELON LE GENRE DES PARTICIPANTS 214

FIGURE N°16 : EFFECTIF DETAILLE SELON L'AGE DES POPULATIONS ENQUETEES 215

FIGURE N°17 : REPRESENTATION DES PARTICIPANTS SELON LE GENRE ET L'AGE 216

FIGURE N°18 : EFFECTIF DETAILLE DE LA POPULATION ENQUETEE SELON LE TYPE DE CLIENTS 217

FIGURE N°19 : STATUT SOCIAL DES CITOYENS LAMBDA ENQUETES 218

FIGURE N°20 : CONNAISSANCE DE L'EXISTENCE DE LA CONSERVATION FONCIERE 222

FIGURE N°21 : CONNAISSANCE DU ROLE DES SERVICES DE LA CF PAR LES USAGERS 225

FIGURE N°22 : AVIS DES ENQUETES SUR LA QUALITE DE L'ACCUEIL 229

FIGURE N°23 : OPINIONS SUR LA FACILITE D'ACCES A L'INFORMATION FONCIERE 234

FIGURE N°24 : APPRECIATIONS SUR L'EFFICACITE DES CPFH DANS LE TRAITEMENT DES DEMANDES 237

FIGURE N°25 : JUGEMENT LA QUALITE D'ENSEMBLE DES PRESTATIONS DES CPFH 240

Introduction

Le décret du 26 juillet 1932 faisant office de régime foncier en Côte d'Ivoire a, en son article 1er, précisé sans ambages le rôle de la Conservation Foncière et consacré le régime de l'immatriculation comme applicable dans les colonies de l'Afrique occidentale française. En disposant que, le service de la conservation de la propriété foncière, institué un peu plutôt par le décret du 24 juillet 1906 dans les colonies de l'Afrique Occidentale Française, a pour vocation de continuer « à assurer aux titulaires la garantie des droits réels qu'ils possèdent sur les immeubles soumis au régime de l'immatriculation »[1], ce texte a confié à la Conservation Foncière la lourde charge de l'immatriculation des terres des territoires autrefois colonies. Censée sortir les biens fonciers des tenures coutumières par la consolidation des droits réels et leur conversion en droit moderne, l'immatriculation foncière inspirée du Système de sir Torrens[2] et adaptée par l'avocat Decourdemanche[3], s'est avérée comme le mécanisme capable de révéler les droits fonciers et les clarifier pour en établir le propriétaire.

Le contexte de l'époque colonial s'y prêtait absolument. Selon Bourdillon[4], le souci de la sécurité du colon ainsi que de son patrimoine immobilier exigeait qu'il mette tout en œuvre pour concilier avec ses principes politiques et procédés administratifs, les droits et prérogatives qu'ont incontestablement acquis sur le sol du pays, les autochtones. Dans un tel contexte marqué par une superposition des règles de gestion foncière, entre les us et coutumes, le code civil et la constitution de la

---

[1] L'article 1er du décret du 26 juillet 1932 portant réorganisation du régime de la propriété foncière en Afrique Occidentale française.

[2] Sir Robert Torrens Sir a été le Directeur des Domaines en Australie du Sud, à Adelaïde. Ce dernier a fait adopter son système du livre foncier par le « Real Property Act. » du 02 juillet 1858. C'est l'ancêtre du régime foncier de l'immatriculation copié et appliqué dans les colonies en Afrique.

[3] En 1830, l'avocat Decourdemanche, lauréat du concours Casmir Perier pour l'étude du régime foncier et hypothécaire afin de mettre fin aux hypothèques occultes qui entravaient les prêts bancaires en France a dans son étude « du danger de prêter sur hypothèque et d'acquérir des immeubles » mis à nue les risques que comportait le régime du code civil. Il a préconisé un régime foncier qui est inspiré du système de Sir Robert Torrens

[4] BOUDILLON, A., 1911, *La question foncière et l'organisation du livre foncier en Afrique Occidentale Française*, Conférence faite à Bruxelles, le 18 octobre 1910, Paris, Librairie maritime et Coloniale, 32p.

propriété par voie de concessions administratives, l'immatriculation au Livre Foncier s'est imposée pour favoriser l'établissement de la propriété individuelle dans la colonie à tous les niveaux. Aujourd'hui encore comme hier, la Conservation Foncière et l'institution Livre Foncier, dans la Côte d'Ivoire post indépendance sont au cœur de la question foncière et particulièrement à l'œuvre pour la sécurisation des droits fonciers.

Depuis, l'ère de la mondialisation déréglemente les économies et les oblige à s'ouvrir. Dans la quête d'opportunités pour l'investissement, la terre est devenue un enjeu majeur, un objet de convoitise, pour les Etats, les multinationales [5] et même les populations. La Côte d'Ivoire n'échappe pas à cette tendance, elle doit faire face à une ruée vers la marchandisation et la privatisation de ses terres, où bien des fois, des acteurs puissants réussissent à se faire octroyer de grandes surfaces de parcelles souvent au détriment des couches sociales les plus vulnérables[6]. Le pays se trouve ainsi confronté à l'épineuse équation de la redistribution foncière, tant les acquisitions foncières massives sont soutenues par des réformes libérales[7]. Il n'est pas excessif de dire que les couches sociales défavorisées se caractérisent par une généralisation de la précarité foncière. Une situation déplorable que le phénomène dit d'accaparement des vastes domaines fonciers et la pratique de la rente foncière[8] amplifie de jour en jour.

L'insécurité de la propriété foncière en Afrique, en général, est une réalité, une préoccupation globale. Les conflits fonciers qui naissent du sentiment d'expropriation sont très souvent à la base de l'instabilité politique et économique des Etats. La crise du foncier est une gangrène qui fragilise des pays déjà fortement en proie aux problématiques d'extrême pauvreté. Selon Jean Pannier[9], *« Le foncier est le principal*

---

[5] PUEL, Jean-Marc. (2012). *Les fonds souverains dans l'agriculture : un investissement politique ?*, Etudes rurales , 190, http://journals.openedition.org/etudesrurales/9723

[6] IMRAN, A. (2012). *Amélioration et sécurisation de l'accès des femmes au foncier au Sénégal* , Rapport scientifique, Dakar, p7: http://idl-bnc-dspacedirect.org.

[7] LAVIGNE-DELVILLE, P. (2009). *Gouvernance foncière et sécurisation des droits dans les pays du Sud*, Livre blanc des acteurs français de la coopération, Comité Technique ''Foncier et Développement, 20p

[8] PRZYBYLOWSKI Tangui, (2021). La rente foncière en Afrique subsaharienne, Paris, L'Harmattan, 172p.

[9] PANNIER, J. (2020). *Les contorsions de la jurisprudence administrative ivoirienne en matière de litiges fonciers*.https://www.village-justice.com/articles/les-

casse-tête de la plupart des gouvernements africains, c'est aujourd'hui encore un facteur d'insécurité aussi bien pour les Africains eux-mêmes que pour les investisseurs qui, le terrain à peine acheté par devant notaire, voient se manifester un, voire, deux propriétaires bardés de titres sur le même terrain parfois vrai mais souvent falsifiés ». Cette triste réalité conforte le dicton selon lequel : « qui paye la terre, paye la guerre ».

C'est dans ce canevas que la sécurisation des droits de propriété sur les terrains acquis est fortement encouragée surtout pour les Etat en développement. A cette fin, Hernando De Soto [10] préconise le mécanisme de la reconnaissance des droits fonciers. C'est un programme qui consiste à transformer la terre initialement non sécurisée en un véritable capital productif de richesse, au profit des détenteurs fonciers, afin de stimuler l'investissement et la croissance économique. Cette reconnaissance passe nécessairement par la délivrance de titre de propriété définitif aux détenteurs de droits fonciers sur les parcelles de terres[11] renchérit Lavigne Delville. Elle permet tout aussi de lutter efficacement contre les expropriations et les migrations forcées, contribuant ainsi à la résilience des pays et de leur population face aux chocs de la mondialisation.

Pourtant, dans son rapport de 2017, la Banque mondiale estime que 30% seulement, des habitants de la planète détiennent un titre de propriété officiel [12]. C'est-dire combien grande est la frange de la population mondiale qui bien que se considérant comme propriétaire terrien vit dans une situation d'incertitude foncière en l'absence de titre garantissant son droit de propriétaire. Le clivage entre les propriétaires de fait et les détenteurs de titre de propriété, amène à poser la question de savoir la pertinence et le véritable rôle des institutions en charge de délivrer les titres et de garantir la propriété foncière.

---

contorsions-jurisprudence-administrative-ivoirienne-matiere-litiges,34075.html, consulté le 24/02/2021.

[10] DE SOTO, H., (2005), *Le mystère du capital, pourquoi le capitalisme triomphe en occident et échoue partout ailleurs*, Flammarion, 208p.

[11] Comité technique ''Foncier et développement''.(2015). *La formalisation des droits sur la terre dans les pays du sud : dépasser les controverses et alimenter les stratégies*, Paris, MAEDI ministère des affaires étrangères et du développement international, AFD, 28p.

[12] www.banquemondiale.org/fr/news/feature/

Particulièrement en Côte d'Ivoire, la sécurisation des droits fonciers s'est matérialisée au niveau institutionnel, par la mise en place d'une multiplicité de services publics en charge de la gestion du foncier et de la délivrance de titres de propriété. Cette option a conduit à l'émergence d'acteurs diversifiés que ce soit au niveau du foncier rural ou urbain. Au cœur de cette administration plurielle et multifacette, un point de convergence et un service à compétence transversale sur tous les domaines fonciers, et toutes les activités de sécurisation des droits fonciers : la Conservation Foncière.

Dans la Côte d'Ivoire moderne, la Conservation Foncière est un service de la Direction générale des impôts. En charge d'assurer la garantie des droits fonciers par l'immatriculation des immeubles, la publication de tous actes grevant l'immeuble en vue de les rendre opposables aux tiers après la perception des droits et taxes de publicité foncière. Les missions de la Conservation Foncière, tout comme hier, semblent n'avoir pas considérablement évolué. L'activité de sécurisation du foncier qui découle du régime foncier de l'immatriculation adopté par la Côte d'Ivoire s'est tout de même muée en une activité de sécurisation économique. L'institution Conservation Foncière en Côte d'Ivoire est aujourd'hui une administration plus que centenaire qui a traversé toutes les péripéties de la vie politique, économique et sociale de la Côte d'Ivoire dont la mémoire est constituée d'archives vivantes que cette recherche envisage d'explorer.

La question qui effleure l'esprit est celle de savoir que reste-t-il vraiment des services de la Conservation foncière dans le paysage foncier et domanial en Côte d'Ivoire aujourd'hui ?

La délivrance de la copie de titre foncier comme preuve de la propriété établie par cette administration a été interrompue en faveur du certificat de propriété foncière qui lui-même n'existe plus dans l'ordonnancement juridique. Des attributions domaniales, la Conservation Foncière n'est dévolue qu'à la gestion financière. Il se peut que le domaine de compétence de ce service se soit considérablement réduit au fil des années, son prestige effrité auprès du public, ses rapports de collaboration de plus en plus difficiles avec les autres administrations.

Quel positionnement de l'institution Conservation Foncière dans un contexte de conflits de compétence avec certains partenaires de la chaine foncière. Des interrogations sur la performance de ce service foncier sont légitimes, au moment où même dans les administrations publiques, les pratiques de compétitivité, et de survie à la concurrence dominent la gestion de l'économie publique. Les institutions publiques s'évertuent tant bien que mal à faire usage des outils de l'intelligence économique afin d'anticiper sur des crises éventuelles et doper la croissance de leur organisation en termes de résultats satisfaisants. C'est dans ce canevas que s'inscrit notre postulat selon lequel la conservation Foncière dans le dispositif de sécurisation des droits fonciers en Côte d'ivoire est un service incontournable. Pareille affirmation n'est-elle pas ambitieuse, gratuite et teinte de subjectivité ?

Cette contribution tente d'apporter une réponse objective à cette préoccupation. Ce faisant, elle se donne pour objet d'étudier la Conservation Foncière en Côte d'Ivoire, de passer au crible son organisation, son fonctionnement, ses méthodes de travail et tous les processus usités dans l'exercice de ses activités pour l'essentiel relatifs à la sécurisation des droits fonciers. Pour y parvenir, il s'agira de décrypter les missions, attributions de ce service, et leur adéquation avec l'évolution de l'environnement des affaires et l'attente des usagers.

Les nouvelles donnes de l'économie de marché, la culture de modernité sont des facteurs qui façonnent aujourd'hui les administrations publiques. Même si la matière foncière sur laquelle travaille la Conservation Foncière fait appel à des pratiques qui peuvent dater de plusieurs siècles, il n'en demeure pas moins que les méthodes de travail ainsi que les outils ont évolué. Les services se sont aussi adaptés. La configuration des services de Conservation Foncière au premier constat montre que la modernisation en cours au sein des services de la Direction générale des impôts impacte cette institution. Mais, la capacité de ce service à faire sa mue, à se régénérer suscite foncièrement débats.

Au-delà, cette étude se veut aussi stratégique. Dans cette perspective, la stratégie des dirigeants de l'institution Conservation Foncière est un pan important sur lequel la réflexion va s'accentuer. En effet, cette structure a vu de grands chantiers initiés. Des actions comme l'opération titre foncier (OTF) ont été mises en place et gérées pendant quelques années. Il y a eu également la politique de décentralisation de la DGI, qui a permis la démultiplication des services de Conservation Foncière. Toutes ces mutations interviennent dans un contexte précis et en fonction des objectifs que se donnent les dirigeants. Passer au crible tous ces évènements, c'est cerner un tant soit peu la politique globale de gestion des services de Conservation Foncière, les prouesses enregistrées mais également les limites et les facteurs de complexification.

En somme, ce travail se structure en quatre grandes parties. La première partie porte sur les considérations théoriques et méthodologiques sur la gestion des services de Conservation Foncière. La seconde partie présente l'institution Conservation Foncière et ses pratiques foncières. La troisième exhume les problèmes de performances qui minent la gestion desdits services. Enfin, la quatrième partie se propose de formuler quelques stratégies pour une meilleure performance des services de Conservation Foncière dans le dispositif de sécurisation des droits fonciers.

Première partie

CADRAGE THEORIQUE ET METHODOLOGIQUE

Chapitre 1

APPROCHE THEORIQUE DE L'ETUDE

1.1 .LA CONSERVATION FONCIERE : UNE ETUDE BIEN JUSTIFIEE

Il reste évident que certaines raisons ont motivé le choix de ce sujet. Nous allons insister sur les motivations professionnelles, scientifiques et sociétales[13].

Une vue panoramique sur les pratiques, les enjeux, les défis de la sécurisation foncière, nous a permis de constater qu'un travail acharné est accompli par les agents des services de Conservation Foncière. Toutefois, nous avons noté également que ce travail se fait en dépit des moyens souvent à minima mis à la disposition de ces agents. Certaines des pratiques ne sont pas encore modernisées et résistent à l'informatisation en cours parce que difficilement automatisable. Nous avons voulu à travers cette étude comprendre les facteurs de résistance au changement de certaines pratiques des services de Conservation Foncière, les réelles difficultés que rencontrent les agents et surtout proposer des pistes de solutions mélioratives.

L'autre motivation professionnelle tient au fait que nous avons également constaté un conflit de compétence entre les acteurs de la chaine foncière. La nouvelle structuration de la gestion domaniale et foncière depuis 1963 a entrainé une fragmentation des activités foncières et domaniales de la Conservation Foncière. Alors que la tendance est à un regroupement des services par pôle d'activités, ce type gouvernance du foncier par la démultiplication des entités foncières n'est-il pas facteur de complexification ? Cette étude envisage de porter une réflexion sur l'efficacité de ce modèle de gouvernance foncière.

Dans la littérature foncière, les questions relatives aux services de la Conservation Foncière sont généralement traitées sous le registre du régime de l'immatriculation et de la publicité foncière. Ce service est

---

[13] N'DA, P. (2015). *Recherche et méthodologie en sciences sociales et humaines : Réussir sa thèse, son mémoire de master ou professionnel, et son article* , Paris, L'Harmattan, 207p.

vu, de façon sommaire, comme une structure en charge de la mise en application concrète des règles du régime foncier de l'immatriculation, en témoigne l'étude d'Albert Ley [14]. L'institution Conservation Foncière est rarement présente dans la littérature foncière hormis les articles qui désignent le fonctionnaire ayant assuré de 1799 à 2012, sous sa responsabilité personnelle, le service de la publicité foncière en France[15], et quelques mémoires de recherche faits au Cameroun et à Madagascar que nous avons découverts au cours de la fouille documentaire. Ce domaine d'activités semble ne pas avoir été suffisamment exploré dans le domaine de la recherche scientifique en Côte d'Ivoire.

La Conservation Foncière rend un service public de sécurisation des droits réels immobiliers. Elle travaille à la satisfaction des contribuables clients en accompagnant ceux-ci dans la garantie de leur droit par la publication de leurs actes et la délivrance de documents officiels. Elle alimente le budget de l'Etat par l'établissement de l'assiette et le recouvrement des impôts et taxes liées à ses activités. Du bon fonctionnement de ses services dépendent la qualité des prestations fournies aux usagers et le renflouement des caisses de l'état. La qualité des prestations au profit des opérateurs économiques sécurise leurs investissements et engendre des gains énormes pour l'économie. La qualité des prestations est tout aussi un indicateur du niveau de facilité de faire des affaires en Côte d'Ivoire. Les conclusions d'une étude sur cette administration pourraient servir aux gouvernants dans le cadre des réformes pour l'amélioration du climat des affaires. Cette étude est également motivée par la volonté de jauger la portée et la pertinence des arguments des experts sur le rôle de la Conservation Foncière pour la sécurisation des droits réels immobiliers.

1.2. LES ARGUMENTS SUR LE ROLE DE SECURISATION DE LA CONSERVATION FONCIERE

L'idée de mener cette étude a germé à la suite de la lecture des réflexions d'éminents auteurs liés directement ou indirectement aux problématiques de l'efficacité des activités des services de

14 LEY, A., (1972), *Le régime domanial et foncier et le développement économique de la Côte d'Ivoire*, Paris, Librairie générale de Droit et de Jurisprudence, 1972, 727p.
15 http// :.wikipédia/conservation des hypothèques, devenu services de la publicité foncière.

Conservation Foncière. La trame de ces écrits pertinents a porté sur la pratique-métier des activités de sécurisation des droits fonciers par la Conservation Foncière. D'une façon générale deux grandes tendances se dégagent de la revue documentaire, d'une part, des argumentaires qui justifient le rôle indispensable de la Conservation Foncière, tandis que d'autres lui méconnaissent ce rôle et considèrent cet acteur public comme un service supplétif.

1.2.1. Du rôle essentiel de la conservation foncière

1.2.1.1. La publicité foncière, essence du métier de conservation foncière

Le métier pratiqué dans les services de la Conservation Foncière se veut une activité de gestion de la publicité foncière. Dans la vie juridique d'une parcelle, La publicité est la base de la propriété. Le rôle de la Conservation Foncière est de veiller à ce que les droits immobiliers des personnes physiques ou morales soient rendus publics sur les biens immeubles afin de mieux garantir la propriété. Ce régime de publicité se traduit par l'inscription d'actes, la transcription et les mentions dans les registres. Les auteurs De Tersant et Oliveen 1929, dans le Traité des droits d'hypothèque et des salaires, extrait du Traité alphabétique des droits d'enregistrement, de timbre et d'hypothèques, décrivent les activités et procédures exécutées dans les bureaux de conservation d'hypothèques en France. C'est un ouvrage pratique qui peut aisément servir aux professionnels des services de conservation.

Cette œuvre comporte toutefois certaines limites au niveau du régime même de publicité qui est appliqué seulement à la prise d'hypothèques. Les bureaux de conservation décrits dans cet ouvrage sont ceux rattachés à la Direction de l'enregistrement en France. Si les principes de base de la conservation des hypothèques sont toujours applicables dans les services de Conservation Foncière en Côte d'Ivoire, il reste que le contexte a fondamentalement changé et les activités elles-mêmes ont considérablement évolué. C'est dans ce canevas que les services de la Direction générale des impôts, pour la formation de ses agents, a conçu et élaboré des modules adaptés à la profession.

1.2.1.2. L'immatriculation foncière, une activité indispensable pour le développement économique

Si le rôle de la Conservation Foncière dans sa version française, a en charge la publicité foncière, en Côte d'Ivoire, cette institution est dévolue d'abord à l'immatriculation des terres. Ramanitra Solonirina Mahaliana confirme le rôle de la Conservation Foncière qui consiste à garantir la propriété et l'information foncière au profit des détenteurs de titres et des acquéreurs de terrain domaniaux[16]. Elle précise par ailleurs que la cette administration s'occupe de la procédure d'instruction d'une demande de terrain du domaine privé de l'Etat jusqu'à l'immatriculation du terrain et l'inscription des actes produit en cours de procédure[17]. Ce modèle décrit par l'inspecteur des domaines est malgache. Cette Conservation Foncière avec ses services de conservation de la propriété foncière et de conservation des documents topographiques est l'unique entité gestionnaire du domaine de l'Etat. Elle délivre les titres fonciers qui sont des titres de propriété.

L'immatriculation des terres étant obligatoire dans le régime foncier de Madagascar, c'est à la Conservation Foncière qu'il revient dans le cadre des services régionaux du domaine de gérer tout le domaine privé de l'Etat. Elle s'occupe tout aussi de la garantie des droits réels sur les immeubles soumis au régime de l'immatriculation. C'est d'ailleurs la raison pour laquelle ; la Conservation Foncière est au cœur du programme de réforme foncière dans la politique gouvernementale. Ce rôle est d'autant plus indispensable que cette structure qui comprend la Conservation Foncière a été érigée comme un acteur unique de la gestion domaniale et foncière et placée sous la tutelle du Ministère chargé des domaines, notamment le Ministère de l'Aménagement du Territoire et de la décentralisation. Dans sa forme la plus achevée, la conservation foncière est composée de la conservation de la propriété foncière et de la conservation de cartes topographiques. Deux services interdépendants et qui se complètent.

---

[16] Ramanitra Solonirina Mahaliana, (2011) Restructuration, modernisation et informatisation de la Conservation Foncière, Mémoire de fin d'études, Ecole nationale d'Administration de Madagascar ENAM, 113p.

[17] Article 127 de l'ordonnance n°60-146 du 03 octobre 1960 relatif au régime foncier de l'immatriculation à Madagascar

Dans la même veine, Cabral Hooguep Tchouanguem, considère le conservateur foncier comme acteur intervenant d'abord et principalement dans la procédure d'immatriculation et d'inscription des droits réels au livre foncier. L'immatriculation directe est le mode d'accès à la propriété foncière portant sur les portions du domaine national. L'immatriculation indirecte par contre, est celle portant sur un terrain sur lequel existe déjà un titre de propriété ou un titre foncier initial. Dans ces deux procédures, le conservateur foncier représente « *l'œil et le gendarme de la société camerounaise toute entière*[25] ». Le conservateur foncier du département a un double pouvoir de vérification et de délivrance, car il est tenu de contrôler l'existence et la régularité des pièces nécessaires dans un dossier de réquisition d'immatriculation [18]. Mais à la différence du modèle malgache, la conservation foncière du Cameroun consacre l'existence de plusieurs acteurs séparant le cadastre de ses services.

La conservation est un maillon incontournable dans le marché immobilier camerounais. Des trois systèmes fonciers existant, seul le régime de l'immatriculation s'est imposé contre le régime de publicité et le système de constatations des droits fonciers. Le système de l'immatriculation aboutit à la délivrance du titre foncier comme titre de propriété au Cameroun.

De même, l'activité de la Conservation Foncière est bien décrite dans le Module de formation du Cycle Moyen Supérieur de l'Ecole Nationale d'Administration en date de 2019. Ce support met l'accent sur la politique de transfert de propriété. Il présente les différents types de transfert. Il n'omet pas d'exposer la procédure d'immatriculation et les mécanismes de publicité foncière qui en découlent. Une fois de plus, la Conservation Foncière est présentée comme l'épicentre de l'activité foncière en Côte d'ivoire. Toutefois, ce support ne rend pas compte de l'étendue et de la complexité des activités de la profession de conservateur. La formation dispensée à travers ce module ne saurait à notre sens garantir l'efficacité à la Conservation foncière, tant le contenu en termes de pratiques métiers reste insuffisant compte tenu de la charge de travail réellement exécutée par les agents.

---

[18] Cabral Hooguep Tchouanguem (2012), L'institution de la conservation foncière dans le système foncier camerounais. Etude à partir de la conservation foncière de la Menoua., Université de Dschang - Master II Professionnel Droit Et Techniques Fonciers Et Domaniaux

1.2.1.3. L'archivage : la mémoire de l'économie par la conservation foncière

Les arguments en faveurs du rôle primordial de la Conservation Foncière existent bel et sous d'autres contrées en Afrique. C'est le cas en Algérie, où les services de conservation foncière sont considérés comme la mémoire de l'économie algérienne en raison de la quantité et de la qualité des archives que ces services génèrent et gèrent au quotidien. Didier Guignard[19], a fait écho de ce constat dans son ouvrage « Les archives vivantes des conservations foncières en Algérie », réalisé à partir des résultats obtenus à l'occasion d'une mission d'évaluation des fonds documentaires desdits services pour la période coloniale. Selon l'auteur, les fonds documentaires que constituent les archives de la conservation foncière renferment les copies d'actes d'achat, de vente ou de location pour l'ensemble des biens qui ont fait l'objet d'une francisation juridique à partir du 19ème siècle. Ces archives ont d'abord été produites par les bureaux des hypothèques calquées sur le modèle français, au fur et à mesure de leur ouverture dans la colonie.

Cette étude montre que les archives permettent de cartographier et de catégoriser les acteurs du marché foncier et de l'immobilier que sont, vendeurs, acheteurs ou bailleurs de biens. L'auteur fait l'éloge de la conservation de qualité de cette documentation qui constitue une valeur probante pour tous les descendants de propriétaires et tous les intéressés. Les archives de la conservation foncière sont réputées contribuer au renouvellement de l'histoire économique et sociale d'un pays. Elles montrent le rôle prépondérant de la conservation de copie d'actes dans l'exercice des activités des services fonciers. Autrement-dit, l'essence même d'un service foncier est la sauvegarde des copies, la garantie de l'authenticité et de la publicité des mutations immobilières.

En plus des bonnes pratiques en matière d'archivage des dossiers fonciers, l'auteur a précisé la place des prêts hypothécaires dans l'Algérie colonisée et le rôle joué dans ce domaine par les institutions de crédit. Les archives des conservations foncières détiennent des

[19] GUIGNARD, Didier.(2015).*Les archives vivantes des conservations foncières en Algérie*, L'Année du Maghreb, vol n°13.http://journals.openedition.org /anneemaghreb /,consulté le 25 février 2021.

informations sur les réseaux de financement des activités immobilières et foncières. Elles conservent des données pouvant servir aux études sur l'économie de l'immobilier et le marché foncier particulièrement. Leur exploitation optimale peut être un puissant instrument décisionnel pour la conception et la mise en œuvre de politiques foncières.

Didier Guignarda relevé, en revanche, que l'accès reste difficile aux archives aussi bien pour les nationaux et que pour les non nationaux. La gestion de cette richesse vire souvent vers des pratiques discriminatoires, et les données personnelles sont aussi exploitées à d'autres fins. En 2015, à l'ère de la digitalisation, l'auteur n'ouvre pas de brèche sur la perspective de se départir de ce processus d'archivage classique fait de pile de dossiers. Ce mode opératoire de l'archivage tel que pratiqué en Algérie encore aujourd'hui expose selon lui à des risques de dégradation matérielle ou d'altération des copies d'actes. L'auteur ne s'intéresse pas au nouveau mécanisme de conservation qui est fait d'archivage électronique après numérisation et des opérations de transformation digitale des procédures et des actes. C'est un pan essentiel certes mais limité que Guingard aborde sur les archives de la conservation. Dans ce sens, la procédure d'immatriculation des terres rurales présentée par Zalo Léon Désiré peut venir en complément de cette réflexion.

1.2.1.4. L'immatriculation des terres : pierre angulaire de l'activité de conservation foncière

Dans son ouvrage intitulé la sécurisation des terres rurales en Côte d'Ivoire édité par le Centre National de Documentation Juridique d'Abidjan, Zalo Léon Désiré (2020 :51) [20] met exergue toute la politique de sécurisation du foncier rural du gouvernement ivoirien. Il souligne les avancés en matière de délimitation des territoires et les réformes entreprises pour faciliter la délivrance du certificat foncier. Cette étude ne manque pas de soulever les difficultés qui ont émaillé la mise œuvre de la loi de de 98, notamment l'insuffisance des allocations budgétaires, le contexte politique marqué par la crise militaro civile, etc. elle se contente juste d'illustrer l'institution Conservation Foncière

[20] ZALO Léon Désiré, (2020), La sécurisation des terres rurales en Côte d'Ivoire, Editions Centre National de Documentation Juridique, Abidjan, 205p

en tant qu'acteur essentiel de la procédure d'immatriculation des terres rurales.

Toutefois, elle ne met pas véritablement en ligne de mire les autres facteurs qui ont limité la mise œuvre de l'immatriculation à part les aspects financiers. Les activités de la conservation foncière sont abordées dans le grand ensemble des tâches déployées en matière d'immatriculation des terres. Dans la trame de son ouvrage, Zalo Léon Désiré (2020 : 34)[21] semble se préoccuper de faire l''apologie de la loi de 98, ainsi que des procédures incidentes certainement en qualité de concepteur. Pourtant cette loi est citée comme l'une des causes de la crise des années 2000, en raison de certaines ambiguïtés qu'elle présentait en ce qui concerne la valeur du certificat foncier rural et la nationalité des personnes qualifiées pour en bénéficier. Au-delà, les réflexions menées dans cet ouvrage peuvent compléter les dispositions sur le régime domanial et foncier.

1.2.2. De la méconnaissance du rôle essentiel de la conservation foncière

1.2.2.1. La primauté du régime domanial sur le régime de l'immatriculation

La loi de 98 sur le domaine foncier rural, dans l'exposé des motifs, se veut une révolution qui aligne sécurisation des droits fonciers ruraux et développement économique. Avant Zalo Léon Désiré, Le Directeur en charge de la Conservation foncière, Albert Ley avait perçu le lien entre un régime foncier performant et le développement économique d'un pays. Celui qui deviendra plus tard Conservateur général de Côte d'Ivoire, a souligné l'importance de la réforme domaniale de 1963, qui malheureusement n'a pas été promulguée, même si en pratique, l'Etat de Côte d'Ivoire a appliqué l'esprit de cette loi. En faisant l'apologie du régime domanial, Ley entend faire opérer la gestion du domaine foncier bien en dehors de l'immatriculation qui s'est avéré comme un facteur de blocage au développement économique. Pour lui cette procédure lourde et lente doit intervenir après l'attribution de parcelle par l'Etat aux opérateurs économiques. Dans cette démarche, l'Etat est propriétaire de fait de toutes les terres domaniales. Après attribution et

---

[21] ZALO Léon Désiré, (2020), idem.

mise en valeur, l'intéressé peut recourir aux services de la conservation foncière pour la délivrance du titre foncier.

Au total, cette approche d'Albert Ley est plus politique que juridique. Il s'intéresse peu à l'aspect organisationnel et fonctionnel du régime du domaine national. Il justifie les choix du gouvernement et se préoccupe moins des conséquences que pourraient avoir cette réforme à moyen et long terme. Aujourd'hui, l'on comprend avec aisance que ce forcing étatique pour imposer ce régime domanial a pesé pour beaucoup dans la crise politique. C'est certainement la raison pour laquelle, le besoin de clarification aussi bien pour la communauté internationale que nationale du droit foncier ivoirien a pris forme. C'est un chantier gigantesque et rempli de challenges auquel se sont livrés plusieurs spécialistes et chercheurs du foncier avec le soutien des institutions internationales qui a abouti à la procédure de certification des terres.

1.2.2.2. La certification massive comme gage de succès de la mise œuvre de la politique de foncière rurale de l'Etat de Côte d'Ivoire

Dagrou Théodore et Loroux Stéphane[22] abondent dans le sens de la certification foncière massive des terres rurales. Ces deux experts fonciers ont décrit la politique foncière rurale de Côte d'Ivoire comme une politique de sécurisation des terres rurales. Pour ces auteurs, l'instrument qui matérialise cette politique est le certificat foncier délivré aux détenteurs de droits coutumiers sur les terres rurales. La possession d'un certificat foncier est la preuve et la garantie des droits coutumiers. Après avoir vanter les mérites du certificat foncier, ces sachants ont fait remarquer les difficultés économiques, culturelles et sociologiques auxquelles les détenteurs de droits coutumiers sont confrontés pour se faire établir ce précieux document. Ils ont plaidé pour que l'Etat ainsi que les partenaires aux développements aident les populations en subventionnant l'obtention du certificat foncier afin de le généraliser et permettre une immatriculation massive des terres rurales.

---

[22] DAGROU Théodore., LOROUX Stéphane. (2017) *argumentaire pour une certification foncière généralisée en Côte d'Ivoire*, in OASIS (Observatoire et analyses des systèmes à impacts sociaux Foncier-Démarginalisation, Abidjan, 67p.

Ces experts ont relevé avant tout, les limites de la loi de 1998 et surtout ses insuffisances institutionnelles. Ils ont mis en relief tous les dangers qu'encourent les détenteurs coutumiers et les inégalités qu'engendre la procédure de certification foncière telle qu'elle est pratiquée. Cette approche a le mérite de faire l'apologie de la certification et de l'immatriculation comme gage de sécurisation foncière des terres rurales. En le faisant, les experts mettent un point d'honneur en partie sur les activités de sécurisation des droits fonciers par la conservation foncière. Ils ne manquent pas d'accorder une place de choix au service de conservation foncière sans toutefois ignorer le rôle des autres acteurs dans le processus de certification foncière. Mieux, ils tentent de décliner la politique foncière rurale de l'Etat de Côte d'Ivoire. La position de Dagrou Théodore rejoint sensiblement celle d'Alerte-Foncier[23] dans son document de prise de position sur le foncier rural. D'ailleurs, Dagrou Théodore[24] avait déjà clarifié cette position dans son œuvre comprendre le foncier rural de Côte d'Ivoire. Ce dernier ouvrage explique la politique de sécurisation foncière, relève tous les facteurs bloquants, notamment la valeur juridique du certificat foncier, le sort des non nationaux et surtout lève un coin de voile sur les concepts ambigus et source de conflits dans la loi de 1998 relative au domaine foncier rural.

Si toutes ces publications peuvent avoir enrichi la doctrine du foncier, il semble qu'elles soient toutes consacrées au foncier rural uniquement et surtout aux aspects confligènes. La politique foncière abordée dans ces extraits n'a été en réalité que de simples explications pour donner des éclairages. Les auteurs n'ont ni conceptualisé, ni théorisé. Ils se sont contentés de reprendre les analyses produites par les concepteurs de la déclaration de politique foncière. Les analyses et les évaluations ont visé la pratique de la certification foncière en tant qu'une étape qui a lieu bien avant l'intervention de la conservation foncière dans le processus de sécurisation du foncier rural. L'institution conservation foncière n'est point abordée substantiellement dans ce travail. L'expertise foncière de Dagrou s'est limitée au cadre institutionnel fait de comité villageois de gestion foncière et à l'AFOR. L'auteur a présenté l'aspect rural du problème foncier tout en s'étalant sur les ramifications concernant l'immatriculation.

---

[23] Alerte-Foncier. (2018). *Document de prise de position sur le foncier rural*, 35p.

[24] DAGROU, T. (2007). *Comprendre le Code foncier rural de la Côte d'Ivoire*, Frat-Mat éditions.

1.2.2.3. Le rôle complémentaire de la conservation foncière dans le processus de sécurisation des droits fonciers urbains

Yéboua Kouamé, dans son mémoire de fin du cycle moyen supérieur de l'Ecole Nationale d'Administration (2011) s'est penché sur la délivrance des actes et documents administratifs dans le processus de sécurisation de la propriété foncière en milieu urbain en Côte d'Ivoire. Dans ce mémoire, il fait une énumération des actes qui alimentent le rythme des activités de sécurisation foncière. Cette énumération prend en compte aussi bien les actes émis par le Ministère en charge de la construction que ceux de la Direction générale des impôts. Pour lui, la délivrance de titres de propriété est un processus participatif et à la chaine dans lequel plusieurs acteurs interagissent y compris la Conservation Foncière. C'est l'action conjuguée de ces acteurs qui confère la sécurité requise. Il souligne que plusieurs actes sont délivrés par le Ministère en charge de la construction avant d'aboutir au certificat de propriété foncière du Conservateur.

Avec la réforme foncière urbaine intervenue en 2013, le certificat de propriété foncière est devenu quasiment caduc[25]. Aussi, plusieurs actes énumérés par l'auteur, sont déjà sortis de l'ordonnancement juridique. Du reste, cet ouvrage a le mérite de contribuer à construire la connaissance autour du foncier urbain. Une touche d'actualisation pour prendre en compte les mutations qui ont lieu au cours de cette dernière décennie parait nécessaire. D'ailleurs, cette mise à jour s'impose au regard de l'évolution de l'actualité foncière.

Dans cette même veine Lamarche Aka Aline et ses coauteurs dans l'ouvrage « droit foncier ivoirien » font une radioscopie de tout l'arsenal juridique foncier de Côte d'Ivoire, de toutes ses institutions et des pratiques métiers. Cette production a l'avantage de donner une vue générale de toute l'activité du foncier. Les auteurs font une énumération de tous les actes émis par les administrations foncières. Ils mettent l'accent sur les procédures d'appropriation des terres rurale comme urbaine. Ces procédures concernent pour certaines le transfert de

---

[25] L'Ordonnance n° 2013-481 du 2 juillet 2013 fixant les règles d'acquisition de propriété des terrains urbains

propriété et pour d'autres l'occupation du domaine, là où l'appropriation privative ne peut s'effectuer. En substance cet ouvrage met en exergue les règles d'accès à la propriété foncière en Côte d'Ivoire, dans toute leur complexité et ne se focalisent pas sur les missions de la Conservation Foncière. Ils dressent un panorama de l'activité foncière avec sa diversité de règles et sa multiplicité d'acteurs ainsi que la complexité de sa gestion.

Ces experts se contentent de ressasser toutes ces règles, sans engager une véritable réflexion de fond sur leur pertinence aujourd'hui. C'est un travail de description du système foncier ivoirien qui a été réalisé, ce qui fait dire que la démarche empruntée est une approche d'analyse juridique. Les aspects économiques, sociologiques du foncier ivoirien ne sont que simplement effleurés par les analystes. Il s'agit d'un cadrage juridique du foncier qui ne préoccupe pas des questions de gouvernance foncière. Les questions liées au marché foncier ainsi qu'à l'information foncière sont classées au second rang par les chercheurs. Ces auteurs ont le mérite d'accorder une lucarne aux activités de la conservation foncière et ceux du cadastre qui sont les deux organes de la Direction générale des impôts dans le dispositif de sécurisation foncière. Ils se méprennent tout de même d'aborder les enjeux et les défis auxquels doivent faire face ces services. Par conséquent, l'ouvrage permet de cerner le champ d'application du droit foncier. En revanche, les axes stratégiques mis en œuvre par les dirigeants des services de conservation foncière ne sont pas à l'ordre du jour, l'efficacité et l'efficience des services qui sont des concepts clé de management public sont ignorées. A l'évidence cette production n'étant pas consacrée exclusivement à la conservation foncière, la démarche des chercheurs a pris le soin de délimiter le champ d'étude.

Chapitre 2

LA CONSERVATION FONCIERE : UNE VERITABLE PROBLEMATIQUE DES TEMPS MODERNES

La Côte d'Ivoire est un pays de l'Afrique subsaharienne d'une superficie de 322 462 km^2. Elle est bordée au nord-ouest par le Mali, au nord-est par le Burkina Faso, à l'est par le Ghana, au sud-ouest par le Liberia, à l'ouest-nord-ouest par la Guinée et au sud par l'océan Atlantique. D'une population estimée à 28 088 455 habitants en 2021, ce pays regorge des forêts tropicales et d'énormes parcelles arables[26]. Selon les statistiques, le territoire est composé à 85% de terres rurales. Forte de ces richesses foncières, les premiers dirigeants de ce pays ont orienté la politique de développement vers l'agriculture, notamment la monoculture de café cacao, puis vers d'autres cultures pérennes. Le miracle ivoirien des années 70 à 80, doit beaucoup à l'exploitation des ressources foncières et forestières.

Cependant, si l'Etat de Côte d'Ivoire est arrivé à sécuriser ses ressources financières grâce à l'exploitation de la ressource foncière pour entreprendre les grandes infrastructures de développement, la question de la sécurisation des droits fonciers est restée une équation difficile à résoudre par les autorités ivoiriennes depuis l'indépendance jusqu'aujourd'hui. L'accès à la propriété des terres rurales comme urbaines est demeuré en quelque sorte le talon d'Achille du système économique ivoirien. C'est que, l'importance du titre foncier dans le financement de l'économie n'a pu être clairement élucidée encore moins appréhendée par les gouvernants. Or, les enjeux de la sécurisation des droits fonciers sont une problématique qui a vu le jour à la naissance de la Côte d'Ivoire, notamment au moment de la colonisation et de l'introduction du régime de l'immatriculation mis en œuvre par les services de la conservation foncière.

---

[26] Cette estimation est extraite du Recensement de la population et de l'Habitat en Côte d'Ivoire qui a eu lieu en 2021.

2.1. L'IMPORTANCE DU TITRE FONCIER DANS LE FINANCEMENT DE L'ECONOMIE DEPUIS L'ORIGINE

À l'origine pourquoi a-t-on trouvé nécessaire d'introduire le régime foncier de l'immatriculation en Côte d'Ivoire ? Il faut reconnaitre d'emblée que c'est l'œuvre du colon. Travaillant au développement économique de la métropole, le colonisateur a institué un certain nombre de structures avec des missions précises et qui permettaient de faire évoluer le système colonial. Parmi ces institutions, les établissements bancaires et financiers occupaient une place prépondérante. Dans la société économique et comme l'indique le cycle économique dans un état libéral, les institutions, l'Etat, les ménages jouent un rôle important. Il faut bien que les institutions de crédit accompagnent les idées de développement économique. Les premiers investissements coloniaux sont portés par le secteur de l'agriculture et du commerce.

Mais l'ancienne métropole est traditionnellement une puissance agricole. La physiocratie est une théorie de développement économique appliquée par la France. Elle préconise un développement économique basée sur l'agriculture, notamment la culture de la vigne, l'élevage, etc. et le secteur tertiaire a connu son essor plus tard. C'est donc par l'agriculture que l'économie française a débuté et cette même politique économique a été répétée dans les colonies à travers les plantations de palmier, la culture de café et du cacao. L'économie agricole fait référence à la terre, donc au foncier. Pour entreprendre sur la terre, il faut des financements importants. La question cruciale qui se posait était celle de savoir comment bénéficier de moyen nécessaire pour le financement des activités et des entreprises agricoles. La réponse trouvée était le financement par le biais des apporteurs de crédit. Dans une certaine mesure, ces raisons ont milité en faveur de l'instauration du régime de l'immatriculation.

Il ressort que la question de la sécurité économique est au cœur même de l'instauration du régime de l'immatriculation. En effet, celui qui entreprend prend un risque, et il n'est pas toujours évident de mesurer le risque que comporte les initiatives économiques, notamment sur des territoires conquis dont l'administration est en gestation et les règles d'administration encore floues. Le régime de l'immatriculation répond au souci de mettre en place une garantie c'est-à-dire un instrument pour que ceux qui prennent la terre investissent dans un environnement sécurisé et que les institutions de crédit qui apport leur capitaux le fassent sans crainte majeure. La sécurité est la confiance et elle concerne aussi bien l'entreprise que l'institution bancaire apporteuse de financement. Le système de l'immatriculation prévoit la venue à la vie juridique d'un immeuble et la facilitation de l'accès au crédit et au commerce. Il veut permettre que les acteurs au niveau agricole bénéficient de source de financement pour leur entreprise contre une hypothèque sur le bien immobilier afin de garantir le remboursement de la dette contractée en cas de faillite.

2.2. L'ABSENCE DE POLITIQUE D'ENVERGURE DE L'IMMATRICULATION DANS LE CONTEXTE COLONIAL ET POST COLONIAL

Mais comment un système aussi sophistiqué, un régime aussi important en tenant compte des objectifs n'a-t-il pu produire depuis la colonisation jusque dans les années 80 seulement 22 000 titres fonciers ? D'abord le colonisateur a apporté ce système pour mieux servir sa cause. Il était là pour opérer au niveau économique en matière agricole. Par la suite, l'on ne peut pas dire que les ivoiriens ont su véritablement s'approprier ce régime. Avec le premier président de Côte d'Ivoire, la politique agricole s'est accentuée sur la constitution d'une race de petits paysans ou le petit paysannat. Le financement de l'agriculture était le fait de l'ex-Banque Nationale pour le Développement Agricole (BNDA). Cette institution ainsi que le paysannat n'ont pas toujours su utiliser le titre foncier dans le mécanisme de financement de l'économie.

Dans un premier temps, ce sont les firmes coloniales qui dominaient le système agricole ivoirien. Elles sont secondées par le paysannat qui ne connaissait pas tous les rouages de l'économie moderne. Cette dernière va constituer plus tard la majeure partie des acteurs agricoles. Or c'est surtout dans le milieu agricole que devrait prospérer le système de l'immatriculation. Malheureusement, la question de la propriété foncière en milieu rural va être très complexe à gérer. Le système bancaire ne finançait pas vraiment le milieu agricole rural car dominé par les acteurs non outillés sur les opérations de financement. Quant aux pouvoirs publics, ils ne se sont pas donnés la peine d'assurer les conditions de financement de l'activité agricole par le régime de l'immatriculation.

Dans le même temps, les entreprises en ville qui devraient soutenir l'économie ne pensent pas toujours se servir de la terre comme un instrument de financement. Ces entreprises pouvaient bénéficier de crédit à partir du financement international sans avoir forcément à recourir à l'hypothèque. C'est donc beaucoup plus à cause de l'ignorance que la plupart des citoyens n'ont pas cherché à avoir un titre foncier. Ceux qui à cette époque se faisaient établir des titres fonciers, l'on fait pour des raisons de sécurité de leur droit de propriété avec l'urbanisation et la compétition évidente sur la terre urbaine. Aussi en milieu urbain, l'accent a été mis sur le logement avec les SICOGI. La priorité se résumait en ceci : « comment faciliter l'accès des citoyens au logement sans soutenir même par des actions l'aide à l'accès à la pleine propriété de ces logements par les locataires ». Au surplus, le processus et la procédure qui conduisent à avoir un titre de propriété étaient long et demandaient souvent un investissement financier important et voire à vie, sans même la certitude d'obtenir à terme le titre de propriété.

Tous ces facteurs n'ont pas permis la création de titres fonciers en abondance. L'Etat de Côte d'Ivoire n'a pas mis en place une politique d'envergure en matière d'immatriculation des immeubles. Le gouvernement lui-même n'a pas pris à bras le corps le problème. Il n'a pas travaillé de sorte à mener les conditions de cette sécurité. Le défaut d'implication du gouvernement a entrainé ce même élan au niveau des banques et des établissements de crédit. Dans les années 80, des structures de financement de l'économie immobilière ont existé comme le Compte des terrains urbains. Mais ces organismes n'ont pas survécu et n'ont bénéficié d'aucune politique de rigueur reposant sur le titre foncier. Ainsi, même aujourd'hui comme hier beaucoup de parcelles sont dépourvues de titres fonciers. Ces parcelles existent matériellement ou physiquement sans qu'il n'y ait d'existence à la vie juridique. Comment faire naitre ces parcelles à la vie juridique alors que des transactions multiples et des investissements énormes se font en dehors du marché formel ?

Toutes ces insuffisances d'encadrement par le défaut de création de titre foncier font que les transactions se font soit difficilement soit en dehors du marché foncier formel, dans l'informalité totale. Les populations étant composées plus par les ménages qu'une race d'entrepreneur, l'idée de parvenir à être propriétaire et à partir de ces propriétés avoir du financement pour la création d'entreprise était loin de germer en elles. Les gens n'étaient pas non plus inquiétés du fait qu'ils ne détenaient pas de titre foncier sur les parcelles. Ils ne pouvaient pas voir l'opportunité de détenir un titre foncier. Combien de personnes comprenaient que le titre foncier constituait une opportunité pour le bénéficiaire auprès des institutions de crédit ? Combien de personnes qui ont eu à construire dans les localités sans se soucier ni se préoccuper de la création de titre foncier ?

Le déficit d'immatriculation des parcelles et de titrement en général met en cause directement comme indirectement l'institution conservation foncière. Génériquement l'activité principale de la conservation foncière est la mise en œuvre du régime de l'immatriculation par le titrement de toutes les parcelles de Côte d'Ivoire. Comment comprendre que pendant plus d'un siècle, les services de la conservation foncière n'ont réussi à créer des titres fonciers que sur environs 10% du territoire, soit environ 342.000 Titres Fonciers. Sur cet ensemble, la zone urbaine concentre à elle seule plus 90% des créations de titres fonciers. Ces statistiques montrent bien que peu de parcelles sont immatriculées, les transactions sont très faibles ou les transactions se font hors du commerce dans un cadre informel. Le boom que connait le marché hypothécaire semblerait être en deçà du potentiel foncier de Côte d'Ivoire.

Pour certains, les raisons de cette contre-performance en termes de création de titre foncier sont liées au fait que le système de conservation foncière est resté beaucoup plus basé sur des instruments physiques, notamment le livre foncier physique alors que l'écriture au bout d'un certain temps se détériore. Les archives relatives au livre foncier se dégradent et pourtant elles doivent être conservées à perpétuité. Les personnes qui détiennent des droits passent mais le titre foncier et le bien foncier demeurent. Une entreprise disparait mais l'immeuble ne disparait pas. Les informations et les transactions relatives aux biens immobiliers sont appelées à être conservées durablement. Et ce tant que le système prévaut, il faut bien que ces actes perdurent.

2.3. LE POSITIONNEMENT DE LA CONSERVATION FONCIERE DANS LE DISPOSITIF DE SECURISATION FINANCIERE ET DYSFONCTIONNEMENTS

Le rôle prépondérant des services de conservation foncière pour la sécurisation des droits fonciers et surtout en tant qu'acte majeur de la mise en œuvre du programme de développement économique de la Côte d'Ivoire est reconnu par les spécialistes du fisc. Selon Digbeu Netchi Pierre, les missions dévolues aux services de Conservation de la Propriété Foncière et des Hypothèques font d'eux « le cœur de la fiscalité patrimoniale » et particulièrement de la fiscalité immobilière et mobilière dont l'assiette est constituée du droit foncier et de ses démembrements[27]. Cette affirmation est confirmée par le Premier responsable de l'Administration fiscale, Monsieur Ouattara Sié Abou qui déclare sans complaisance que dans le système fiscal ivoirien, la conservation foncière ténor de la fiscalité immobilière et mobilière, a une place de choix. Cette matière aussi complexe et délicate soit-elle est d'une importance indéniable pour les ressources budgétaires[28]. Son dynamisme est un indicateur de la bonne santé économique d'une nation surtout lorsqu'elle a pour vocation l'émergence.

En dépit des espoirs placés en ces services, le Directeur général des impôts, reste somme toute dubitatif sur la performance de ses services de conservation foncière. Il admet que « le potentiel fiscal des services de conservation de la propriété foncière est quasiment inexploré ». Autrement dit, les réalisations en termes de recouvrement sont en deçà des capacités de ses services. Ou du moins, les services ne mettent pas assez à contribution l'ensemble de leurs ressources humaines et matérielles. Ils sous emploient leur effectif et n'utilisent pas normalement leurs consommables. C'est donc une invite à améliorer le management et huiler la stratégie de recouvrement des droits et taxes.

[27] DIGBEU NETCHI, P. (Septembre 2017). *Quelles stratégies pour l'amélioration des performances des services des Conservations de la propriété foncière et des hypothèques,* TDR de la 1ère Conférence des Conservateurs, Grand-Bassam-Afrikland-Hôtel

[28] Allocution du Directeur général des impôts lors de la Première Conférence des Conservateurs, Grand-Bassam, Afrikland Hôtel, du 14 septembre 2017

Mais, là réside toute la problématique de la conservation foncière que de rechercher uniquement la performance du service dans les réalisations fiscales. Et pourtant, les missions des services de conservation foncière ne sont pas uniquement des missions fiscales et financières. C'est d'ailleurs ce que souligne Tidiane Kaba Diakité en ces termes : *« Notre mission est très difficile. Elle n'est pas de fiscalité de prime à bord. La fiscalité est accessoire. La grande mission est celle de sécuriser les droits réels et faire en sorte que le livre foncier soit crédible et qu'il n'y ait pas de litiges qui surgiraient à partir des inscriptions. Les recettes de la DDCFET ne sont rien par rapport aux objectifs fiscaux de la DGI. Le plus important est de gérer les inscriptions au livre foncier ».*[29] En d'autres termes, les services de conservation foncière ont des missions juridiques et de service public prépondérantes.

Cette mission difficile et complexe de la Conservation Foncière ne peut s'exécuter que dans un cadre adéquat de travail. Et pourtant, le diagnostic des services de la Conservation Foncière posé par Monsieur Ahi Koffi Abdoulaye a relevé l'existence d'anomalies structurelles et fonctionnelles[30]. La sensibilité des tâches de l'immatriculation et de la publicité foncière nécessite que des locaux adaptés soient affectés aux services. Au contraire, l'exiguïté des locaux fait que les agents, les dossiers et les usagers se côtoient et se disputent les espaces. Pareille organisation se trouve être incompatible avec les exigences de qualité du service public. Cette situation risque de perdurer tant que les méthodes de travail demeurent presqu'entièrement manuelles au regard du nombre et du volume des registres manuels utilisés régulièrement dans les services. Un tel environnement de travail n'est pas à l'abri de dégradation des documents, et donc de l'altération des inscriptions au livre foncier, tant l'archivage des dossiers fonciers et fiscaux dans les services de Conservation foncière présente un énorme défi.

Au-delà de l'aspect matériel et infrastructurel, il ressort que les services de conservation foncière doivent de plus en plus faire face aux contestations sur la réalité et la véracité des droits inscrits au Livre

---

[29] Allocution du Directeur du Domaine lors de la cérémonie de présentation des vœux de 2022.

[30] AHI KOFFI Abdoulaye. (2017). *Quelles stratégies pour l'amélioration des recettes fiscale dans les services de Conservation de la Propriété Foncière et des Hypothèques ?* Deuxième Table Ronde, de la deuxième Conférence des Conservateurs, Grand-Bassam-Afrikland-Hôtel.

Foncier. Plusieurs services de conservation foncière sont régulièrement impliqués dans différents procès devant le Conseil d'Etat. Le nombre de litiges fonciers porté devant les juridictions a explosé en 2017 avec 136 affaires pendantes. Au total de 2015 à 218, ce sont environs 305 affaires relatives aux inscriptions sur le Livre Foncier jugées par les autorités judiciaires compétentes. Le nombre considérable de procès intentés à l'encontre des conservateurs, conjugué aux décisions d'annulation des inscriptions faites au Livre Foncier mettent en relief l'existence d'un climat d'insécurité foncière menaçant les droits réels immobiliers des propriétaires et toute l'économie immobilière.

Parallèlement à ces affaires, nous avons noté également une recrudescence des plaintes foncières sur les prestations en matière de sécurisation foncière. Dans le souci de faire traiter efficacement les plaintes par les services et face à la recrudescence des réclamations, les autorités budgétaires ont été amenées à créer un observatoire des plaintes foncières pour assurer la résolution des insatisfactions[31]. Ces plaintes dont la plupart dénonce les retards et lenteurs dans le traitement des actes d'immatriculation et de publicité foncière impactent négativement et de façon considérable l'image de marque de la conservation foncière. Il est même arrivé que le traitement de certaines demandes d'actes a pu excéder 6 mois alors que les engagements de service ont fixé un délai 30 jours. Pire encore, certains agents sont mêmes nommément citées dans des affaires de rétention de dossiers et de corruption.

A l'évidence, tous ces facteurs ont un impact négatif sur le rythme de création de titres fonciers par la conservation foncière. Malgré la croissance annuelle du nombre de titre foncier crées par la conservation foncière, le taux de couverture national est estimé à 5% contre 95% du territoire non encore immatriculé. Pire, Il existe un stock important de dossiers en cours de traitement estimé à environ 29.015, dont 9.248 dans les Conservations foncières du District d'Abidjan et 19.767 dans les Conservations foncières de l'intérieur du pays au 16 décembre 2020.

De telles prestations engagent le pronostic vital de la Conservation foncière. La survie de ce service de garantie des droits fonciers se trouve être en jeu. Ce d'autant plus qu'en France, pareilles critiques de la Cour

---

[31] L'Arrêté n'0008/MBPE du 05 février 2021 portant création, attributions, organisation et fonctionnement de l'Observatoire des Plaintes non juridictionnelles en matière foncière.

des Comptes dans son rapport publié le 22 janvier 2009 a conduit à mettre fin à l'institution Conservation foncière. Dans ce rapport, la cour des comptes a fustigé « *l'anachronisme grandissant du statut des conservateurs des hypothèques* ». L'ordonnance du 10 juin 2010 portant suppression du régime des conservateurs des hypothèques au 31 décembre 2012, a remplacé la Conservation des Hypothèques de France par les services de la publicité.

En Côte d'ivoire même si cet anachronisme ne se justifie pas, il faut noter que les réformes foncières sont lentes à être adoptées encore moins appliquées. C'est le cas de la proposition de Goretti Dusabe, faite en 2017 dans les conclusions de ses travaux portant sur le Diagnostic de la gestion foncière en milieu urbain en termes de l'immatriculation de masse[32]. Cinq années après en 2023, le titrement massif des parcelles qui est un dérivé de ce projet tarde toujours à être mis en œuvre. L'écart entre les parcelles cadastrées et celles comportant des titres fonciers est toujours énorme. Toute chose qui dénote de l'existence d'un dysfonctionnement au sein des services de conservation foncière, problème que nous tenterons de résoudre à partir des questions de recherche ci-après.

2.4 QUESTIONNEMENTS, OBJECTIF, HYPOTHESE

Nous voulons questionner les déterminants du dysfonctionnement des services de Conservation de la Propriété Foncière et des Hypothèques qui leur valent souvent des reproches de la part des partenaires de la chaine foncière et un déficit de performance. Existe-t-il un problème managérial au sein des services de conservation ? Lesdits services sont-ils devenus obsolètes en ce qui concerne la perception moderne de la sécurisation des droits réels immobiliers ? Autant de préoccupations qui amènent à poser les questions suivantes :

Quelles sont les raisons qui expliquent les dysfonctionnements constatés dans l'exercice des activités des services de conservation foncière ?

---

[32] Dusabe Goretti, (2017). *Le Diagnostic de la gestion foncière en milieu urbain en Côte d'Ivoire,* Conclusions des travaux réalisés, Groupe de la Banque Mondiale.

Comment fonctionnent les services de conservation dans la mise en œuvre de leurs activités de mobilisation des recettes fiscales et de sécurisation des droits réels immobiliers ?

Quelles sont les points de faiblesses des services de conservation foncière dans l'atteinte des objectifs de sécurisation des droits fonciers ? Nous espérons dans le cadre de ces analyses parvenir à :

- Identifier les raisons qui expliquent des dysfonctionnements constatés dans la gestion des services de Conservation Foncière ayant impactés négativement leurs activités ainsi que les résultats.

- Décrire l'organisation et le fonctionnement actuel des services de conservation foncière ;

- Identifier les points de faiblesse du dispositif organisationnel et fonctionnel des services de conservation foncière au regard des résultats obtenus en tenant compte des missions.

En nous appuyant sur les questions posées plus haut, il reste évident que la présente étude s'appuie sur trois hypothèses qui stipulent que:

- Les services de conservation foncière privilégient la mission de de recouvrement des recettes fiscales au détriment de celle de la garantie des droits réels immobiliers.

- La Conservation Foncière dans son organisation et son fonctionnement actuel peine à assurer pleinement sa mission de sécurisation des droits réels immobiliers ;

- Le type d'organisation et de fonctionnement en vigueur actuellement contribue à une contreperformance des services de Conservation Foncière.

2.5 METHODOLOGIE ET CHAMP DE L'ETUDE

Après avoir passé en revue les théories qui ont servi à orienter la recherche sur l'institution Conservation Foncière, il parait nécessaire d'explorer le cadre méthodologique. Le présent travail de recherche est guidé par l'observation, la recherche documentaire et par des enquêtes qualitative et quantitative.

L'étude porte sur les services de conservation foncière au niveau du grand Abidjan. Il importe tout de même de rappeler que la Conservation Foncière obéit à une organisation à deux niveaux. Au niveau central, ce service est piloté par la Direction du Domaine de la Conservation

Foncière de l'Enregistrement et du Timbre qui se décompose de sous-directions et de services centraux. Au niveau régional, c'est un réseau de 29 services de conservation de la propriété foncière et des hypothèques logés dans les Directions régionales des impôts. Cette étude s'est focalisée sur les 11 services de conservation de la propriété foncière et des hypothèques du grand Abidjan en ce qui concerne les enquêtes par questionnaire. Toutefois les investigations prennent en compte celles de l'ensemble des 29 services sur l'ensemble du territoire.

Le grand Abidjan occupe une superficie totale de 431 063 ha. Ce périmètre a pris forme avec l'adoption d'un schéma directeur du grand Abidjan. Cette nouvelle organisation est soutenue par la prise d'un décret portant création d'une zone d'aménagement différée sur le périmètre couvert par le schéma directeur du grand Abidjan [33]. L'institution du Grand Abidjan est une mesure engagée par le gouvernement en vue de maitriser le développement urbain de la ville d'Abidjan et contribuer ainsi à mettre un terme à l'occupation précaire, anarchique des espaces urbains et à la prolifération de lotissement de type villageois, de quartiers précaires sous équipés et des poches d'insécurité. Dans sa politique d'urbanisation, ce périmètre permettra à l'Etat d'avoir une bonne maitrise de la spéculation foncière et de constituer des réserves foncières suffisantes pour conduire des grands projets d'intérêt collectif.

Cette zone concerne en partie les communes et sous-préfectures de Grand Grand-Bassam, Bonuoua, d'Anyama, Azaguié, d'Alépé, de Brofodoumé, de Bingerville, de songon, de Dabou, d'Oghlwapo et de Jacqueville. Les limites des circonscriptions administratives ne coïncident pas forcément avec les limites des circonscriptions foncières. C'est ainsi que la circonscription foncière d'Aboisso qui fait partie de la conservation foncière de Grand Bassam ne fait pas partie du grand Abidjan. Certaines localités comme Azaguié qui font partie du grand Abidjan n'intègrent aucune circonscription foncière dans ce ressort territorial. Les données de ces localités sont infimes et ne sauraient en principe considérablement influencer les résultats de cette étude.

Pour les besoins de notre étude, nous avons utilisé l'échantillonnage par convenance. C'est une approche d'échantillonnage non

---

[33] Décret n°2016-138 du 09 mars 2016 portant approbation du schéma directeur d'urbanisme du grand Abidjan

probabiliste, où l'enquête est basée sur les personnes faciles à contacter. Dans le cas précis de la présente étude, nous avons interrogé les usagers qui se sont présentés dans les services de Conservation Foncière pour l'accomplissement des formalités diverses. En l'appliquant, le chercheur suppose que la distribution des caractéristiques à l'intérieur de la population est égale. C'est ce qui fait que le chercheur croit que n'importe quel échantillon serait représentatif et que les résultats, par conséquent, seront exacts. À la différence des méthodes probabilistes, le chercheur n'est pas à la recherche d'une validité statistique pour expliquer le phénomène étudié. Il peut occasionner des biais importants, limitant la possibilité d'extrapoler les résultats de l'étude. Aussi, les sujets les plus pertinents peuvent être omis lors de l'étude.

Malgré ces inconvénients, les méthodes d'échantillonnage non probabiliste peuvent être utiles lorsque l'on désire faire des commentaires descriptifs au sujet des échantillons eux-mêmes. Deuxièmement, leur utilisation prend peu de temps tout en étant plus économique et plus pratique. À ce propos, nous avons interrogé 814 personnes. Il s'agit des personnes qui se sont rendus dans les services de la Conservation Foncière, aux heures ouvrées et au moment de la collecte des données.

La population du grand Abidjan est une mosaïque d'environ 6.000.000 d'Habitants. Cette population représente 21% de la population nationale qui aujourd'hui est estimée à 28 millions d'habitants. L'enquête par questionnaire a permis d'interroger 814 personnes, soit 0,02% de la population du grand Abidjan. Les enquêtes se sont déroulées sur une période bien déterminée dans les services de Conservation de la Propriété Foncière et des Hypothèques du grand Abidjan et ont concerné les personnes intéressées par la sécurisation de leurs droits réels immobiliers.

Les 814 personnes interrogées sont des clients des services de conservation foncière qui peuvent être regroupés en deux catégories :

- Les usagers professionnels ;

- Les usagers ordinaires.

Les usagers ordinaires ont été catégorisés comme les Sans Emploi (SE), les Stagiaires (ST), les Etudiants (E), les Salariés (S), les Fonctionnaires (F) et les Retraités (R) ;

2.6 LES PARADIGMES ET COLLECTE DES DONNEES DE L'ETUDE

Le paradigme qui guide cette recherche est l'analyse systémique. Ce paradigme permet de tenir compte à la fois du contexte, des intrants, du processus et les produits du service conservation foncière. L'analyse systémique permet d'identifier facilement les dysfonctionnements et conditions pour maintenir ou améliorer un système donné.

La démarche usitée dans le cadre de cette étude est à la fois, qualitative et quantitative. La démarche qualitative a consisté en la fouille de la documentation pertinente des services de conservation foncière, tels que les plans d'actions, les rapports d'activités, les comptes rendus de réunion, les études thématiques, les rapports de tous types, etc. La méthode qualitative a permis de donner du sens à certains grands concepts, de comprendre les procédures, les processus et les différentes opérations réalisées dans le cadre des activités desdits services à travers les interviews.

La méthode quantitative, en outre, a permis de procéder à la collecte des données chiffrées des activités, des résultats obtenus par les services. Ces données chiffrées sont celles relatives aux objectifs fiscaux et les réalisations. Les chiffres obtenus sont ceux réalisés par les services dans l'accomplissement de leurs activités. A partir de ces données, nous avons mesuré l'efficacité des services et jugé de la pertinence des décisions. Il faut y ajouter des statistiques descriptives schématisées par des graphiques, des histogrammes et autres diagrammes.

Les principaux instruments d'investigation utilisés dans le cadre de cette enquête sont l'observation, l'entretien et le questionnaire.

L'observation a consisté se tenir à un poste de travail, de 8h30 à 10h30 et à observer les usagers et agents. Les éléments observés sont, les requêtes formulées, les conseils sollicités, le retrait des actes et les instructions des dossiers effectués par les agents. Les observations ont eu lieu durant le mois d'août 2021, à la Conservation de Bingerville, Riviera et à la Direction du Domaine, de la Conservation Foncière, de l'Enregistrement et du Timbre. Les observations ont permis de mieux comprendre les opérations, les activités des services et d'identifier les problèmes récurrents. Cette démarche a aidé à cerner les contours de l'étude et mieux préciser les hypothèses de recherche.

Le questionnaire a consisté à poser par écrit aux enquêtés, une série de questions relatives à une situation, à leur opinion, à leurs attentes et leur niveau de connaissance d'un problème en matière de conservation foncière. Le questionnaire a permis d'identifier l'usager enquêté, notamment l'âge, le genre et son statut social. Il a porté sur leur connaissance de la conservation foncière, leur bonne compréhension du rôle de la conservation foncière, la définition de notion de titre foncier. Ensuite, les points pour mesurer le niveau de qualité des prestations des services de conservation Foncière ont été définis à travers le degré de satisfaction des usagers, le niveau d'accès à l'information foncière, l'efficacité et le jugement d'ensemble.

Il s'est agi aussi de tête-à-tête oral, de contact direct entre l'interviewer et l'interviewé. Le chercheur par ses questions ouvertes a interrogé sur le rôle de la conservation foncière, les textes fondateurs, la politique de sécurisation foncière. Les échanges ont également porté sur l'historique de la conservation foncière, sur les pratiques métiers et sur les points de faiblesse ainsi que les origines des dysfonctionnements. L'entretien a permis de formuler des ébauches de solutions relativement à la performance recherchée.

Cette enquête s'est déroulée à Abidjan et dans les communes en périphérie. De façon précise, nous nous sommes rendues dans onze services du CPFH en vue d'interroger des usagers. Ainsi, selon les emplacements des différents services, nous avons constitué deux zones d'enquêtes :

Tableau n°1 : Descriptif de l'enquête

Période d'enquête	Du 10 juin au 14 aout 2021
Population	Usagers des services de CPFH
Echantillon	814 usagers
Milieu de l'étude	CPFH, 11 services à Abidjan, Grand-Bassam et Dabou

Tableau n°2 : Zones d'enquête

• **Zone 1** :	COCODY, PLATEAU, RIVIERA, BINGERVILLE, ABOBO (Immeuble Alpha 2000)
• **Zone 2** A : • **Zone 2** B :	YOPOUGON 1, YOPOUGON 2, DABOU TREICHVILLE, MARCORY, GRAND-BASSAM

Pour les besoins de l'enquête, nous avons affecté 3 agents enquêteurs par service. Ces enquêteurs ont été déployés de façon journalière sur les sites des services de Conservation de la Propriété Foncière et des Hypothèques. L'enquête s'est finalement déroulée en trois zones : la zone 1, zone 2 A et la zone 2 B. Finalement, un réaménagement est intervenu, les deux Conservations foncières de DABOU et de Grand-Bassam qui sont sur des sites excentrés par rapport au District d'Abidjan ont été enquêtées en dernier lieu.

Tableau n°3 : du Chronogramme de l'enquête et Budgétisation

Subdivision	**Date prévisionnelle**	**Date de réalisation**
L'enquête dans la zone 1	10 au 25 Juin 2021	14 juin au 16 juillet 2021
L'enquête dans la zone 2 A et la zone 2 B	28 Juin au 09 Juillet 2021	16 juillet au 14 Août 2021

Le logiciel utilisé pour le traitement des données recueillies est le logiciel Sphinx. C'est un outil qui est souple à manipuler. Le questionnaire saisi dans cet outil comportait 13 inrerrogations regroupées en trois parties : identification des enquêtés, connaissance de la conservation foncière et qualité des prestations des services.

Les procédés pour l'exploitation des données sont le tri plat et le tri croisé. Dans un premier temps, nous avons étudié successivement chaque variable ; les modalités obtenues sur les variables ont fait l'objet de tris à plat présentés sous forme de tableaux et graphiques ; les réponses aux questions ouvertes ont été étudiées grâce à des techniques de recodage ou d'analyse de contenu. Nous avons ainsi traité de façon isolée le niveau d'accès à l'information des enquêtés, le jugement sur l'efficacité des services et la qualité d'ensemble des services. En second lieu, nous avons exploité simultanément deux ou plusieurs variables afin d'évaluer la relation qui peut exister entre elles. C'est le cas par exemple lorsque nous avons croisé le genre et sa connaissance du rôle de la conservation, le statut professionnel des enquêtés et le jugement sur la qualité d'ensemble des services.

Des données ont été analysées séparément pour les 11 services de conservation foncière enquêtés. L'exploitation par service aurait conduit à une quantité importante de résultats et de commentaires. Après avoir fait la synthèse des résultats, nous avons retenu les résultats de l'ensemble des services de Conservation Foncière et rejetés ceux des services pris isolement.

Chapitre 3

CONCEPTS GENERAUX LIES A LA SECURISATION FONCIERE

La sécurisation foncière est un vaste champ d'étude qui nécessite que plusieurs concepts généraux soient convoqués. Pour une bonne compréhension, nous nous efforcerons dans cette partie d'élucider les concepts de sécurité et de sécurisation foncière, et de titrement de parcelles.

Le Directeur en charge de la conservation foncière disait régulièrement que : « la sécurité foncière est le but recherché et la sécurisation foncière est l'ensemble des opérations menées pour atteindre ce but »[34]. Cette affirmation indique qu'il existe un lien certain entre ces deux concepts, même s'ils ne désignent pas forcément la même réalité.

3.1. LA SECURITE FONCIERE

Le concept de sécurité foncière a plusieurs facettes. En fonction du domaine de l'étude, plusieurs définitions de la sécurité foncière peuvent émerger. Nous aborderons la sécurité foncière d'un point de vue générale, par rapport aux normes et institutions et en tenant compte de la question de la protection des droits dans un contexte d'insécurité foncière.

3.1.1. Sécurité foncière d'un point de vue générale

La sécurité foncière est vue par Lavigne-Delville[35], comme l'assurance que les droits que nous détenons sur la terre, quelle que soit leur nature, ne seront pas contestés et que, s'ils le sont, ils seront

---

[34] Intervention de Monsieur Tidiane Kaba Diakité au cours des échanges avec les acteurs de la Chaine foncière dans le cadre du Comité interministériel de régulation des acteurs de la chaine foncière.

[35] LAVIGNE-DELVILLE, P. (2017). Qu'est-ce que la sécurité foncière et comment la renforcer? *Foncier & Développement*, p. 3.

confirmés par des autorités. Cette définition entraine deux implications majeures ; d'une part la sécurité foncière ne se pose pas uniquement que pour les personnes ayant la qualité de propriétaire, mais elle compte aussi bien pour tout détenteur de droits transmissibles et permanents. C'est ainsi, que les institutions accordent leur protection aux possesseurs de parcelles furent-ils même de simples détenteurs coutumiers reconnus comme tels.

D'autre part, la sécurité foncière peut s'apercevoir comme le sentiment, l'état d'esprit du possesseur d'une terre qui a la certitude qu'il ne court pas le risque de voir ses droits lésés par un acteur puissant sans raison. Dans cette approche, le sentiment de sécurité foncière n'est possible que s'il existe un véritable capital de confiance, dans l'environnement des affaires, le marché, dans la finance et les institutions. Dans cette veine, Agnimel Jean Chrysostome postule que ce sentiment est d'abord conditionné par un climat propice à la jouissance, stable, paisible et pérenne des droits fonciers[36]. En d'autres termes, d'après Karsenty Alain, ce climat est créé par un système administratif et juridique indépendant, capable de garantir les droits de propriété et de prendre des sanctions[37]. Lorsque le mécanisme de régulation est effectif, alors les droits fonciers même informels sont globalement en sécurité. La confiance qui en résulte rassure tous les acteurs économiques et le marché foncier est dynamisé. La sécurité ainsi définie semble se rapporter à l'ordre que peut inspirer les normes et les institutions foncières.

3.1.2. Sécurité foncière une question de normes et d'autorités

La sécurité foncière vise à procurer au propriétaire immobilier la jouissance paisible et stable de droits sur une parcelle de terrain. Cela suppose qu'il existe une règlementation claire et bien définie qui régit l'appropriation des terres. En général, chaque Etat se dote de textes pour encadrer le rapport au fond de terre. La sécurité de la propriété foncière

---

[36] AGNIMEL Jean-Chrysostome est le Conservateur de la Propriété foncière et des hypothèques de Yopougon 1. Cette interview a été réalisée en 2014 dans le cadre de la présentation des réformes induites par l'Arrêté de Concession Définitive.

[37] KARSENTY, A. (2016). La théorie de la pensée économique : des physiocrates à la nouvelle économie institutionnelle. Dans K. A. LE ROY Etienne, *La sécurisation foncière en Afrique : pour une gestion viable des ressources renouvelables* (p. 420).

est un enjeu majeur pour les pouvoirs publics afin de permettre d'assurer la gestion et l'occupation rationnelle du territoire. Toutefois, la difficulté majeure réside souvent dans la multiplicité et la complexité des normes foncières. L'Etat lui-même ayant pour vocation le contrôle et la maitrise foncière, ses intérêts et ses prérogatives de puissance publique ne coïncident pas toujours avec ceux des personnes privées. Ces acteurs se livrent souvent à des batailles très âpres pour le contrôle de lopin de terres. Les acteurs pluriels conduisent également à l'émergence de rapport de force sur la gestion du foncier en milieu rural comme urbain.

3.1.3. Insécurité foncière ou la nécessaire protection en cas de trouble

La gestion du foncier mal ficelée, des règles rigides et des discriminations peuvent conduire à l'insécurité foncière. L'insécurité foncière est la crainte et la menace de se voir déposséder d'une terre en violation des droits de propriété. En Côte d'ivoire, les médias ont évoqué l'existence d'une mafia foncière urbaine [38] qui abuse des propriétaires terriens coutumiers et les exproprient par des artifices juridiques et des conventions opaques. Il y a aussi que souvent des propriétaires coutumiers s'adonnent à la vente de grandes portions de terres à plusieurs acquéreurs. Sans un véritable mécanisme de contrôle et d'encadrement des transactions immobilières, les populations sont régulièrement victimes de perte d'investissements financiers importants, ce qui engendre des conflits fonciers.

Les facteurs explicatifs de ce phénomène ont révélé que l'insécurité foncière est intimement liée au niveau élevé de concentration foncière, à la lutte pour l'accès à la terre des travailleurs ruraux, l'inadéquation entre la demande et l'offre des terrains urbains et à une structure foncière fortement inégalitaire. Le boom de l'immobilier[39] constaté ces dernières années a fait exercer sur les ressources une pression foncière urbaine inédite à Abidjan. Il va de soi qu'il existe une lutte acharnée des populations pour s'offrir un lopin de terre afin de s'assurer de vieux

---

[38] https://connectionivoirienne.net/2022/01/18/mafia-du-foncier-contre-la-lagune-ebrie-en-cote-divoire-la-lettre-du-journaliste-n-konan-qui-dit-tout-adressee-a-ouattara/

[39] https://www.jeuneafrique.com/mag/889783/economie-entreprises/cote-divoire-un-boom-immobilier-reserve-aux-happy-few/

jours et laisser un patrimoine immobilier aux descendants. Cette hausse de la demande d'accès à la terre semble aller de pair avec l'augmentation du nombre de litiges fonciers pendant devant les juridictions.

Mais l'insécurité ne réside pas tant dans la survenance du litige que dans l'incertitude sur le moment de l'issu du procès et la crainte d'une justice partiale en défaveur des plus démunis. Il en résulte que lorsque la structure foncière favorise les nantis au détriment des populations pauvres, elle est génératrice d'insécurité. Il en est de même des règles éparses et confuses exploitées par les acteurs administratifs, des tarifs excessifs souvent injustifiés qui sont des facteurs de découragement et d'injustice sociale. Dans ces conditions, le canevas trouvé par les Etats vise à mettre en place des mécanismes plus flexibles pour sécuriser les biens immobiliers : il s'agit de la sécurisation foncière.

3.2. LA SECURISATION FONCIERE

La sécurisation est une terminologie en vogue dans le langage foncier ivoirien de cette dernière décennie. Les administrations publiques emploient ce vocable pour désigner leurs activités, les objectifs qu'elles s'assignent. Dans la presse audiovisuelle comme dans la presse écrite, les journalistes emploient le mot sécurisation avec généralement pour complément le foncier. La définition officielle de sécurisation foncière est celle qui est conceptualisée dans le document de déclaration de politique foncière. Selon ce document, la sécurisation foncière fait référence au processus, à toutes les opérations, activités entreprises par les autorités en vue de protéger le patrimoine foncier et immobilier des populations, et leur garantir une défense en cas de contestation ou de remise en cause de leurs droits fonciers et faciliter les transactions immobilières[40]. En d'autres termes, la sécurisation des droits fonciers vise à procurer la sécurité foncière.

---

[40] Document de Déclaration de politique foncière rurale de l'état de Côte d'Ivoire 2017.

3.1.4. Sécurisation par la création de la propriété foncière

Des discussions souvent houleuses ont eu lieu sur la question de savoir comment la propriété foncière se crée en Côte d'ivoire. Sans vouloir alimenter le débat, nous pouvons postuler que la propriété foncière se crée par le fait de la loi. Les textes législatif et réglementaire sont la source de la propriété. Le décret de 1928 énumère le domaine public de l'Etat ; la loi de 1955 déclare l'Etat propriétaire des terres vacantes et sans maître ; le code de l'urbanisme de 2020 déclare l'Etat propriétaire des terres du domaine urbain avec certaines restrictions. Les droits coutumiers sont reconnus aux communautés villageoises en vertu de la loi de 1998 relative au domaine foncier rural. Cette propriété foncière est consolidée suivant deux opérations juridiques et techniques, notamment l'établissement de la propriété et le transfert de propriété.

- **L'établissement de la propriété**

A l'origine de la Côte d'Ivoire, ce sont les droits coutumiers qui dominent la gestion du foncier. La propriété est collective et fait l'objet d'une reconnaissance par la communauté dont le mandataire est le chef de terre. Il n'existe aucun titre de propriété pour faire la preuve des droits réels immobiliers. Pour combler ce vide, le colon instaure le régime de l'immatriculation après des tentatives sans succès de se constituer un domaine foncier colonial. Ainsi, toute parcelle revendiquée devenait la propriété du requérant après la mise en œuvre d'une procédure spéciale et contradictoire visant à provoquer la révélation des droits fonciers et aboutissant à l'établissement du titre foncier. A l'issue de cette procédure, une copie du titre foncier est délivrée en guise de titre de propriété au propriétaire ainsi reconnu.

Cette procédure est restée en vigueur après l'indépendance et surtout après que les autorités aient échoué à constituer un domaine national. L'Etat a dû se contenter d'un domaine public inaliénable et d'un domaine foncier privé cessible. Mais en 2002, la copie du titre foncier est supprimée et remplacée par le Certificat de propriété foncière qui lui est abrogé par l'ordonnance de 2013. Même si dans l'ordonnancement juridique actuel, il n'existe aucun titre de propriété délivré par le

Conservateur à l'issue de la procédure d'immatriculation, la propriété foncière est exclusivement établie par l'immatriculation, procédure à laquelle l'Etat est obligé de déferler pour faire la preuve de sa propriété publique comme privée aussi bien dans le domaine foncier urbain que dans le domaine foncier rural.

Cette suppression de la copie du titre foncier, en plus du vide juridique créé, a plongé le système foncier dans l'ambiguïté totale. En effet, l'article 119 du décret foncier de 1932 stipule qu'à l'issue de la procédure de l'immatriculation, les titres produits par le requérant sont annulés par l'établissement du titre foncier. Ainsi le titre foncier se présente comme le titre de propriété quoique la délivrance de sa copie soit formellement interdite. Or le bien immobilier étant désormais soumis au régime d'immatriculation, toute délivrance de titre de propriété par une autorité autre que le Conservateur de la propriété foncière et des hypothèques relève d'une absurdité juridique qui engage le régime foncier de l'immatriculation et fragilise les garanties qui en découlent. La Côte d'Ivoire semble emprunter vaille que vaille ce chemin en admettant que le gestionnaire du foncier urbain délivre des actes de propriété. Elle a dû néanmoins corriger cet artifice juridico administratif en permettant que le Conservateur de la propriété foncière et des hypothèques certifie l'acte de transfert administratif de propriété du gestionnaire du domaine urbain par un sceau sur ledit titre après publication des droits réels immobiliers en guise de reconnaissance légale.

Dans le milieu rural, les difficultés qui ont surgi plus tard dans l'établissement de la propriété foncière en ce qui concerne les droits coutumiers ruraux. Ce qui a amené l'Etat à précéder l'immatriculation d'une enquête officielle sanctionnée par l'établissement d'un certificat foncier collectif ou individuel. Le certificat foncier rural est un acte qui constate la jouissance, pérenne, paisible, stable et sans contestation d'une portion de terre du domaine foncier rural coutumier. Il est délivré par le Préfet aux détenteurs de droits coutumiers. Le certificat foncier rassure la communauté, la famille, surtout les jeunes et les femmes, les exploitants agricoles, et les organismes financiers impliqués dans les mécanismes de crédits agricoles. La pression sur les terres rurales exercée par les demandes de nombreux investisseurs et le phénomène d'acquisition massive des terres rurales, nécessitent que des normes plus rigoureuses soient érigées pour limiter les conflits fonciers et faire la preuve de la propriété foncière par le titre. Désormais, les détenteurs fonciers ruraux pourront ainsi faire la preuve de leurs droits par la production de cet acte, et les locataires de terres pourront faire la preuve de leurs droits d'occupation en produisant un contrat de location écrit. Le détenteur de certificat foncier ne devient propriétaire qu'après avoir initié la procédure d'immatriculation et pour détenir un titre foncier de l'immatriculation.

- **Le transfert de propriété**

Le transfert de propriété est la faculté qu'a un propriétaire de faire sortir de son patrimoine foncier un bien détenu en pleine propriété pour le faire rentrer dans le patrimoine d'un nouvel acquéreur. C'est une opération fictive de transfert qui se matérialise par un acte. En fonction de l'auteur ou du type de transfert, il faut distinguer le transfert administratif de propriété appelé communément concession, le transfert privé entre deux personnes privées et le transfert forcé par l'action du juge.

Le Domaine urbain est par essence, un patrimoine foncier de l'Etat. La propriété de l'Etat est établie par l'immatriculation des parcelles de terres urbaines en son nom. C'est pourquoi tout bénéficiaire d'un terrain urbain doit s'adresser au gestionnaire dudit domaine afin que celui-ci lui cède une portion de la propriété privative de l'Etat par le biais de la délivrance d'un arrêté de concession définitive. Par cet acte l'Etat se défait sous réserve de certaines procédures spéciales de la propriété de la portion de terres urbaines concernées et la transfère dans le patrimoine de l'acquéreur. Dans l'esprit du régime de l'immatriculation auquel la Côte d'ivoire a souscrit, la pleine propriété de la parcelle est consacrée à l'acquéreur que lorsque l'acte de transfert de propriété qui est l'ACD est inscrit au livre foncier sur le titre foncier correspondant. Même s'il pèse sur le propriétaire une obligation de mise en valeur, il n'en demeure pas moins, que le bénéficiaire de la parcelle est dès l'inscription de l'acte sur le titre foncier propriétaire reconnu et couvert légalement par la protection.

La conséquence est que toute occupation d'une terre qui n'est pas justifiée par un titre foncier, un acte de transfert de propriété publié ou une inscription au livre foncier sera considérée comme une occupation sans titre ni droit et exposera l'occupant à une expulsion par les juridictions. Dans tous les cas, le processus de sécurisation foncière est un procédé dynamique qui fait appel à l'immatriculation. L'activité de la Conservation Foncière est le canevas principal par lequel la propriété foncière est établie et garantie originellement en Côte d'ivoire. Ainsi au-delà de toute supputation, L'Arrêté de Concession Définitive n'est en réalité que l'acte de transfert administratif de propriété entre l'Etat, propriétaire du domaine foncier urbain, et le bénéficiaire d'une partie de ce domaine.

3.1.5. Sécurisation par la garantie de la propriété foncière

Lorsque le titre de transfert de propriété est délivré, la sécurisation n'est pas encore totalement acquise. Encore faut-il que cet acte soit reconnu par tous. C'est en ce moment que rentre en ligne de compte la garantie des droits réels immobiliers qui est la reconnaissance légale des droits de propriété que confère la publication au Livre foncier pour les rendre sûr et les confirmer devant les juridictions. Le mécanisme par lequel la garantie est accordée à l'immeuble est l'établissement du titre foncier et la publication des droits réels immobiliers. Le Titre foncier amène l'immeuble à la vie juridique pour que tous les actes ultérieurs soient publiés sur la double page du livre foncier correspondant. Lorsque l'immeuble est immatriculé par la Conservation Foncière, les mentions qui figurent au livre foncier dans le compte dédié ouvert à cet effet font foi. La sécurité foncière réside dans le fait qu'en cas de contestation, les parties pourront se référer aux mentions du livre foncier. Autrement dit à défaut d'immatriculation, le bien immobilier ainsi que les droits qui les grèvent sont difficilement reconnaissables parce que non opposable aux tiers.

Cette activité de sécurisation par la garantie de la propriété est dévolue à la Conservation Foncière et obéit à un ensemble de règles qui encadrent la trilogie, établissement du titre foncier, publicité foncière et recouvrement des taxes de publicité foncière et les taxes domaniales, redevances et revenus du domaine, et enfin communication de l'information foncière. Le recouvrement s'étend aux taxes de publicité, aux redevances et également aux droits d'enregistrement et aux timbres quittances. C'est une double sécurisation financière des ressources de l'Etat et juridiques des droits réels immobiliers. Elle vise la conservation et la constitution d'éléments de preuve afin de garder traces et délivrer si possible des actes. La sécurisation par la Conservation Foncière procure des avantages certains. Par exemple, une parcelle titrée et des droits inscrits au livre foncier offrent des possibilités au détenteur d'accéder au crédit immobilier et à l'hypothèque.

3.1.6. L'intérêt de la sécurisation foncière

La question foncière est depuis toujours au cœur des enjeux géostratégiques. L'Etat a besoin d'un territoire pour déployer son autorité dans les limites de ses frontières. Plus la population augmente et la puissance s'agrandit, il éprouve le besoin d'agrandir son territoire. C'est ce qui explique souvent l'origine des guerres entre les nations pour le contrôle des portions de territoire. Ce sentiment existe également chez les humains où les acquisitions immobilières sont le signe d'un certain statut social privilégié. Il en résulte que la terre est au cœur des convoitises, des particuliers qui n'hésitent pas à s'installer sur des terrains non occupés. La quête de la terre n'épargne pas aussi les multinationales qui sont taxées de pratiquer l'accaparement des terres dans les pays en développement pour accroitre leur production. Ces nombreuses convoitises peuvent conduire à des occupations irrégulières de sols, entrainer des conflits fonciers, des déguerpissements de parcelles ou des expropriations forcées.

Dans une telle atmosphère, la sécurisation des droits réels immobiliers a pour vocation de renforcer la gouvernance foncière en prévoyant des institutions dédiées et des procédés souples pour la gestion foncière. Elle se donne également de procéder à la transformation des droits coutumiers précaires en droits réels formels par la consolidation. L'objectif étant de réduire au maximum les conflits, préserver la paix sociale et développer les activités liées à l'utilisation du sol. La capacité d'un Etat à offrir des conditions de jouissance stable et paisible des droits réels immobiliers est devenue un indicateur majeur de réduction de la pauvreté et de l'existence d'un environnement des affaires amélioré. La sécurisation foncière est un droit fondamental en Côte d'Ivoire. Elle tire sa source de l'article 15 de la constitution de 2016 qui stipulant que : « *Le droit de propriété est garantie à tous. Nul ne doit être privé de sa propriété si ce n'est pour cause d'utilité publique et sous la condition d'une juste et préalable indemnisation* ». Dans l'optique de se conformer à ce grand principe constitutionnel, l'Etat de Côte d'ivoire a jugé utile d'axer sa politique foncière sur la sécurisation foncière. Le Tirement des parcelles est la matérialisation de la sécurisation foncière recherchée par les gouvernants.

3.3. LE TITREMENT DE PARCELLES

Le titrement de parcelles est tout le dispositif institutionnel et opérationnel qui veut qu'à chaque parcelle donnée correspondent un titre foncier pour identifier juridiquement la parcelle avec des précisions quant à la délimitation de l'étendue de celle-ci et un titre de propriété formel, pour déterminer clairement le propriétaire. Le titre de propriété lui-même est un document administratif, judiciaire ou authentique qui matérialise la propriété foncière et sert de preuve en cas de contestation ou pour un usage quelconque. Il règle définitivement la question de l'accès à la propriété foncière. Plusieurs discussions sur l'ampleur des problèmes de propriété foncière ont soutenu la pertinence de leur traitement par la voie du titrement ; en dénotent les célèbres thèses d'Hernando de Soto (2000) qui ont assurément contribué à alimenter les débats.

En Côte d'Ivoire, c'est le Ministre en charge du Budget, Monsieur Sanogo Moussa qui dans une interview accordée à la presse nationale le 26 juin 2020, a définit clairement ce que représente le titrement de parcelles dans le contexte économique actuel. Pour lui : « *La sécurité foncière dans une économie moderne est une activité très importante. Beaucoup de suretés réelles sont des garanties qu'on apporte à la banque pour pourvoir être financées. Ce financement permet de créer des activités et donc des emplois. Si le travail est bien fait en amont et que les titres de propriété délivrés sont certains, cela facilite le financement et le progrès* »[41]. Cette déclaration met en exergue la substance de la théorie de sécurisation foncière adoptée par l'Etat de Côte d'Ivoire, à savoir la délivrance de titres de propriété sécurisés aux usagers pour leur permettre d'accéder aux crédits. Autrement-dit, comme pour reprendre les conclusions de Lavigne Delville Philippe (1998), pour l'Etat, la sécurité foncière passe donc par le titre[42].

---

[41] Interview accordée par le Monsieur Sanogo Moussa, Ministre du Budget et du Portefeuille de l'Etat de Côte d'Ivoire à la RTI 1, lors de sa visite surprise dans les services de la Direction du Domaine de la Conservation Foncière de l'Enregistrement et du Timbre le 26 juin 2020.

[42] LAVIGNE DELVILLE, P. (1998). *la sécurisation de l'accès aux ressources : par le titre ou l'inscription dans la communauté ?* in, Philippe LAVIGNE DELVILLE,

Dans ce sens, une portion de terre est réputée appropriée à condition de comporter un titre de propriété définitif. En revanche, un terrain non titré est considéré comme sans propriétaire. Ainsi, toute occupation de parcelle sans titre ou avec un faux titre est illégale et l'occupant s'expose aux menaces d'expulsion. Le titre de propriété s'avère être donc l'instrument par lequel l'Etat sécurise le patrimoine immobilier des populations. Il permet aussi à l'Etat d'exercer un contrôle accru sur l'occupation du sol. Bien plus, Il symbolise l'emprise et la maitrise de l'Etat sur tout le domaine foncier et lui permet d'imposer sa puissance. Plus qu'un simple titre, la propriété matérialisée par ce document, représente le pacte de confiance entre la société et ses institutions en ce qui concerne la gouvernance de la propriété foncière. Le titre de propriété est donc un outil de modernisation d'une économie et de facilité de faire des affaires lorsqu'il est délivré en toute transparence.

D'un point de vue juridique, la clarification et la précision de la procédure de délivrance des titres de concession définitive par les autorités ivoiriennes après les indépendances est le fait du Décret de 1971 relatif aux procédures domaniales et foncières. La particularité de cette procédure est que la propriété foncière qui est incarnée par la concession définitive est conditionnée par la réalisation d'importants investissements sur la terre après la création du titre foncier. Implicitement, l'accès à la propriété doit servir de socle au développement urbain et rural. Il doit permettre l'aménagement foncier et la réalisation des infrastructures économiques.

Dans un contexte moderne marqué par des logiques de compétition pour le contrôle des ressources et de mise en valeur des terres, la sécurité foncière que recherchent les individus doit être celle qui rassure par des titres formels et un enregistrement écrit dans les livres fonciers. En revanche, pour Le Roy, sécuriser par la propriété privée et la mise en valeur, est une approche développementaliste et néolibérale qui pourrait s'avérer restrictive et source d'inégalité à bien des égards. C'est le cas, lorsque par le truchement du titrement, un prétendu propriétaire arrive à s'installer illégitimement sur une parcelle en violation des droits coutumiers[43]. Pour avoir pu se faire délivrer un titre de propriété souvent dans des conditions opaques, il jouira sereinement de la

---

quelles politiques foncières pour l'Afrique rurale : réconcilier pratiques, légitimité, et légalité, Paris, Karthala

[43] LE ROY, E., & al. (2016) *La sécurisation foncière en Afrique : pour une gestion viable des ressources renouvelables*, Paris, Karthala, 347p.

protection de la loi et des juridictions en vertu de la présomption de propriété.

Les critiques souverainistes considèrent les programmes de *« titrement massif »* comme des « *paquets techniques* » préemballés, et l'émanation du *« despotisme éclairé »* de ces institutions et de leurs experts. Le titrement est décrié comme débouchant sur des dynamiques d'exclusion du marché foncier. Il conduirait insidieusement à la marginalisation légale et aux pratiques discriminatoires à l'encontre des femmes. Des études révèlent que la majorité des populations pauvres dans le monde rural se trouve moins privilégiés par rapport aux élites urbaines en complicité avec les agents administratifs. Dans bien des cas, l'Etat a aussi une propension à vouloir refuser de délivrer des titres définitifs lorsqu'il en rend lourd et couteux les procédures foncières.

Cette réplique est convaincue que la sécurisation peut être obtenue par des moyens différents que le titrement. Le titrement contourne parfois dans sa mise en œuvre, les questions de possession partagée, de propriété commune, de copropriété et celle des locataires, introduisant de nouvelles injustices[44]. Il s'agit d'une simplification que de résumer la sécurisation foncière par l'affectation de titres de propriété. L'équation foncière qui établit une correspondance entre une parcelle, un droit et un titre n'est pas forcément juste. Pire, le titrement de parcelle en général dépouille les chefs coutumiers de leur autorité foncière au profit des instances administratives et judiciaires à qui l'Etat donne le pouvoir d'administrer le foncier à travers les procédures d'affectation ou de désaffectation en cas de non mise en valeur, de concession, d'arbitrage en cas de conflit.

En somme, Il importe de noter tout l'intérêt d'aborder la théorie de sécurisation par le titrement de parcelle dans un travail consacré à la Conservation Foncière. Comme nous l'avons déjà élucidé, les services de conservation foncière établissent la propriété foncière, et garantissent les droits réels immobiliers que confèrent les actes ou les titres de propriété.

Ainsi, en tant que processus, le titrement de parcelle fournit le support qui permet à la Conservation foncière d'accomplir les formalités de consolidation des droits fonciers.

---

[44] CHOPLIN, A., et al. (2014). *Les pratiques du titrement dans les villes en développement : Trois cas d'étude* Inde, *Ethiopie, Mauritanie*, Rapport de recherche, Ecole d'Urbanisme de Paris, EHESS.

Deuxième partie

INSTITUTION DE LA CONSERVATION FONCIERE ET PRATIQUES DE GESTION FONCIERE

Chapitre 4

CADRE LEGAL DE LA CONSERVATION FONCIERE

Le dispositif foncier ivoirien comporte un ensemble de règles légales et règlementaires qui vise à garantir les droits réels immobiliers par le titre foncier.

4.1. LES REGIMES FONCIERS : UNE APPROCHE HISTORIQUE

Le régime foncier se définit comme l'ensemble des règles qui organisent l'identification juridique des immeubles, la constitution, la transmission et l'acquisition des droits détenus sur ceux-ci par les personnes[45]. En Côte d'Ivoire, c'est principalement le décret du 26 juillet 1932 portant réorganisation de la propriété foncière en Afrique Occidentale française qui continue de régir ces matières. Mais avant d'arriver à l'adoption du régime foncier de l'immatriculation, l'histoire foncière a montré que la coutume regorgeait un ensemble de règles de gestion en la matière. L'introduction de la notion de propriété au sens du code civil nappoléonnais s'est heurtée à la réalité du droit foncier coutumier. Bien que le régime foncier de l'immatriculation soit applicable, il ne faut pas perdre de vue que l'Etat a toujours été mu par la volonté d'affirmer ses droits domaniaux sur toutes les terres. Un régime de domanial s'est imposé également.

4.1.1. Le régime foncier coutumier

Le régime foncier coutumier pose la problématique du respect des règles foncières coutumières en matière de gestion foncière. Dans le cadre de sa politique globale de sécurisation foncière par le titrement de parcelle, les autorités ivoiriennes après renonciation à reconnaitre la

---

[45] Direction générale des Impôts, Conservation Foncière, Module de formation des inspecteurs des Impôts conçu par la Sous-direction de la formation et des stages, Novembre 2019, pp4.

coutume, ont fini par l'admettre, la tolérer et l'assouplir pour la concilier avec les exigences d'une économie moderne et libérale en l'assortissant de titre de propriété formel.

Le foncier coutumier peut être compris à partir de la représentation que les peuples se font de la terre et de la manière dont naissent les droits fonciers. Dans les sociétés traditionnelles africaines, la terre est le « *réceptacle des activités de la campagne et de la vie paysanne* ». Elle a une dimension spirituelle et anthropologique en tant que *« connecteur du sacré et la serve nourricière des vivants »*. Les droits fonciers traditionnels naissent de la prise de contact qui a lieu par la première occupation sur le sol, soit par le défrichement ou le parcours qui permet l'installation du village en dehors de tout titre d'occupation. La terre est administrée par le chef qui est le descendant du premier occupant. Le chef de terre devient le point de contact entre la communauté et les ancêtres. Son rôle est de régler les conflits en cas de besoin et exerce des fonctions strictement culturelles. Il ne peut s'arroger le pouvoir de disposer des terres qui appartiennent à toute la communauté[46].

Les droits de la collectivité priment sur ceux des individus. Cette prédominance des droits des groupes familiaux soulève la question de l'existence même de la propriété en droit coutumier. Une tendance fondée à l'époque sur l'analyse du Gouverneur General Brevie a nié l'existence de la propriété en droit coutumier[47]. Selon cette thèse, la notion de propriété prend sa source dans le travail. C'est l'auteur du travail qui est propriétaire de l'objet. Or la terre n'est le fruit du travail de personne encore moins des sociétés primitives. Par conséquent les sociétés traditionnelles ne peuvent valablement prétendre à la propriété de la terre. Il existe certes une tenure du sol en droit coutumier mais pas la propriété au sens strict du terme. Pour d'autres comme Malengreau, le droit de propriété existe bel et bien dans la coutume traditionnelle autant qu'en Europe mais uniquement sous la forme de droit collectif[48]. Seulement le problème se situe au niveau de la désignation du propriétaire foncier.

---

[46] MELLASSOU, C., (1974). *Anthropologie économique des gouro de Côte d'Ivoire : de l'agriculture de subsistance à l'agriculture commerciale,* 3ème édition, Paris-La Haye, Mouton, p257.

[47] La circulaire du 19 mars 1931 du Gouverneur général Brevie

[48] MALENGREAU, G. (1947). *Les droits fonciers coutumiers chez les indigènes du Congo Belge.* Essai d'interprétation juridique, Bruxelles, IRCB, XV, 2pp207-110

Les Caractéristiques du droit foncier coutumier qui ont été dégagées ont milité en faveur d'un droit ne présentant pas toutes les vertus de la propriété ; un droit d'usus, accordé par le chef de terre aux membres de la collectivité soit à titre individuel soit à titre familial appelé aussi par certain comme un droit de culture (précaire révocable) ;un droit de superficie ou d'usufruit qui est assorti d'une redevance obligatoire à payer au chef de terre ; un droit inaliénable parce que collectif : *« la terre ne peut pas être vendu ni par le chef ni par un autre membre de la famille »*. Toute la politique foncière menée pendant la colonisation et même après a visé à faire sortir la terre du carcan traditionnel de l'inaliénabilité pour l'associer à un titre et le rendre cessible. La méthode usitée à cette fin est celle de la constatation des droits fonciers coutumiers : Elle a consisté à identifier, constater les droits coutumiers et les transformer en en titre de concession domaniale. Ces titres ont pris la forme de conventions passées suivant la coutume, de certificat administratif de détention coutumière et de livret foncier coutumier.

La procédure de consolidation des droits coutumiers est engagée suivant le décret foncier 24 juillet 1906. Ce qui permet aux détenteurs coutumiers du fait d'une occupation stable de se faire établir un certificat administratif. Ensuite, le système du livret foncier a été créé par décret du 8 octobre 1925 rendu applicable pour une durée de 5 ans. Ce décret utilise l'expression titre foncier en précisant qu'il s'agit d'un titre indigène parce que constatant des droits coutumiers. Afin de ne pas créer la confusion entre les titres fonciers du régime de l'immatriculation tenus par la Conservation Foncière et les titres fonciers coutumiers tenus par les administrateurs, Albert LEY a proposé d'appeler ces derniers Livrets Fonciers l'expression utilisée par la circulaire 18 novembre 1925. Le but étant de munir les intéressés d'un titre plus conforme aux coutumes obtenu à moindre frais pouvant consolider les droits coutumiers en les protégeant contre les évictions.

4.1.2. Le régime foncier du code civil

Le régime du code civil en tant qu'un ensemble de règles de sécurisation des biens fonciers repose sur le principe du transfert de propriété solo consensus. Ce principe lui-même résulte de l'article 1138 du code civil qui dispose que « l'obligation de livrer la chose est parfaite par le seul consentement des parties contractantes ». Ce principe est contraire à la coutume qui exige l'échange des consentements devant un témoin sous peine de nullité et l'autorisation du chef de terre ou chef de famille.

Dans le fonctionnement du principe du transfert de propriété, la propriété immobilière se transmet au regard des tiers comme des parties en vertu du seul consentement des parties en dehors de toute formalité de publicité. Le transfert de propriété repose également sur le principe « *nemo plus juris ad alium transferre potest quam ipse habet* ». C'est-à-dire que le vendeur ne transmet à l'acquéreur que la propriété et les droits qu'il avait lui-même sur la chose vendue. C'est ainsi qu'en dispose l'article 2182 du code civil. Si l'on applique ce principe aux cessions des droits coutumiers, alors l'acquéreur ne peut recevoir qu'un droit précaire et incertain puisque la notion de propriété au sens du droit moderne n'existe pas dans la coutume. Les droits fonciers coutumiers étant inaliénables.

Ce régime foncier tire sa source dans le code civil qui est sans doute devenu applicable par l'installation de l'administration coloniale. Promulgué pour la première au Sénégal en 1805, C'est à partir de l'arrêté Binger du 10 septembre 1893 que le code civil a commencé véritablement à s'appliquer à la Côte d'Ivoire.

Si l'on s'en tient au principe du transfert de propriété, la transaction a lieu par le seul fait de l'échange de consentement en dehors de toute formalité. Toutefois, le droit civil prévoit pour les transactions immobilières une formalisation authentique à travers des actes notariés. Le régime foncier du code civil donne des arguments solides à la sécurisation foncière par le titrement. Il importe toutefois de noter que ce n'est pas la parcelle qui est identifiée dans l'acte notarié ; c'est plutôt la volonté des parties qui est matérialisée dans le titre de propriété.

4.1.3. Le régime domanial ou des concessions

Les régimes coutumiers et du code civil étant tombés en désuétude, il a subsisté un autre régime foncier dans le temps et à travers les textes légaux qui participe de la sécurisation de la propriété foncière, il s'agit du régime domanial. Dans ce régime foncier les règles sont dictées exclusivement par l'Etat, c'est le régime domanial ou des concessions. Ce régime matérialise la puissance et la maitrise de l'Etat sur toutes les terres qu'il considère comme sa propriété. Pour comprendre le régime domanial, il parait nécessaire de cerner comment l'Etat s'est constitué son domaine foncier.

- **Les tentatives de constitution d'un domaine éminent de l'état**

Sous la colonisation, les autorités tentent vainement d'attribuer un domaine à l'Etat français sur les terres des colonies à partir de la théorie du domaine éminent. Selon cette théorie, l'Etat français a hérité par la conquête ou les traités du droit de domaine éminent sur toutes les terres de la colonie[49]. Pour les services administratifs coloniaux, cette théorie est un tremplin pour se doter de propriétés foncières et les garantir afin de mettre fin aux litiges résultant des ventes de terrains coutumiers. Les terres de la colonie font donc partie des droits de l'état colonial résultant du droit de conquête. Autrement-dit, l'Etat français succède de droit au souverain ou chef coutumier dans son domaine. En Côte d'Ivoire, c'est l'arrêté Binger du 10 septembre 1893 qui accorde au gouverneur le droit d'accorder des concessions sur l'ensemble des terres et lui donne compétence pour juger de la validité des oppositions.

Après plusieurs difficultés et résistance des indigènes, l'état colonial s'est résolu à limiter le domaine éminent par la revendication des terres vacantes et sans maitre. Le décret du 15 novembre 1935 classe dans les propriétés de l'état, les terres vacantes et sans maitre non mise en valeur depuis plus de 10 ans. Dans l'application de ce texte l'Etat s'arrogeait toutes les terres non mises en valeur pendant ce délai même si le propriétaire était bien connu. En 1955, l'état décide de renoncer à toute revendication par le décret du 20 mai de cette même année. L'état est désormais propriétaire des terres ou immeubles pour lesquels il dispose d'un titre, il n'y a plus en sa faveur de présomption de propriété des terres vacantes et sans maître. Ce décret donne satisfaction aux détenteurs coutumiers qui n'ont cessé de clamer comme pour reprendre Olwale Elias, que « *même le coin le plus reculé de la brousse est toujours sous la juridiction d'un chef quelconque* »[50].

---

[49] Le fondement de cette théorie se trouve dans la distinction féodale entre le domaine éminent et le domaine utile alors que le décret du 16 juillet 1792 a transféré le domaine éminent au titulaire du domaine utile.

[50] OLWALE, E. (1961). L*a nature du droit coutumier africain*, Présence Africaine, p.103, Cité par Albert LEY, Op Cit, p.18

- **Les initiatives de préservation d'un domaine permanent de l'État**

L'état colonial n'a certes pas pu se constituer un domaine éminent, mais il a réussi à imposer un domaine public avec des restrictions et des protections qui ont survécu même après les indépendances. Au-delà, en tant qu'autorité souveraine l'Etat possède un territoire sur lequel il détient forcément un domaine qu'il peut acquérir et attribuer à sa guise. Nous pensons qu'il existe un « *domaine permanent* » de l'Etat en raison de son rôle de régulateur du foncier et des activités domaniales.

C'est bien ce que laisse entendre Guy Adjete Kouassigan[51], sur le modèle domanial sénégalais lorsqu'il affirme que « *l'Etat détient les terres du domaine national en vue d'assurer leur utilisation et leur mise en valeurs rationnelles, conformément aux plans de développement et aux programmes d'aménagement* ». Il précise qu'il s'agit avant tout de rendre l'Etat maitre de l'exploitation des terres, de le substituer au maitre traditionnel de la terre qui était une institution régulatrice et coordinatrice des rapports sur la terre.

En Côte d'Ivoire, la loi du 20 mars 1963 met fin à la distinction classique domaine privé et domaine public et Il stipule que le domaine public comprend tous les biens et droits mobiliers et immobiliers qui appartiennent soit à l'Etat soit aux établissements ou collectivités. Le domaine public institué par cette loi fait appel à une unité de gestion, ce domaine qui est imprescriptible devient aliénable désormais sous certaines conditions. Au-delà de l'échec dans la mise en œuvre de cette loi, l'examen des pratiques de la domanialité a révélé que l'Etat qui a revendiqué la propriété des terres nationales, trouve toujours des mécanismes pour se constituer un domaine. Mieux le domaine a été éclaté cette année en fonction de la nature et de la destination de la parcelle. Cet émiettement du domaine (domaine public, domaine foncier rural, domaine urbain, domaine forestier) va fortement impacter le mode de gestion qui est exercé.

[51] ADJETE KOUASSIGAN, G. *L'indépendance et les nouvelles tendances de la propriété foncière en Afrique noire,* in Antoine BRAWAND, & al., Le village piégé, Graduate Institute Publication, https://books.openedition.org.

- **Les modes de gestion du domaine ''permanent'' de l'état**

Pour la gestion des terrains que l'état met à la disposition des particuliers à partir de son domaine ''permanent'', la Loi prévoit un régime d'utilisation des droits de l'Etat aussi bien à des fins de droit public que privé. Concernant l'utilisation du domaine de l'Etat à des fins publiques, la liberté d'action est laissée au gouvernement sous forme de décret de déclaration d'utilité publique. Pour l'utilisation du domaine de l'état à des fins privées c'est le recours aux concessions. Le domaine permanent de l'Etat va servir de réserve dans les faits pour octroyer des concessions et des baux emphytéotiques aux investisseurs économiques.

Les concessions confèrent au titulaire un droit réel immobilier susceptible d'hypothèque. Le régime des concessions en vigueur en 1971 a déterminé une procédure d'attribution des concessions provisoires qui faisait intervenir les services domaniaux des différents ministères techniques. Il soumettait le concessionnaire aux obligations de mise en valeur et de paiement redevance après quoi intervenait l'octroi de la concession définitive suite au constat de mise en valeur et paiement du prix de cession et des taxes d'immatriculation. La concession définitive apparait comme une récompense de la mise en valeur réalisée. Elle opère le transfert de la propriété du terrain de l'état au particulier. Mais, une circulaire du 27 avril 1937 estime que cette récompense par transfert de la propriété de l'état au particulier va au-delà des mérites de ce dernier et propose que l'Etat reste propriétaire du terrain en n'accordant qu'une location de longue durée dite bail emphytéotique.

4.1.4. Le régime de l'immatriculation : aux origines de la sécurisation foncière

« *Le régime de l'immatriculation est le régime foncier auquel la Côte d'Ivoire a souscrit. Il est constitué d'un ensemble de règles de consolidation des droits fonciers. Il est incarné par la procédure de l'immatriculation des terres qui vise à révéler sur une parcelle donnée, l'existence ou non de droits concurrents pour à termes déterminer le réel propriétaire et lui assurer la protection par l'inscription de ses droits sur un titre foncier créé à son profit au livre foncier* ». Cette proposition de Kragbé Paul [52], est une explication de l'idée que traduisent les articles 2 & 3 du Décret foncier de 1932. Ces articles stipulent que pour assurer la garantie, les immeubles doivent être en suite d'une procédure spéciale tendant à provoquer la révélation de tous droits réels déjà constitués, préalablement immatriculés sur les livres fonciers. Le régime de l'immatriculation admis en Côte d'Ivoire a une histoire qui cadre avec l'introduction du livre foncier. Le régime de l'immatriculation a des caractéristiques propres qui reposent sur des principes.

La Côte d'Ivoire est déclarée comme colonie autonome française et dépendant directement de paris par décret du 10 mars 1893. Binger le strasbourgeois est nommé premier gouverneur, par décret du 20 mars 1893. Cette colonie ne dispose pas de régime foncier propre. Il existe néanmoins un régime foncier coutumier qui n'avait d'effet que pour les indigènes. Pour doter la Colonie d'un régime foncier pouvant répondre aux objectifs d'exploitation des colons, Binger et son administration vont se contenter de transposer, le système du code civil Napoléonien de 1804.

Même si dans les autres matières le code civil est une réussite remarquable, il est un échec absolu concernant le régime foncier. La publicité foncière du code civil et particulièrement son système hypothécaire est jugé inapte à encadrer le foncier. En 1830, l'avocat Decourdemanche,a préconisé un régime foncier qui est inspiré du système de Sir Robert Torrens. La France entière a résisté à la mise en place d'un livre foncier comme l'a recommandé la commission extraparlementaire sur le Cadastre, sauf la région Alsace et Lorraine Mosellane. Les premières conclusions des études de ladite commission, ont été utilisées pour introduire le régime du livre foncier en Côte d'Ivoire par Décret-loi du 20 juillet 1900.

Dans le régime foncier de 1900, le Service de la Conservation Foncière avec à sa tête le Conservateur de la propriété foncière se contente de publier au livre foncier un jugement d'immatriculation.

---

[52] Interview réalisée au bureau de Monsieur KRAGBE Paul en 2021 alors chef du service d'exploitation du livre foncier électronique. Aujourd'hui, il occupe le poste de secrétaire permanent de l'observatoire des plaintes non juridictionnelles en matière foncière.

Comme les magistrats tenaient au code civil, ils n'ont engagé aucune procédure d'immatriculation. Il fallait donc éliminer l'autorité judiciaire de la procédure d'immatriculation. C'est ce qui justifie la prise du décret-loi du 24 juillet 1906. Dans ce nouveau décret, l'astuce trouvée par Boulillon est d'enlever la charge du suivi de la procédure d'immatriculation aux milieux judiciaires et le confié au Conservateur sous la forme administrative. La propriété reconnue est inscrite au livre foncier par le Conservateur après un délai d'enquête publique et contradictoire de 3 mois et en l'absence d'oppositions. En cas de litige, le tribunal intervient pour trancher. L'immatriculation des immeubles se fait dans le livre foncier.

- **Les livres fonciers en Côte d'Ivoire comme instrument de sécurisation**

- **Le livre foncier de 1900**

Le livre foncier est introduit en Côte d'Ivoire par le décret foncier du 20 juillet 1900 n'est pas accessible aux autochtones. L'accès au livre foncier n'est prévu que pour les européens et leurs descendants, ou les autochtones naturalisés français, c'est-à-dire ceux qui sont soumis au régime du code civil. La spécificité du décret de 1900, est que le Président du Tribunal prend une ordonnance d'immatriculation qui sera publié au livre foncier par le conservateur. Pour l'inscription des droits réels postérieurs à l'immatriculation le conservateur fait la publication au vu d'un acte soit authentique, soit sous seing privé avec des signatures légalisées[53].

- **Le livre foncier de 1906**

Le décret de 1906 préparé par l'inspecteur des domaines Boudillon, propose un livre foncier reposant sur trois innovations majeures :

- L'accès des détenteurs coutumier au livre foncier ;

- Le conservateur dirige toute la procédure de l'immatriculation sous la forme administrative en l'absence de tout litige,

[53] HABAS, (1957) Op. cit., pp. 315-362.

- Le recours possible au juge en cas de litige ;

- **Le livre foncier de 1932**

L'innovation majeure du décret de 1932 est celle du retour à la purge des hypothèques par les tiers détenteurs sur expropriation forcée. Tous les établissements du crédit en réclamaient le rétablissement. Selon Gasse[54], le décret de 32 par la sécurité qu'il donne à la propriété et donc au crédit en fait le régime foncier non seulement le mieux adapté aux besoins de l'AOF, mais aussi le meilleur dans l'absolu.

- **Les caractères du régime foncier de l'immatriculation**

  - **Un régime de garantie des droits réels immobiliers et de gestion réelle des droits fonciers**

Le régime foncier ivoirien a pour but d'assurer la garantie des droits inscrits sur les livres fonciers. Cette garantie s'entend de la sécurisation, de la préservation, en un mot, de la conservation des droits réels immobiliers. Elle couvre aussi bien l'intangibilité de l'immeuble immatriculé que les droits qui lui sont rattachés. Le régime de gestion réel s'oppose au régime personnel dans lequel est dressée, pour chaque personne, la liste de ses propriétés. La logique intrinsèque du régime foncier repose sur l'immeuble et les droits réels y afférents. Les personnes titulaires de droits réels sont considérées comme des « variables » qui se succèdent au cours de la vie juridique de l'immeuble. Ainsi, c'est l'immeuble qui constitue la référence, le cœur de la gestion des droits fonciers. Le titre foncier est avant tout, le titre foncier de l'immeuble.

  - **Un régime facultatif, définitif et de preuve**

Le régime de l'immatriculation est facultatif, c'est-à-dire qu'il n'est pas obligatoire. Ainsi, faire immatriculer sa terre n'est pas une

---

[54] GASSE. (1968). *Le droit foncier outre-mer et son évolution depuis l'indépendance*, thèse AIX, Librairie des Palmiers, 19 av. des iles-d'or, 83-Hyères.

obligation en Côte d'Ivoire. Cette liberté constitue un facteur explicatif à la forte persistance du « régime coutumier » qui coexiste avec le code civil et le régime domanial. Le régime de l'immatriculation est un régime de preuve grâce à la force probante attachée aux mentions du livre foncier lors des litiges portés devant les juridictions.

- **Principes fondamentaux du régime foncier.**

  - **Le principe de la foi absolue aux mentions du livre foncier**

Le livre foncier est coté et paraphé par le Président du tribunal avant tout usage. Les mentions y figurant font foi. Toute information ou allégation n'y figurant pas est dépourvue de crédibilité. En cas de litige, seules les mentions du livre foncier guident a priori la décision du juge. Ainsi, le livre foncier demeure le registre de référence pour la vérification de l'exactitude des droits fonciers.

  - **Le principe de la force probante du livre foncier**

Les mentions contenues dans le livre foncier sont destinées à servir de preuves en cas de litige porté devant les juridictions.

  - **Le principe de l'immatriculation préalable et inattaquable**

L'immatriculation de l'immeuble est nécessaire pour sa prise en compte par les services de Conservation foncière. Les immeubles non immatriculés restent en dehors du champ de compétence des services de Conservation de la Propriété foncière et des Hypothèques de la DGI. L'immatriculation est une exigence primordiale sans laquelle aucune transaction ultérieure liée à l'immeuble ne peut être prise en compte par le livre foncier. Elle matérialise la naissance de l'immeuble à la vie juridique.

  - **Le principe de la publication opposable aux tiers**

La publication des droits fonciers subséquents à l'immatriculation leur confère l'opposabilité aux tiers. Elle a pour effet d'étendre la connaissance de la convention publiée aux personnes autres que les parties.

- **Le principe de la protection des tiers de bonne foi**

Toute personne ayant contracté sur la base des informations fournies par le livre foncier, bénéficie d'une « immunité » au cas où un vice ignoré au moment du contrat venait à compromettre la validité de celui-ci et par voie de conséquence, celle des droits y afférents.

- **Le principe de la responsabilité du conservateur devant les juridictions**

La responsabilité civile personnelle du Conservateur peut être engagée en cas d'erreur ou omission relevant de son fait et notamment lorsque celles-ci sont la cause d'un préjudice avéré.

4.2. LE TITRE DE SECURISATION FONCIERE

Le dispositif du foncier fait de même référence aux actes de sécurisation des droits fonciers. Il s'agit des titres de propriété délivrés en Côte d'Ivoire et qui servent de support à la Conservation Foncière pour l'accomplissement de ses missions de garantie des droits réels immobiliers. La sécurisation foncière par le titrement de parcelle à laquelle la Côte d'Ivoire a souscrit fait du titre de propriété l'acte qui matérialise les droits de propriété du détenteur de la parcelle et lui confère toute la garantie juridique et financière nécessaire à son épanouissement. Toute parcelle doit inéluctablement avoir, en sus, un titre foncier qui est l'acte de naissance à la vie juridique. Au cours de la vie du titre foncier, les différents titres ultérieurs de propriété délivrés par les administrations foncières sont publiés au livre foncier. Ces titres varient en fonction des différents domaines fonciers institués par la législation ivoirienne.

Pour qu'une parcelle de terre fasse l'objet d'appropriation à titre privatif, elle doit comporter un titre foncier créé au livre foncier par les services de la conservation foncière. Après la création du titre foncier, les administrations techniques gestionnaires des domaines fonciers peuvent valablement procéder au transfert de propriété sur ladite parcelle par la délivrance de titres adéquats. La création de titre foncier est l'œuvre exclusive des services de la Conservation foncière.

4.2.1. Le titre foncier, l'acte de naissance à la vie juridique d'une parcelle, titre originel de propriété

Nous avons vu que le régime foncier en vigueur en Côte d'Ivoire est le régime de l'immatriculation. D'un point de vue fonctionnelle, ce régime qui ne reconnait que les droits fonciers émanant des immeubles immatriculés est mis en œuvre par les services de Conservation Foncière. L'immatriculation a pour objectif d'établir les droits de propriété et leur conférer une garantie. Elle constitue donc le point de départ unique de la propriété en droit moderne ivoirien. La procédure d'immatriculation qui sera développée un peu plus loin dans le chapitre de l'opérationnalisation de la sécurisation par la conservation foncière aboutit à la création d'un titre foncier.

- **Du titre foncier et de ses caractéristiques**

Le titre foncier se définit comme l'acte de naissance d'une parcelle immatriculée ou « l'état civil de la terre ». C'est un compte particulier ouvert pour chaque immeuble sur les livres fonciers auquel est associé un numéro de titre foncier. Sur ce compte est publié tous les droits réels qui se rapportent à cet immeuble ainsi que toutes les modifications intervenues sur ces mêmes droits. Ces publications sont nécessairement précédées de la vérification sur la régularité du point de vue formelle des justifications produites. Elles font foi à l'égard des tiers. Le titre foncier est matérialisé concrètement par une double page ouverte au livre foncier tenu dans une circonscription foncière à laquelle se rattache l'immeuble concerné.

Le titre foncier est également le titre de propriété originel et formellement délivré aux propriétaires fonciers pour consacrer et matérialiser leur propriété. Que ce soit dans l'entendement populaire ou bien dans les sphères de l'intelligentsia, les propriétaires terriens ont toujours identifié le titre foncier au titre qui consacre la propriété foncière. Certains ont toujours opposé le caractère inattaquable du titre foncier en tant que titre de propriété en reprenant l'article 121 du décret foncier de 1932. A l'état actuel, contrairement à ce que prétextent les autres administrations foncières, le titre foncier demeure le titre de propriété seulement, aucune copie ne peut être délivrée car le conservateur en étant privé, est réduit uniquement à l'établissement d'un certificat de mutation de propriété foncière. Au cours de sa communication lors du séminaire du Conseil d'Etat sur l'explosion du contentieux foncier, le Magistrat Gaudji Désiré a fait remarquer que régulièrement, les titres de propriété changent d'appellation alors qu'ils désignent la même réalité. Il a donc souhaité, dans la mesure du possible, d'utiliser un même terme pour désigner des réalités différentes et, à l'inverse d'éviter d'utiliser plusieurs termes différents pour désigner une seule et même réalité[55].

Lorsque le titre foncier est créé par l'immatriculation, il présente trois (03) principales caractéristiques qui sont en réalité les effets de l'immatriculation :

Le titre foncier est définitif : Par la procédure d'immatriculation, l'immeuble quitte définitivement son ancien régime foncier. C'est le corollaire du caractère facultatif de l'immatriculation. Ainsi, les personnes qui ont opté librement pour le régime de l'immatriculation ne peuvent plus revenir à leur ancien régime foncier.

Le titre foncier est inattaquable : La procédure d'immatriculation entraine la purge définitive des droits antérieurs. Le titre foncier devient le point de départ unique de tous les droits réels existants sur l'immeuble. Même s'il advenait que le véritable propriétaire a omis de se présenter au moment de l'opposition dans les délais requis, il est alors forclos. Le seul propriétaire légalement reconnu est celui identifié par la procédure d'immatriculation. Le législateur a opté pour la sécurité absolue afin que le titre foncier jouisse d'une confiance de tous les acteurs économiques. Les investisseurs et les banquiers ont exigé cette solution pour ne pas risquer de voir perdre leur gage hypothécaire en cas de découverte ultérieur du véritable propriétaire. La conséquence est que le titre foncier ou les documents qui sont délivrés par le conservateur sont certes des actes administratifs mais n'étant pas créateur de droit ne peuvent être annulés. Au contraire ces actes doivent être épargnés pour que le juge statue uniquement sur le titre de transfert

[55] GAUDJI Désiré, (2022), Communication inaugurale, *Le foncier, un contentieux en explosion : regard du Conseil d'Etat,* Séminaire sur le foncier organisé par le Conseil d'Etat, les 27, 28 ,29 et 30 juillet 2022 à l'Hôtel Golden Palace de Grand-Bassam.

de propriété et de droits réels immobiliers qui a permis l'inscription au livre foncier.

Le titre foncier imprescriptible : Contrairement au régime du code civil où la propriété peut être acquise par un usage prolongé, dans le régime de l'immatriculation, la prescription est supprimée. Elle ne peut en aucun cas constituer un mode d'acquisition de droits réels sur les immeubles immatriculés.

Le titre foncier de l'immatriculation a des caractéristiques qui traduisent le niveau de garantie sécuritaire que ce régime veut accorder aux immeubles pour créer la confiance et booster le marché foncier et hypothécaire. Après l'immatriculation, lorsque la parcelle est divisée par la conservation foncière à la demande du propriétaire en plusieurs titres fonciers. Ces nouveaux titres créés à la suite du morcellement n'ont pas la même valeur juridique que titre foncier initial. Tout titre foncier établit, donne vie juridique à la parcelle et constitue le compte sur lequel sont publiés les actes de transfert de propriété délivrés par les administrations gestionnaires du domaine de l'Etat et les actes authentiques des officiers ministériels.

4.2.2. Le titre d'accès à la propriété foncière et le titrement des terrains et des terres

En Côte d'Ivoire, l'appropriation de la terre ne peut avoir lieu que dans les domaines fonciers urbain et rural. Si pour le titrement des terres urbaines le principe de l'immatriculation préalable est de rigueur, au niveau du foncier rural, il existe une atténuation.

Du titrement des terrains urbains : domaine urbain et titres de propriété

Le domaine foncier urbain est perçu comme l'ensemble des parcelles situées dans le périmètre urbain. Dans son acception plus simple, le périmètre urbain est le périmètre de la ville qu'on oppose habituellement à l'espace rural dans un rapport dialectique [56]. Le

---

[56] KOBO P-C., ASSEMIEN, F. (2009). *Etude relative à l'implication de la définition du domaine foncier rural sur les autres domaines fonciers et au statut de l'arbre*, Ministère de l'Agriculture, Rapport définitif, , 63p.

domaine urbain rassemble tous les périmètres couverts par un plan d'urbanisme et les périmètres classés districts ou ville au sens du droit des collectivités territoriales. L'identification d'un périmètre urbain repose sur deux critères : un élément urbanistique qui est la couverture par un plan d'urbanisme et un élément administratif qui est le classement de certains périmètres comme ''District'' ou ''Ville'' au sens prévu par la législation des collectivités territoriales. Au niveau du foncier, le domaine urbain se décompose de terrains à usage d'habitation, commerce, école, lieu de culte, etc. Ces parcelles font l'objet d'un aménagement spécial pour tenir compte de l'usage et de la destination. Ces usages sont prévus dans les clauses assorties aux titres de propriété délivrés par les administrations compétentes notamment le Ministère en charge de la Construction et de l'urbanisme.

Avant la réforme de 2013, il existait une pluralité de titres de propriété délivrée au moment de l'acquisition d'un terrain urbain (lettre d'attribution, arrêté de concession provisoire, certificat de propriété, arrêté d'attribution, etc.). Depuis, l'accès à la propriété d'un terrain urbain est matérialisé par l'obtention d'un Arrêté de Concession Définitive délivré par le Ministère de la construction dans le District d'Abidjan et le Préfet dans les départements.

L'Arrêté de Concession Définitive

L'Arrêté de Concession Définitive est désormais le titre unique de propriété délivré au cours de la première acquisition d'un terrain urbain en Côte d'Ivoire. Il matérialise le transfert de propriété sur un terrain urbain relevant du domaine privé de l'Etat. Pour qu'un terrain fasse l'objet d'un Arrêté de concession définitive, la parcelle doit être issue d'un lotissement approuvé par le Ministère en charge de la Construction et de l'Urbanisme et le périmètre de cette parcelle doit avoir été préalablement immatriculé. Toutefois, la loi offre la latitude au Ministre chargé de la Construction et de l'Urbanisme dans le cadre de la réalisation de projets privés importants, de délivrer un arrêté de concession définitive sur une parcelle située en dehors des lotissements approuvés. L'arrêté de concession définitive n'est valable et opposable aux tiers qu'après avoir fait l'objet de publication par le Conservateur de la Propriété foncière et des Hypothèques compétent au livre foncier contre le paiement du prix d'aliénation du terrain, des droits et taxes par le demandeur.

La pleine propriété des terrains urbains immatriculés au nom de l'Etat étant transférée par un arrêté de concession définitive, il en résulte que tous les anciens titres de propriété, notamment la L.A., l'A.C.P., la copie du titre foncier sont proscrits jusqu'à nouvel ordre. L'institution de l'A.C.D. nouvelle formule vise la simplification des procédures de délivrance de titre de propriété et s'inscrit dans le continuum de la théorie de la sécurisation par le titrement de parcelle.

Le certificat de mutation de propriété foncière

En principe la parcelle ne peut accéder au marché foncier qu'à partir de la délivrance d'un Arrêté de Concession Définitive sur le terrain urbain. Après l'établissement de l'A.C.D. et sa publication au livre foncier, la parcelle urbaine concernée peut valablement faire l'objet de transaction foncière en bonne et due forme. Cette forme de transaction s'inscrit dans le registre des transferts privés par le biais d'une mutation de la propriété foncière. Ce type de transaction est formalisé via un acte authentique instrumenté par le notaire et qui aboutit à l'établissement par le Conservateur de la Propriété Foncière et des Hypothèques compétent d'un certificat de mutation de propriété foncière. La loi exige aussi que le morcellement des parcelles ayant déjà fait l'objet d'un arrêté de concession définitive soit soumis à l'approbation du ministère en charge de la Construction et de l'Urbanisme avant toute mutation. Hormis, le morcellement simple de parcelles au nom de l'Etat, les autres types de division de terrains urbains peuvent donner droit à l'établissement du CMPF à la demande.

Du titrement des terres rurales : domaine foncier rural et titres délivrés

Pour comprendre le mécanisme de titrement des parcelles rurales, il importe de définir le domaine foncier rural avant de cerner comment les titres y sont établis.

La définition du domaine foncier rural est de source légale. Selon les termes de la loi de 98, le domaine foncier rural est l'ensemble des terres en milieu rural mises en valeur ou non quel que soit la nature de la mise en valeur. La loi regroupe toutes les terres rurales sous le vocable de « patrimoine national » auquel toute personne physique ou morale peut accéder[57]. C'est à dessein, car les concepteurs du texte ont voulu ainsi légiférer que la patrimonialisation est aussi un mode d'accès à la propriété, mieux la propriété collective est reconnue en droit foncier rural en Côte d'Ivoire. C'est une originalité qui ressuscite en droit moderne un des piliers du système foncier coutumier.

Le domaine foncier rural se définit également par sa composition et par opposition aux autres domaines fonciers. Il est à la fois, hors du domaine public, des périmètres urbains, des zones d'aménagement différé et du domaine forestier classé. En tenant compte de la qualité des détenteurs de droits s'exerçant sur les terres du domaine foncier rural, l'on distingue le domaine rural permanent du domaine rural transitoire. Le domaine foncier rural permanent comprend les terres propriétés de l'Etat, des collectivités publiques, des particuliers et les terres sans maitres. Le domaine foncier rural transitoire se décompose des terres du domaine coutumier et celles du domaine concédé par l'Etat. Les terres coutumières sont celles sur lesquelles s'exercent des droits coutumiers conformes aux traditions ou des droits coutumiers cédés à des tiers et les terres du domaine concédé sont celles provisoirement cédées par l'Etat antérieurement à la date de publication de la loi sur le foncier rural. Ce foncier rural est considéré comme un domaine résiduel.

Le Certificat foncier

Sur le domaine foncier rural coutumier, l'Etat délivre le certificat foncier aux détenteurs de droits coutumiers. Le certificat foncier est l'acte de l'administration qui atteste qu'une personne est détentrice de droits coutumiers sur une parcelle rurale, individuelle ou collective. Des aménagements apportés à la loi de 98 par celle modificative de 2019 ont permis de clarifier la valeur du certificat foncier qui n'est plus un titre de propriété mais désormais un acte qui constate l'existence et la jouissance de droit coutumier sur une parcelle. Ainsi toute personne ivoirienne ou non peut se faire délivrer un certificat foncier par le Préfet

---

[57] Article 1er de la loi de 1998-750 du 23 décembre 1998 relative au domaine foncier rural

à condition de se conformer aux conditions et à la procédure de certification foncière.

ATTENTION !

- Interdiction de délivrer des titres d'occupation sur les terres rurales (Circulaire n°2911 du 19 novembre 2004);
- Interdiction de délivrer des concessions provisoires sur les terres rurales (Circulaire n°489 du 30 novembre 2005)

Le rôle de la DGI dans la mise en œuvre de la loi de 98 sur le foncier rural

Les attributions de la DGI dans la procédure de certification

Dans la procédure de délivrance du certificat foncier la DGI:

- Est membre du Comité de Gestion Foncière Rurale par le biais du cadastre;
- A ce titre, elle participe à la validation des enquêtes officielles de constat des droits coutumiers;
- Vérifie que les coordonnées rectangulaires des dossiers techniques sont correctes;
- Vérifie le respect des limites des aires protégées et autres types de domaine.

Chapitre 5

LA CONSERVATION FONCIERE en CÔTE D''IVOIRE : *UN APERÇU HISTORIQUE*

La conservation foncière en Côte d'Ivoire comme d'ailleurs presque toutes les institutions du pays est la résultante d'une transposition du système administratif français. Son ancêtre est la conservation des hypothèques en France.

5.1. EVOLUTION DE LA CONSERVATION FONCIERE DE COTE D'IVOIRE

5.1.1. La conservation des hypothèques en France

Le conservateur des hypothèques en France, est chargé d'appliquer le régime de la publicité foncière. C'est le régime juridique applicable aux immeubles. Selon ce régime, « *un droit réel n'existe qu'à condition d'être opposable aux tiers. Pour que les tiers soient tenus de respecter ce droit, il faut qu'ils puissent le connaitre. Il ne suffit pas qu'il ait date certaine : il doit encore être rendu public* »[58].La publicité foncière est la base même de la propriété et la condition essentielle de la sécurité des transactions. Dans ce système, la publicité est absolument indépendante de la forme des actes auxquels elle s'applique, du caractère des personnes qui les ont rédigés. Ainsi les actes des notaires, ceux des fonctionnaires publics sont authentiques. C'est-à-dire qu'ils font foi des conventions arrêtées dans les conditions prévues par la loi.

La publicité consiste dans la possibilité pour tous de prendre connaissance d'un fait ou d'un contrat, sans avoir à justifier d'un intérêt. C'est donc à partir de la combinaison des deux principes de l'authenticité et de la publicité que l'usager obtient la certitude du droit de propriété. C'est le régime appliqué par le conservateur des

[58] DE TERSANT., OLIVE, *Traité des droits d'hypothèque et des salaires*, extrait du Traité alphabétique des droits d'enregistrement, de timbre et d'hypothèques, M. EDOUARD MAGUERO et TASSAIN ET MOLAS, Paris, bureau de la revue d l'enregistrement, 5 rue de vienne, 1929.

hypothèques en France. Dans le fonctionnement de ce service en France, les bureaux de la conservation des hypothèques sont conçus pour informer les tiers sur les opérations immobilières susceptibles de les intéresser. Cette information a été dans un premier temps limité aux seules hypothèques et par la suite, devant l'intérêt économique puissant du développement et de la sécurité du marché immobilier, la publication s'est ouverte progressivement à l'ensemble des transactions qui sont à titre onéreux comme gratuit concernant les immeubles.

Au temps de l'édit de Colbert du 21 mars 1673, le conservateur des hypothèques s'appelle greffier et devait tenir un registre dont l'actuel registre des dépôts est très proche. Colbert met au premier plan la nécessaire sécurité juridique des transactions immobilières et du crédit. Malgré sa bonne foi, l'opposition à toute forme de publicité trouva de fort soutien sur plusieurs siècles. Ce n'est plus d'un siècle plus tard qu'un édit de Louis XIV, du 17 juin 1771 créé le corps des Conservateurs des hypothèques sur les immeubles réels et fictifs. Un poste de Conservateur des hypothèques est créé dans chaque baillage et sénéchaussée. Cet édit royal qui fait référence à l'édit de Colbert créé des offices de Conservateur d'hypothèques et institue une procédure de purge des hypothèques.

Dans la mise en œuvre du régime de l'immatriculation en Afrique Occidentale française, le législateur s'est inspiré du modèle de l'organisation du service de Conservation des hypothèques de France. Dans les colonies, le législateur a opté pour le service de Conservation de la propriété foncière.

5.1.2. Le service de la conservation foncière en Côte d'Ivoire

La Conservation foncière en Côte d'Ivoire tire sa source du régime de l'immatriculation inspiré du système Torrens. Pendant la colonisation, il urgeait de trouver un mécanisme technique et juridique adapté pour sécuriser les investissements des colons. C'est ainsi que le Service de la Conservation Foncière a vu le jour en juillet 1906 pour assurer la garantie de la propriété foncière. Les paragraphes suivants décrivent le contexte historique qui a présidé à l'institution de la Conservation foncière, et son fonctionnement en tant que service centralisé jusqu'en 2001 où les dirigeants vont entreprendre une série de décentralisation desdits services.

5.1.2.1. La conservation foncière un service centralisé en Côte d'Ivoire

Le service de la conservation foncière est mis en place à partir de 1906. Il est créé au départ sous sa juridiction 20 circonscriptions foncières réparties sur l'ensemble du territoire national. Il est dirigé par un Conservateur de la propriété foncière. Le premier titre foncier est créé le 29 septembre 1907 dans la Circonscription foncière de Grand Bassam. Pour les 19 autres circonscriptions, la création du titre foncier s'est échelonnée de 1907 à 1933.

En tant que structure spécifique dans l'organisation administrative de la Côte d'Ivoire, la Conservation foncière n'est pas au départ un service autonome. Elle a toujours fonctionné dans le grand ensemble des services des domaines, soit comme un service à part entière ou un service affilié au service des Domaines. Tout commence par la création d'un service unique de l'enregistrement et des domaines. Le 1er janvier 1943 deux services autonomes, l'un pour l'enregistrement et l'autre pour le domaine[59] sont mis en place. Le volume des activités du domaine, de l'enregistrement et de la conservation foncière connaissant une forte augmentation dans le cercle de Bouake, l'administration domaniale y installe un bureau à toutes attributions, à la fois de l'enregistrement et des domaines[60]. Trois ans plus tard, un service départemental des domaines est créé à Abidjan pour prendre en charge les dossiers domaniaux du cercle des lagunes.

Le Conservateur a régulièrement recours en ce qui concerne la délimitation des parcelles à immatriculer à l'expertise des topographes des services de travaux publics. En 1962, les nouveaux dirigeants post indépendance qui entendent faire de l'agriculture le pilier et moteur de l'économie décident de donner les moyens au conservateur de la propriété foncière pour exercer sa mission de sécurisation des terres. Ainsi, il est créé un service de cadastre rattaché au service des domaines et de la conservation foncière[61]. De plus, les attributions du service départemental des domaines d'Abidjan sont renforcées avec la gestion des recettes forestières[62].

---

[59] Arrêté n°4235F du 27 novembre 1942.

[60] Arrêté n°2013 du 17 mars 1954.

[61] Arrêté n°673 FAEP/CAB du 20 avril 1962

[62] Arrêté n°129 FAEP/DOM du 29 janvier 1963

En 1963, la Côte d'Ivoire connait une réforme majeure au niveau de la gestion du domaine. Ce secteur qui au départ était géré techniquement et financièrement par le service du domaine sera éclaté. En effet, le législateur ivoirien a adopté la loi de 63 sur le domaine. Même si cette loi n'est pas promulguée, l'on entend faire des ressources domaniales une manne financière capable d'impulser la politique de développement économique.

De-là, la séparation entre la gestion technique et la gestion financière des domaines. Le Ministère de la construction est désormais compétent pour gérer le domaine urbain et le Ministère de l'agriculture pour le volet rural du domaine. Le ministère de l'économie et des finances est en charge de la gestion financière du domaine à travers la Direction générale des impôts. Le 20 mars 1963, il est dressé un procès de verbal de passation de service de la gestion des domaines. Le service des domaines du Ministère de l'économie et des finances devient le Service des Recettes Domaniales, de la Conservation Foncière et du Cadastre. Ce service est compétent pour la gestion financière du domaine. Il deviendra plus tard la Direction Recettes Domaniales, de la Conservation Foncière et du Cadastre.

La mémoire de la conservation foncière n'a pas pu fournir des informations précises et détaillées sur l'historique de cette administration. La documentation consultée reste muette sur les différentes péripéties qui ont marqué la vie de la Conservation foncière en Côte d'Ivoire. L'information capitale à retenir est que la Conservation foncière était un service unique. Elle était dirigée par un seul responsable : le Conservateur General. Ce dernier cumulait la fonction, de Directeur des Domaines ou de Directeur de l'enregistrement et ce fut le cas d'Albert Ley. La Conservation Foncière a fonctionné ainsi jusqu'en 2003, date de la déconcentration de ses services. Selon Yeboua Kouame (2007), « *la conservation Foncière avant la réforme du 12 septembre 2003, était dirigée par le Directeur du domaine de la conservation foncière, du timbre de l'enregistrement. Il assumait entre autres le rôle de Conservateur de la propriété foncière. Cette conservation était composée d'un certain nombre de services avec une organisation et un fonctionnement propre* »[63].

[63] YEBOUA Kouame, (2007) *La délivrance des actes et documents administratifs dans le processus de sécurisation de la propriété foncière en milieu urbain*, Mémoire de fin de Cycle Moyen Supérieur ENA, 65p.

5.1.2.2. La démultiplication des services de conservation de la propriété foncière et des hypothèques à partir de 2003

La démultiplication des services de Conservation foncière a commencé en 2001, dans le cadre de la politique de décentralisation des services fiscaux amorcée par le Directeur général des impôts. Cette même année a vu la création de Sept Services régionaux des domaines et de la conservation foncière, notamment les services de Bouake, Daloa, Abengourou, Korhogo, Man, San-Pedro Et Yamoussoukro. Cette décentralisation s'est poursuivie et renforcée en 2003. Le Ministre de l'économie et des finances créa quinze (15) services de Conservation de la Propriété Foncière et des Hypothèques[64]dans plusieurs localités et nomma douze (12) Conservateurs de la propriété foncière[65]. Depuis 2011-2012, il existe 24 services de conservation de la propriété foncière et des hypothèques sur toute l'étendue du territoire national. Aujourd'hui, la Conservation Foncière est un réseau de 29 services.

Les spécialistes s'accordent sur le rôle prépondérant des services de la Conservation foncière pour la sécurisation des droits fonciers en tant que maillon essentiel de la chaine de délivrance des titres de propriété. La Conservation foncière créé le titre foncier et publie les droits dans le processus de délivrance de l'ACD. Lorsque des mutations surviennent sur les biens immatriculés, la conservation foncière s'occupe de la transcription des actes translatifs de propriété émanant du juge ou d'un notaire et la matérialise par la délivrance du certificat de mutation de la propriété foncière.

Cette mission juridique qui consiste à garantir les droits de propriété est doublée d'une mission administrative et fiscale. Dans le cadre administratif, la Conservation foncière rend un service public foncier, qui fournit des renseignements fonciers aux contribuables clients par la délivrance d'un état des droits réels sur un immeuble immatriculé. Les dirigeants de ces services engagent régulièrement des réformes pour rendre accessible l'information foncière, et assurer des prestations de qualité aux contribuables clients. Au niveau fiscal, les services de

---

[64] Arrêté n°269/MEMEF/CAB du 12 septembre 2003 portant création des conservations de la propriété foncière et des hypothèques.

[65] Arrêté n°285/MEMEF/CAB du 15 septembre 2003 portant nomination des Conservateurs de la propriété foncière et des hypothèques

Conservation foncière sont en charge du recouvrement des droits et taxes de publicité foncière, des redevances d'occupation du domaine et autres revenus pour alimenter le budget de l'état. Toutes ces missions font de la Conservation Foncière un service essentiel à la Direction générale des impôts au sein de la grande administration du Ministère des finances et du budget.

En définitive, la Conservation de la Propriété Foncière et des Hypothèques (CPFH) est un service de la Direction générale des Impôts, dédié à la préservation des droits réels publiés au Livre foncier.

5.2. MISSIONS ET ORGANISATION

5.2.1. Missions de l'institution conservation foncière

Les missions de l'institution « Conservation Foncière » consistent à mettre en œuvre le régime de l'immatriculation. Il s'agit de garantir les droits réels immobiliers sur les immeubles immatriculés.

✓ **Garantir les droits réels immobiliers**

Cette garantie est obtenue au moyen de la publication sur les livres fonciers, à un compte particulier ouvert pour chaque immeuble, de tous les droits réels qui s'y rapportent, ainsi que des modifications de ces mêmes droits. Ce compte particulier est le titre foncier qui est présenté comme la double page ouverte du livre foncier. La publication d'un droit sur ce compte doit être précédée de la vérification des pièces justificatives produites et faisant foi à l'égard des tiers, le tout dans les limites et conformément aux dispositions de la loi.

La Conservation foncière exerce ses activités de garantie des droits à partir des actes authentiques de l'administration ou des officiers ministériels. La besogne de ce service consiste selon De France De Tersant et Olive, à l'inscription, la transcription et aux mentions[66]. La question qui s'est posée à l'époque était celle de savoir si les droits d'inscription et de transcription étaient assimilables à un impôt ce qui justifierait le rattachement de ce service à l'administration fiscale.

---

[66] DE France DE TERSANT & OLIVE, 1929, Op Cit, pp22-26.

En France, déjà en 1929, les lois budgétaires ont enlevé aux droits de transcription tout caractère de rémunération d'un service civil, pour en faire une taxe assimilée et associée aux droits d'enregistrement. En enrichissant la loi, la jurisprudence a consacré cette taxe indépendamment de l'utilité que peut présenter cette formalité. Cette précision permet de comprendre qu'originellement, la Conservation foncière a toujours compté parmi les services fiscaux.

✓ **Rôle et responsabilité du conservateur de la propriété foncière :**

La gestion d'un service de conservation foncière est confiée à un responsable de l'administration publique qui est dénommé « le Conservateur ». La formulation du décret-loi est plus expressive, notamment « *Un service de conservation foncière est géré par un préposé qui porte le titre de Conservateur de la propriété foncière* ». Dans l'esprit des premiers législateurs, le conservateur est un magistrat. Mais avec les difficultés rencontrées dans la mise en œuvre du texte institutionnel, le conservateur est désormais un fonctionnaire de l'administration publique. Par le passé, il était désigné par le Gouverneur général suivant un Arrêté. Dans le système administratif actuel, le conservateur est nommé par arrêté du Ministre du budget et du portefeuille de l'Etat. En raison de son importance et de la complexité de ses tâches, le conservateur de la propriété foncière et des hypothèques subit un régime spécial qui le soumet à une responsabilité personnelle, pécuniaire et pénale pour tous les actes accomplis dans l'exercice de ses fonctions. Ce régime décline également son rôle.

- **Le rôle du conservateur**

Le Conservateur de la propriété foncière a en charge de :

- Donner suite aux demandes d'immatriculation et de la formalité de l'immatriculation sur les livres fonciers ;

- Inscrire à la suite des titres fonciers, les droits réels constitués sur les immeubles immatriculés ;

- Conserver les actes et plans relatifs aux immeubles immatriculés et de la communication au public des renseignements contenus en leurs archives et relatifs aux propriétés immatriculées.

- Communiquer les renseignements consignés aux livres fonciers ou renfermés dans les dossiers correspondant aux titres fonciers, moyennant le payement des droits de recherche et de copie.

Les tâches visées par le décret-loi de 32 concernent essentiellement les activités relatives à l'immatriculation des immeubles et à la garantie des droits réels immobiliers. Le rôle du conservateur a considérablement évolué au fil du temps.

- **La responsabilité du conservateur**

La responsabilité du conservateur prend la forme d'interdictions prescrites à son encontre et d'obligations auxquelles il est assujetti. L'étendue de cette responsabilité peut entrainer la condamnation du conservateur au paiement de dommage et intérêts. Ainsi, le conservateur ne peut rejeter une demande d'actes, ni retarder l'exécution d'une formalité régulièrement requise, ni enfin refuser la délivrance de copies actes et certificats d'inscription aux personnes qui y ont droit, sous peine de dommages-intérêts. La décision du Conservateur qui refuse l'immatriculation d'un immeuble ou l'inscription d'un droit réel, est susceptible de recours devant le président du tribunal de première instance ou le juge de section. Les tiers intéressés conservent la faculté de requérir, dans les conditions déterminées par la loi, la modification ou l'annulation des inscriptions faites par le conservateur.

Le conservateur est responsable du préjudice résultant de l'omission sur ses registres des inscriptions, sur les copies des inscriptions portées sur le titre foncier et du défaut de mention sur lesdits titres. Les erreurs et les omissions engagent la responsabilité du conservateur dans la mesure du préjudice qu'elles ont pu causer aux intéressés. Le Conservateur a le pouvoir d'effectuer d'office et sur sa responsabilité, ou sur demande la rectification des irrégularités.

Le Conservateur est enfin soumis à un régime de cautionnement qui lui permet de garantir le payement des sommes dues aux parties et au Trésor public. A cette fin, il est tenu de fournir une caution dès son entrée en fonction. En retour, le Conservateur de la propriété foncière et des Hypothèques bénéficié d'un salaire en raison de son statut particulier et surtout des risques qu'il encourt dans l'exercice de ses fonctions.

5.2.2. Organisation de la conservation foncière

L'institution conservation foncière est structurée par une organisation atypique qui tire sa source du décret du 26 juillet 1932. Cette organisation a connu plusieurs mutations que nous avons déjà décrites. Les services de conservation foncière font partie de la grande Direction générale des impôts et particulièrement la DDCFET. À ce titre, ils épousent la configuration des services de la Direction générale des impôts. La conservation foncière se décomposent ainsi de services centraux logés au sein de la DDCFET et des services régionaux des différentes Directions régionales.

5.2.2.1. Organisation des services centraux

Dans le dispositif de sécurisation des droits réels immobiliers mis en place par la Direction générale des Impôts, la Conservation Foncière est sous l'autorité hiérarchique technique de la Direction du Domaine de la Conservation Foncière de l'Enregistrement et du Timbre (DDCFET). L'organisation de la DDCFET ainsi que ses missions de sécurisation des droits fonciers sont prévues par l'article 45 du Décret N°2021-800 du 08 décembre 2021 portant organisation du Ministère du Budget et du Portefeuille de l'Etat. Aux termes de cette disposition, la DDCFET est chargée :

- D'assurer la gestion financière du domaine mobilier et immobilier de l'Etat ;

- D'assurer la conservation de la propriété foncière et des hypothèques ;

- D'assurer la mise en œuvre et la gestion du Livre Foncier Electronique

- D'assurer la coordination des activités de conservation de la propriété foncière et des hypothèques ainsi que la centralisation et la répartition des salaires des conservateurs ;

- D'assurer le recouvrement des prix de cession ou de vente, des droits, taxes et redevances de toute nature provenant de l'occupation ou de l'exploitation du Domaine urbain et rural de l'Etat ;

- D'assurer le recouvrement des revenus générés par les biens placés sous séquestre, des successions et biens vacants.

- D'assurer le recouvrement des droits et taxes dus pour l'accomplissement des formalités en matière de conservation de la propriété foncière et des hypothèques ;

- De faire des propositions en matière de réglementation relative aux droits d'enregistrement et de timbre, à l'enregistrement des actes judiciaires, de coordonner et de contrôler son application.

La DDCFET est pour ainsi dire, le garant de la sécurisation des actes, opérations et transactions portant sur le foncier immatriculé (acquisition, cession, occupation temporaire, etc.) L'exécution de ses missions s'effectue à travers des services centraux et un important réseau de conservations de la propriété foncière et des hypothèques (CPFH), reparties sur toute l'étendue du territoire national. Les services centraux ont essentiellement une fonction stratégique marquée par la supervision, l'orientation, le pilotage et l'évaluation des activités exécutées dans les CPFH. Ils se décomposent comme suit :

✓ **Le cabinet de la DDCFET**

Le cabinet de la DDCFET est constitué de deux services qui sont directement rattachés au directeur. Il s'agit du service des études, de la stratégie et de la qualité et de celui du contrôle des actes.

Service des études, de la stratégie et de la qualité

C'est un service chargé du suivi et de l'évaluation des activités. Il détermine les indicateurs de performances des Conservations de la Propriété Foncière et des Hypothèques. A ce titre, il fournit un ensemble d'outils et d'informations indispensables à la prise de décisions stratégiques par le DDCFET. Ce service est en outre, chargé de toutes les questions relatives à la démarche qualité dans les services de CPFH. Il s'assure donc de la mise en œuvre effective des processus et des procédures qualité et leurs apporte un appui dans des domaines techniques. Il est également chargé de proposer des axes stratégiques sur le pilotage des activités dans les services centraux et extérieurs placés sous la tutelle de la DDCFET. C'est en quelque sorte selon N'Guessan Kouamé Didier[67], « l'œil et les oreilles du Cabinet ».

Service de contrôle des actes

Le service de contrôle des actes est chargé d'assurer le contrôle des divers actes soumis aux différentes formalités dans les conservations de la propriété foncière et des hypothèques. Animé par des personnes aguerries au contrôle fiscal, ce pôle veille à s'assurer de l'intégrité des inscriptions au livre foncier et de l'intégralité des droits dus, liquidés et recouvrés dans le cadre des formalités accomplies. Il est en ce sens chargé de veiller aux intérêts du trésor public. En d'autres termes, la fonction de contrôle permet à ce service de s'assurer de la régularité juridique des inscriptions sollicitées au livre foncier par les contribuables. Dans ce canevas, ce service a lourde tâche de détecter, les anomalies et toutes les raisons pour lesquelles une publication pourrait devenir conflictuelle et assurer la transmission des informations décelées aux services compétents pour des dispositions adéquates à prendre.

✓ **La sous-direction du domaine**

Composée de deux pôles que sont le service des taxes, redevances et revenus du domaine et le service du séquestre des biens en déshérence et du matériel reformé, la Sous-Direction du Domaine est chargée du pilotage des activités relatives à la gestion financière du domaine mobilier et immobilier de l'Etat, tant dans les services centraux que, dans les services de CPFH.

---

[67] Monsieur N'Guessan Kouamé Didier est le Conservateur Central du Livre foncier Electronique, un service qui a été créé au moment de l'instritution du Livre Foncier Electronique suivant l'ordonnance de 2015.

Service des taxes, redevances et revenus du domaine

Le service des taxes, redevances et revenus du domaine est une unité d'appui aux activités des CPFH sur les problématiques domaniales. Il est spécifiquement chargé de suivre et d'évaluer le niveau des prélèvements domaniaux et d'assister les Bureaux du Domaine de l'Enregistrement et du Timbre, le cas échéant. Son positionnement dans le dispositif de la DDCFET l'amène régulièrement à identifier et suggérer des réformes en vue d'activer ou de réactiver certaines taxes et redevances, mais aussi et surtout à conformer l'action des CPFH à la réglementation applicable. Ce service œuvre à constituer et assainir les fichiers des contribuables pour permettre aux services régionaux d'avoir une bonne maitrise de l'assiette fiscale.

Ainsi, ce service accompagne les CPFH dans la localisation des attributaires de titre d'occupation du domaine de l'Etat, et développe des stratégies pour le recouvrement des taxes et redevances. Aussi travaille-t-il à la simplification des procédures et du dispositif applicable en matière de taxes et de redevances domaniales. Ce pôle est également compétent pour donner suites aux préoccupations exprimées par les contribuables sur les questions domaniales. Il entretient sous la houlette du Sous-Directeur des Domaines, des relations étroites avec les services gestionnaires techniques des différents démembrements du domaine de l'Etat.

Service du séquestre des biens en déshérence et du matériel reforme

Le service du séquestre des biens en déshérence et du matériel réforme est chargé de gérer les biens vacants ou abandonnés, les successions non réclamées, les biens confisqués ou placés sous séquestre judiciaire, sur toute l'étendue du territoire nationale. Lorsqu'il est établi et quel qu'en soit la raison, qu'un bien est sans propriétaire, ou qu'une succession n'a été revendiquée par aucun héritier connu, ce bien entre dans le domaine privé de l'Etat et fait ensuite l'objet d'une gestion singulière par ce service, pour le compte des éventuels ayants droits.

En marge de cette activité particulière, le service joue un rôle essentiel dans le dispositif de cession des matériels réformés de l'Etat. En ce sens, il conseille utilement sur les dispositions à prendre pour acquérir un bien réformé de l'Etat et émet les ordres de recettes au profit des attributaires nommément désignés desdits matériels. Enfin, ce service a la charge de la gestion des opérations liées aux ventes aux enchères publiques des biens saisis par les autres services de la DGI. Ce service est donc le garant financier des reformes de matériels pour le compte du trésor public.

- ✓ **La sous-direction de la conservation foncière**

Clé de voute des CPFH, la Sous-Direction de la Conservation Foncière est chargée d'assurer le bon fonctionnement des services de la Conservation de la propriété foncière et des hypothèques. Elle est composée du service de la Réglementation et du Contentieux et du service de la coordination des activités.

Service de la Réglementation et du Contentieux

Le service de la réglementation et du contentieux est l'entité chargée d'examiner pour le compte du DDCFET, les diverses réclamations et les plaintes formulées par les contribuables. Il a pour rôle d'instruire les requêtes contentieuses et s'assurer de la suite à donner. Son rôle est par conséquent de structurer la position de l'Administration sur les contentieux nés en raison des actes émis par les CPFH.

Service de la coordination des activités.

Le service de la coordination des activités a quant à lui en charge de contribuer à l'amélioration du fonctionnement des services de conservation de la propriété foncière et des hypothèques. A cet effet, il œuvre à mettre à la disposition des CPFH le matériel spécifique nécessaire à l'exécution de leurs missions.

- ✓ **La sous-direction de l'enregistrement et du timbre**

La sous-direction de l'enregistrement et du timbre a en charge le pilotage, la coordination et le contrôle des activités relatives aux formalités d'enregistrement et de timbre dans les CPFH. Elle est constituée de deux services centraux employés à encadrer les services d'assiette pour capter les différentes natures de prélèvements. Il s'agit du Service des opérations d'enregistrement et du Service des droits de timbre. Ces deux services sont des unités d'appui aux activités des CPFH sur les problématiques liées pour l'un aux droits d'enregistrement, et pour l'autre, aux droits de timbre. Ces services ont pour missions, de simplifier les procédures applicables en matière de droits d'enregistrement et de timbre au profit des contribuables et des services et de veiller à la mise en œuvre des normes de qualité dans l'accomplissement des formalités. Ces services soumettent à l'examen les questions complexes des contribuables et des services en matière d'enregistrement et de timbre.

Ces pôles sont également compétents pour donner des suites aux préoccupations exprimées par les contribuables sur les questions qui relèvent de leurs compétences respectives. Ils sont le garant des intérêts du trésor public en ce qui concerne les droits d'enregistrement et les droits de timbre.

- ✓ **La Conservation Centrale du Livre Foncier Electronique**

La gestion du Livre foncier électronique relève de la Conservation Centrale du Livre Foncier électronique. Cette Sous-direction animée par un Conservateur Central et composée de deux services. Il s'agit du service de l'exploitation du livre foncier électronique et du service de la plateforme du livre foncier électronique.

Service de l'exploitation du livre foncier électronique

Le Service de l'exploitation du livre foncier électronique a la gestion des informations contenues dans le Livre Foncier Electronique (LIFE) à savoir les inscriptions, la mise en ligne des titres fonciers, les régularisations intervenues sur la situation d'un bien, les corrections, etc. Ces opérations visent à permettre à l'usager de réaliser des économies de temps et de coûts dans l'accomplissement des formalités liées aux mutations immobilières et aux inscriptions hypothécaires. Ce service a donc la charge d'assurer la régularité et la crédibilité des informations publiées sur la plateforme du LIFE, mais aussi et surtout de sécuriser les droits réels détenus sur des biens régulièrement inscrits.

Service de la plateforme du livre foncier électronique

Quant au Service de la plateforme du livre foncier électronique, il est chargé d'administrer la Plateforme du Livre Foncier Electronique et d'assister les utilisateurs internes et externes de cette plateforme.

- ✓ **La Recette des Revenus Divers**

La recette des produits divers est l'organe comptable de référence au niveau de la DDCFET. C'est un service de recettes qui est chargé de mener les actions en recouvrement des produits générés par les opérations des services centraux. Les recouvrements de ce service portent sur :

- Les droits de condamnation ;
- Les produits de cession des matériels reformés ;
- Les papiers timbrés ;
- Tous les produits domaniaux non spécifiquement pris en charge par les CPFH.

5.2.2.2. Organisation des services régionaux

Les services extérieurs de la DDCFET sont constitués par les Conservations de la Propriété Foncière et des Hypothèques. Régis par le décret du 26 juillet 1932 les Conservations foncières sont des relais des activités du réseau de la DDCFET, portant sur toutes les circonscriptions foncières de Côte d'Ivoire. Au nombre de 29 conservations de la propriété foncière et des hypothèques, ces relais opérationnels sont en charge de :

- Garantir les droits réels portant sur les immeubles soumis au régime de l'immatriculation ;
- Publier des droits réels des immeubles immatriculés sur les livres fonciers

- Accomplir la formalité de l'immatriculation sur les livres fonciers ;
- Créer les titres fonciers sur les parcelles dont l'immatriculation est requise
- Inscrire les droits réels constitués au livre foncier
- Publier les droits réels ;
- Conserver les actes et plans relatifs aux immeubles immatriculés
- Communiquer au public les renseignements contenus en leurs archives et relatifs aux propriétés immatriculées.

✓ **Les organes principaux d'un service de conservation foncière**

Les conservations de la propriété foncière et des hypothèques sont divisées en circonscriptions foncières. On appelle Circonscription Foncière, le ressort territorial sur lequel s'exerce la compétence d'un conservateur. Ainsi une conservation foncière peut regrouper plusieurs circonscriptions foncières selon son importance. Il existe 42 circonscriptions foncières en RCI. Elles sont toujours rattachées pour chacune à une juridiction de première instance ou une section détachée devant laquelle le conservateur prête serment.

Classiquement, un service de conservation de la propriété foncière et des hypothèques est composé de deux bureaux : le Bureau de la Conservation de la propriété foncière et des hypothèques et le Bureau du domaine, de l'enregistrement et du timbre. Antérieurement, les Recettes n'étaient pas directement rattachées aux Receveurs principaux des impôts et non au service de Conservation foncière. Cette forme d'organisation mettait en mal la performance des services dans l'atteinte des objectifs fiscaux. Avec la nouvelle organisation des services de Conservation foncière, le receveur est sous la responsabilité du conservateur. Ce qui créé une synergie dans la sécurisation des droits fonciers et des recettes de l'état.

Le Bureau de la Conservation de la propriété foncière et des hypothèques

Conformément à l'article 2 de la Décision N°1362 /SEPMBPE /DGI/DDCFET du 30 mars 2018 modifiant la décision N°0334

SEPMBPE/DGI/DDCFET du 24 janvier 2018, portant organisation des services de la CPFH, les bureaux de la CPFH sont chargés de :

- D'instruire les demandes d'immatriculation formulées par les usagers ;
- D'accomplir la formalité d'inscription au Livre Foncier ;
- De tenir le livre foncier et les documents annexes ;
- De préparer et de communiquer au public des renseignements contenus dans les archives et relatifs aux propriétés immatriculées ;
- De calculer les droits et taxes exigés pour l'accomplissement des formalités d'inscription au Livre Foncier.

Le Bureau du domaine, de l'enregistrement et du timbre

Les attributions du bureau du domaine, de l'enregistrement et du timbre sont précisées par l'article 3 de la Décision N°1362 /SEPMBPE/ DGI/DDCFET du 30 mars 2018 modifiant la décision N°0334 SEPMBPE/DGI/DDCFET du 24 janvier 2018, portant organisation des services de la CPFH. Aux termes de cette disposition, les bureaux du Domaine, de l'enregistrement et du timbre sont chargés dans leur territoire de compétence :

- De déterminer les taxes et redevances d'occupation du domaine de l'Etat, des taxes forestières et minières ;
- De déterminer les droits dus en matière de droits d'enregistrement, de timbre et de vignette ;
- De formaliser les actes à enregistrer ;
- De procéder au contrôle formel des actes présentés à la formalité de l'enregistrement.

La recette du Domaine de la conservation foncière de l'enregistrement et du timbre ;

Les Receveurs du Domaine, de la Conservation Foncière de l'Enregistrement et du Timbre ont pour missions de procéder au recouvrement des impôts, taxes et redevances pris en charge par les services de la Conservation de la Propriété Foncière et des Hypothèques. Leurs attributions sont décrites par l'article 4 de la décision précitée. Les RDCFET sont donc chargés de recouvrer :

- Les prix de cession et taxes de publicité foncière dus à l'occasion de l'instruction d'une demande d'ACD ;
- Les droits, taxes et redevances de toute nature provenant de l'occupation ou de l'exploitation du domaine de l'Etat (redevances d'occupation du domaine public, redevances d'occupation de terrains industriels, redevances forestières, redevances minières, etc.) ;
- Les droits des actes soumis à la formalité de l'enregistrement ;
- Les droits de timbre de toutes natures ;
- Les droits et taxes dus pour l'accomplissement des formalités dans les CPFH (Taxe de publication au livre foncier).

Il importe d'indiquer que l'action isolée ou intégrée de chacun de ces services contribue à une double finalité à savoir :

- la sécurisation des droits réels procurés par les divers titres fonciers ;
- la sécurisation du budget de l'Etat et de personnes publiques légalement identifiées.

Les autres organes d'un service de conservation foncière

Le Guichet courrier

Le service du Guichet courrier est chargé de l'accueil, l'information des usagers et la réception des demandes. Le Guichet courrier a pour rôle d'assurer aux demandeurs la délivrance des actes. C'est la porte d'entrée d'un service de conservation foncière, le front office.

La section du livre foncier

C'est le service dans lequel sont entreposés et gardés tous les registres du système du livre foncier. Il dispose d'une salle de consultation où les agents accomplissent les formalités d'inscription dans les livres fonciers. Il est chargé de :

L'édition des états fonciers

L'état foncier est document signé par le conservateur retraçant l'ensemble des droits réels appartenant à une personne donnée ou l'état des droits et charges grevant un immeuble immatriculé. Il est délivré sur demande des intéressés après le paiement d'un droit.

La fourniture de renseignements fonciers

C'est l'acte par lequel un usager se présentant au guichet courrier d'un service de CPFH requiert du conservateur et moyennant paiement d'un droit de recherche, la communication écrite d'informations afférentes à un titre foncier.

La Section création des titres fonciers regroupe la cellule immatriculation et la cellule morcellement-fusion.

La Section des arrêtés domaniaux, C'est la cellule chargée de l'instruction et de la publication des actes administratifs.

La Section de la publicité générale, C'est la cellule chargée de l'instruction et de la publication des actes autres que les actes administratifs.

La Section des archives, C'est la cellule chargée de conserver les dossiers physiques et de les mettre à la disposition des agents lorsqu'ils en font la demande à l'occasion du traitement des formalités foncières.

Chapitre 6

ACTIVITES ET OUTILS DE LA CONSERVATION FONCIERE

La sécurisation des droits fonciers est concrétisée en pratique par une série d'activités exercée par les services de Conservation de la Propriété Foncière et des Hypothèques. Pour parvenir à exécuter de manière efficace leurs tâches, les services disposent de plusieurs outils appropriés, dont la diversité dénote de la spécificité de la matière sur laquelle travaille cette institution.

6.1. LES ACTIVITES DE LA CONSERVATION FONCIERE

Les activités de sécurisation des droits fonciers par la Conservation Foncière sont prévues par le décret foncier de 1932 toujours en vigueur. Ces activités reposent essentiellement sur l'immatriculation des terres, la publicité des actes et la communication de l'information foncière. Comme nous l'avons montré dans l'évolution des services de Conservation Foncière, les activités juridiques pour l'essentiel se sont imbriquées avec celles de gestion financière du domaine de l'état, de l'enregistrement et du timbre. Depuis 2003, toutes ces opérations domaniales, foncières et financières relèvent désormais des services de CPFH.

6.1.1. La garantie des droits réels immobiliers par la conservation foncière

Selon Monsieur Kragbé Paul[68] : « *l'activité de la conservation foncière consiste à garantir la propriété foncière et le métier est l'immatriculation de l'immeuble selon le mode de création du titre foncier. Ce métier a deux pans essentiels : permettre à un immeuble d'avoir une vie juridique ou faire entrer le bien immeuble dans la vie juridique de sorte que toutes les transactions soient retracées par la*

---

[68] KRAGBE, P., interview réalisée par nous le 22 juin 2021 à Abidjan, Plateau, Cité Administrative, Tour E, 9ème étage.

suite. Le système d'immatriculation a été mis en place pour financer l'économie via le système de l'hypothèque. Lorsque l'immeuble est né, les actes de division dudit immeuble, les mutations, les prises d'hypothèques qui vont meubler sa vie juridique sont soumis à la publicité foncière ». En d'autres termes, le métier de Conservation Foncière consiste à la création de titre foncier, la publication des actes, la conservation des archives, et la communication de l'information foncière. A ces différentes opérations s'ajoute la gestion du contentieux qui est un pendant indispensable da la sécurité foncière.

La conservation foncière désigne l'art de mettre en œuvre le régime foncier. Cet art consiste à conserver, préserver, protéger et en définitive, garantir les droits réels afférents aux immeubles identifiés juridiquement. Toute chose qui exige la création et l'affectation préalables d'un titre foncier à l'immeuble. La conservation des droits fonciers est spatiale, temporelle et documentaire :

- La conservation des droits fonciers porte, avant tout, sur l'intégrité physique de l'immeuble, c'est-à-dire, sur ses limites, sa consistance, sa nature. En cela, elle est spatiale car elle doit assurer l'intangibilité des limites ou garantir l'unicité des limites géodésiques de l'immeuble.

- La conservation des droits fonciers doit être assurée dans la durée car le titre foncier est imprescriptible. Cela signifie que sans évènement nouveau de la vie juridique de l'immeuble, les droits qui s'y rattachent, se conservent indéfiniment et sans prescription possible.

- La conservation des droits fonciers repose, enfin, sur la préservation scrupuleuse des documents produits à l'appui des droits figurant sur le titre foncier. La capacité de produire à tout instant la preuve des droits inscrits en est une exigence majeure.

6.1.1.1. La création de titre foncier : les étapes de l'immatriculation et ses effets

1. Les étapes de l'immatriculation

L'immatriculation se définit comme une procédure spéciale tendant à provoquer la révélation de tous les droits réels déjà constitués. La réquisition d'immatriculation s'analyse comme une revendication de propriété soumise à une enquête publique. Le droit de propriété est reconnu, s'il n'y a pas d'opposition au cours de l'enquête.

La réquisition d'immatriculation : Elle correspond à l'acte par lequel le demandeur à l'immatriculation revendique la propriété d'un terrain. C'est le cas lorsqu'un particulier ou l'Etat affirme qu'un terrain lui appartient et demande de ce fait au Conservateur de publier son droit de propriété au livre foncier. Dans le domaine urbain, l'immatriculation des terres est initiée par le Ministère en charge de la Construction et de l'Urbanisme, il existe une procédure simplifiée d'immatriculation à cette fin. Cette procédure admet une immatriculation graphique et globale sans vraiment s'embarrasser du bornage contradictoire. En zone rurale, l'immatriculation des terres coutumières est pilotée par l'AFOR, sous la tutelle du Ministère en charge de l'Agriculture, les règles sont plus restrictives.

La publicité de cette réquisition : La réquisition de l'immatriculation est portée à la connaissance du public pour déterminer si des tiers n'ont pas d'intérêts opposés à celui que revendique le requérant sur le terrain. L'affirmation de la propriété foncière du demandeur doit être confrontée avec d'éventuelles prétentions contraires. Cette publicité se fait par l'insertion d'un avis d'immatriculation au journal officiel de la république ou dans un journal d'annonces légales, l'affichage en l'auditoire du tribunal, à la sous-préfecture, ou par notifications individuelles. Par cette publicité les tiers sont prévenus de l'existence d'une réquisition d'immatriculation.

Le délai de 3 mois pour faire opposition : Pour compter de la date d'affichage au Tribunal, il est donné aux tiers un délai de 3 mois afin de présenter leurs oppositions. Ce délai est prolongé jusqu'à la date de bornage pour les personnes convoquées, notamment les riverains, les chefs de terre et toutes personnes ayant un intérêt. Les éventuelles oppositions sont enregistrées dans le registre des oppositions.

L'identification matérielle par le bornage : À l'expiration du délai de trois mois, il est procédé à l'identification matérielle du terrain par le géomètre assermenté du Cadastre. Cette opération consiste à la reconnaissance des limites par tous les intéressés qui sont convoqués par le Conservateur à une date déterminée par les services du Cadastre. Au cours de cette étape, il est procédé à l'insertion de l'avis de bornage 20 jours au moins avant la date prévue, l'affichage de l'avis de bornage à la sous-préfecture, invitation du sous-préfet et des chefs coutumiers et adresse des convocations individuelles. Au jour et à l'heure prévus pour le bornage, le géomètre vérifie l'exactitude de la délimitation de la parcelle et du plan en indiquant les limites aux personnes présentes. Il dresse en suite un procès-verbal de bornage où il mentionne les oppositions ou contestations, s'il y a lieu sur les limites.

L'immatriculation du terrain au livre foncier par la création du titre foncier de l'immatriculation, en cas d'absence d'opposition

Après le bornage contradictoire, l'immeuble est immatriculé au livre foncier, en l'absence de toute opposition. Cette formalité d'immatriculation procède de la création du titre foncier et de l'inscription des droits de propriété sur la double page du livre foncier appelé le titre foncier. Chaque titre foncier est consacré à un seul terrain identifié comme tel. Le titre foncier relate toute l'histoire juridique du terrain ou de la parcelle.

La phase judiciaire en cas d'opposition non levées.

Au cours de la procédure de l'immatriculation des terres, toutes les oppositions que l'administration foncière n'a pu lever de façon amiable, sont soumises à la phase judiciaire. Le Conservateur devra alors surseoir à l'immatriculation de la parcelle litigieuse. Etant un fonctionnaire et non un juge, il n'a pas le pouvoir d'apprécier si les oppositions sont valables ou non. L'affaire est portée devant le tribunal compétent pour trancher le litige foncier. A l'issue de cette phase judiciaire, le Tribunal pourra faire droit ou rejeter les oppositions. Si les oppositions sont rejetées, l'immatriculation est faite au nom du requérant. Dans le cas contraire, le tribunal ordonne l'immatriculation au nom de l'opposant. Il appartient en conséquence à l'opposant qui a eu gain de cause de présenter une nouvelle réquisition d'immatriculation à son nom. L'appel contre le jugement est possible mais le pourvoir en cassation ne peut être introduit que par le procureur de la république.

2. Les effets de l'immatriculation sur les droits coutumiers

L'immatriculation établit un droit de propriété au profit du demandeur. En général, le droit coutumier sur le sol correspond à un droit d'usage soumis aux directives du chef de terre. Ce dernier peut à tout moment mettre fin à l'exercice de ce droit d'usage si le bénéficiaire ne respecte pas les clauses de la mise en valeur. Par la procédure de l'immatriculation, ce droit coutumier est consolidé au profit de l'usager dès lors que le chef de terre n'a pas présenté d'oppositions. Le nouveau propriétaire peut vendre son immeuble immatriculé comme il le veut, même à des personnes étrangères à la collectivité coutumière, à condition d'être de nationalité ivoirienne. Dès que cette procédure est arrivée à son terme, l'immeuble immatriculé est soustrait de son régime coutumier ancien et soumis aux exigences du régime de l'immatriculation.

Les effets de l'immatriculation en matière civil : Le régime de l'immatriculation est aussi un régime de publicité. Il admet qu'aucun droit réel ne soit opposable aux tiers de bonne foi, s'il n'a été publié au livre foncier. Autrement-dit les droits réels se conservent et produisent effet à l'égard des tiers que lorsqu'ils ont été rendus publics par l'inscription au livre foncier. Ainsi, entre les parties la publicité n'a aucun effet, car les conventions qu'ils ont régulièrement formées les engagent et ils sont obligés de les exécuter. À l'égard des tiers l'acte n'a d'effet, que s'il est publié.

Pour éteindre les droits réels inscrits au livre foncier, le Conservateur doit procéder à la radiation desdits droits sur présentation des actes extinctifs. Le droit de propriété ne peut s'étendre par la prescription.

Figure n°1 : Schéma synoptique de l'immatriculation

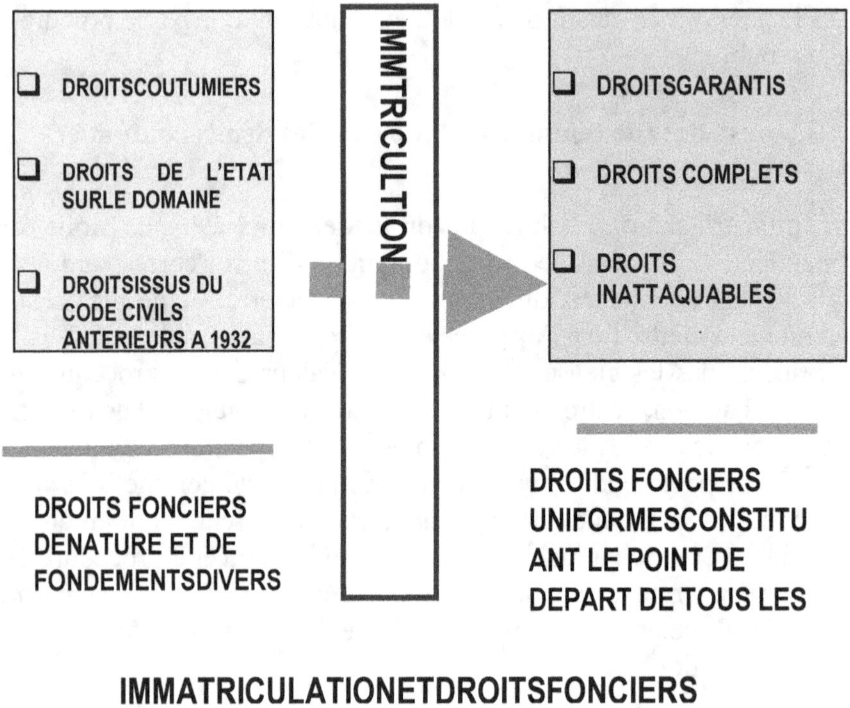

Sources : Kra et Kouambla, mars 2023

Le Morcellement : typologie

Le morcellement se définit comme une opération technique et juridique qui consiste à diviser une parcelle de terrain immatriculée en deux ou plusieurs titres fonciers distincts. Il en résulte que en matière de conservation foncière, pour être morcellée la parcelle doit être préalablement immatriculée c'est-à-dire qu'elle doit faire l'objet d'un titre foncier appelé titre foncier « mère », « de base » ou « d'origine ». On distingue trois types de morcellement que sont le morcellement simple, morcellement-mutation et morcellement de copropriété.

- Le morcellement simple : Le morcellement est dit simple lorsqu'il aboutit à la création d'un nouveau titre foncier demeurant au nom du propriétaire demandeur du morcellement. Ce type de morcellement peut être demandé par l'Etat ou par des particuliers.

- Le morcellement- mutation : Le morcellement-mutation est une opération qui associe simultanément le morcellement et la mutation du titre foncier créé. En d'autres termes le titre foncier créé est directement muté au nom du bénéficiaire de l'opération juridique (vente, donation, partage etc.).

- Le morcellement de copropriété : C'est l'opération qui scinde un titre foncier indivis, c'est-à-dire détenu par plusieurs propriétaires (copropriétaires) en titres fonciers distincts destinés à chacun d'eux. La copropriété relève d'un acte notarié et revêt une forme, soit horizontale, soit verticale.

La fusion : typologie et conditions

La fusion consiste à réunir en une seule, deux ou plusieurs parcelles assorties de titres fonciers et existant de manière contigüe. La fusion peut être requise par l'Etat, par une personne physique ou morale. Par ailleurs, il existe deux types de fusion : la fusion simple et la fusion absorption.

- Les types de fusion : La fusion simple aboutit à l'annulation des titres fonciers fusionnés au profit d'un nouveau titre foncier. En revanche, la fusion-absorption, entraine la conservation de l'un des titres et l'annulation des autres. Elle aboutit à une simple augmentation de la superficie du titre foncier conservé. La fusion-absorption est rarement utilisée.

- Les conditions de fusion : L'opération de fusion doit remplir les conditions suivantes :

- Les terrains immatriculés faisant l'objet de fusion doivent appartenir au même propriétaire ;

- Ils doivent être contigus ;

- Les titres fonciers ne doivent pas être frappés de cause d'indisponibilité ;

- L'opération ne doit pas porter atteinte aux droits des tiers.

6.1.1.2. La publication des Arrêtés domaniaux

La publication des Arrêtés de Concession Définitive : L'arrêté de concession définitive est l'acte qui opère transfert de propriété de l'Etat aux particuliers sur les terrains urbains autres que ceux destinés à l'industrie ou à la promotion touristique. Cet acte est transmis par le Ministère en charge de la Construction à la Conservation Foncière pour publication. Cette publication est précédée de l'instruction du dossier et de la liquidation des droits. Pour déterminer le coût de la publication de l'ACD, le calcul des droits se fait en deux opérations : la détermination de l'assiette imposable et le calcul des droits.

La détermination de l'assiette imposable : La détermination de l'assiette imposable qui reposait sur la valeur venale, l'est depuis 2024 sur la valeur marchande (VM) qui est le prix de la parcelle au mètre carré fixée par la Commission et consigné dans un document officiel appelé monographie de la valeur marchande. Ce prix varie en fonction de la situation géographique du terrain. La détermination de l'assiette tient compte aussi de la superficie (S) du terrain également contenu dans l'acte.

La base imposable (BI) est le produit de la valeur marchande par la superficie exprimée en mètre carré.Formule de calcul de la

BI = VM x S

Calcul des droits de publicité foncière d'un ACD :

Le calcul des droits de publication repose sur :

- Le prix de cession indiqué dans l'acte lorsque la preuve de son paiement n'est pas rapportée (PC) ;
- La taxe de publicité foncière (TPF).
- Les droits de publication de l'ACD est la somme du prix de cession et de la taxe de publicité foncière soit :

<u>Tableau n°4 :</u> Mode de calcul de la taxe de publicité foncière

Mode de calcul de La taxe de publicité foncière (TPF)
TPF= (BI X 60% X 15%) + 3000
➢ 60% correspond à un abattement de 40% sur les droits à payer pour l'inscription en pleine propriété (loi du 7 juillet 2003)

➢ 15% réparti comme suit : 10% (recette domaniale) et 5% (conservation foncière)
Mode de calcul des droits de publication de l'ACD
DP= TPF + PC **DP= (BI X 60% X 15%) + 3000 + PRIX DE CESSION**

Source : Extrait des supports de formation de la DDCFET (2025)

Ce mode de calcul a entrainé une explosion du cout des droits de publication des actes administratifs au livre foncier. Cette situation a entrainé l'augmentation du stock des ACD non publiés dans les différents service de CPFH.

La publication du bail emphytéotique administratif

Le bail emphytéotique administratif est un acte règlementaire par lequel l'Etat concède une partie de son domaine en milieu urbain ou rural, à une personne physique ou morale en vue d'une exploitation à usage industriel ou agricole pour une durée pouvant varier de 18 à 99 ans. Il est régi par les textes suivants :

- La loi française du 26 juin 1902 rendue applicable en Côte d'Ivoire par arrêté du 26 octobre 1906

- Le décret du 12 octobre 2016 relatif aux modalités d'application de l'ordonnance du 03 Aout 2016 portant occupation du domaine public.

Ces textes sont complétés par le decret de 2025-41 du 15 janvier 2025 relatif au bail emphytéotique sur les terrains urbains du domaine privé de l'Etat.

Le coût de la publication du bail emphytéotique administratif : La liquidation des droits de publication du bail emphytéotique administratif implique la détermination de l'assiette imposable et le calcul des droits. L'assiette est constituée par la valeur des droits publiés et elle s'articule autour de certains éléments servant de base de calcul, à savoir l''investissement, la redevance, la durée du bail, mentionnés dans l'arrêté et la valeur marchande.

Tableau n°5 : Mode de calcul des droits de publication des Baux emphytéotiques

Calcul des droits de publication des baux emphytéotiques	
1ère Base de calcul	**2ème base de calcul**
Valeur Marchande = A Investissement = B Evaluation = A+B = C D=10 x valeurs marchande E=Montant le plus élevé entre C (évaluation) et D (10Xvv)	F = Redevance annuelle x Durée de Bail
RD 1 = E x 2%	RD 2 = F x 0,8%
CF 1 = E x 1%	CF 2 = F x 0,4%
FRAIS A PAYER	
RD = RD 1 + RD 2 CF = CF 1 + CF 2	
TOTAL = RD + CF	

Source : Extrait des supports de formation de la DDCFET (2021)

- La publicité générale : Après l'immatriculation, le morcellement et la fusion qui constituent les actes de naissance à la vie juridique des immeubles, la publicité générale, intervient au cours de la vie des titres fonciers. Elle a pour but, d'inscrire sur le livre foncier tous les actes se rapportant à la vie de l'immeuble immatriculé et ce en vue de les rendre opposables aux tiers. La publicité foncière est régie par :

- Le décret du 26 juillet 1932, portant réorganisation du régime de la propriété foncière en AOF ;
- Le décret du 16 Avril 1964 ;
- L'article 8 de la loi n° 70-209 du 20 Mars 1970, portant loi des finances pour l'exercice 1970.

La Typologie des actes à publier

Seuls les actes authentiques font l'objet de publication au livre foncier. On appelle acte authentique, un acte revertu du sceau de l'autorité compétente. il s'agit des actes dressés par devant notaire, les actes émanant des tribunaux et de l'administration publique en général.

Les actes à publier par la Conservation foncière peuvent être classés en trois catégories :

- les actes conventionnels portant mutation;
- les actes conventionnels constitutifs de garantie ;
- les actes forcés.

<u>Tableau n°6 :</u> Typologie desactes à publier

Les actes conventionnels portant mutation :	- les ventes d'immeubles
	- les donations des biens immobiliers entre vifs
	- les mutations après décès des biens immeubles du défunt.
	- les échanges d'immeubles etc.
Les autres actes conventionnels constitutifs de garantie (sureté réelle)	- les Hypothèques conventionnelles et les délégations de loyers
	- Les mainlevées d'hypothèques conventionnelles etc.
Les actes forcés	- Les commandements
	- Les adjudications judiciaires
	- Les hypothèques conservatoires
	- Les hypothèques légales
	- Les pré-notations. etc.

<u>Source :</u> Extrait des supports de formation de la DDCFET (2021)

La vérification des documents et actes soumis à publicité : La vérification des documents et actes soumis à publicité, consiste à un examen des pièces qui composent chaque type de dossier. En effet, la loi précise, un nombre de pièces indispensables, pour l'inscription au livre foncier de chaque opération. Par exemple pour l'inscription d'une vente d'immeuble, le dépôt du dossier au service guichet, doit contenir les pièces suivantes :

- Une expédition de l'acte notarié de vente, signée par le notaire ;

- L'original du certificat de propriété (CP), du certificat de mutation de propriété foncière, ou de l'ACD ;
- Une fiche de formalités ;
- Une lettre de décharge, qui énumère toutes les pièces déposées.

Le coût de la publicité des actes

La liquidation des droits : La liquidation des frais de publicité n'est pas homogène et présente plusieurs étapes pour la détermination des montants effectivement dus aux services des Recettes. La publicité générale porte sur des opérations immobilières, dont le coût à régler, est déterminé selon les cas à partir du prix de vente indiqué dans l'acte notarié, du montant de la garantie donnée sur un immeuble et de l'évaluation d'un bien muté après décès etc. La liquidation des droits porte sur la valeur de la transaction déclarée dans l'acte. Cette valeur se réfère au prix, au montant, ou à l'évaluation contenue dans l'acte. C'est le principe de la déclaration qui prévaut, à moins qu'il ne soit évident ou établi que cette valeur déclarée est inexacte. Dans ce cas, l'agent doit au regard du code général des impôts et de la monographie des valeurs transactionnelles réclamer des pénalités pour retard et un rappel de droit pour sous-évaluation.

Le calcul des droits : Il s'agit d'un mode de calcul unique, fait dans une même opération, pour déterminer les montants à payer à la caisse du Receveur des domaines. Il existe des taux applicables sur les droits proportionnels. Ces droits proportionnels portent sur la base taxable qui est la valeur de l'opération, à laquelle on applique un taux précis définit, par la loi.

Ces taux sont les suivant :

- 0.8 % pour le budget de l'Etat ;
- 0.4 % pour le salaire du conservateur.

Le taux cumulé de 1.2 % constitue la règle générale, des taux applicables en matière de publicité des actes au livre foncier. Cependant, la loi a également prévu, pour d'autres types de transactions, des taux réduits, c'est-à-dire des taux inférieurs au taux initial de 1.2 %. On peut citer quelques cas :

- Le taux de 0.6 pour cent (0.4 % pour le budget et 0.2 % pour le salaire du conservateur) est applicable à l'inscription et à la mainlevée des hypothèques conservatoires par exemple etc.
- Le taux de 0.4 pour cent est applicable, pour la mainlevée des hypothèques légales de la Direction du Recouvrement (DGI).
- Le taux de 0.2 pour cent est applicable pour l'inscription et la mainlevée des hypothèques de la Direction du Trésor.

Les exemptions : Certains actes soumis à la publicité générale, sont exemptés du paiement de tout type de droits. On les appelle actes « **gratis** » et il en existe plusieurs catégories :

- Les actes impliquant des démunis ou indigents bénéficiant d'une assistance judiciaire ;
- Certains actes impliquant l'Etat et ses démembrements, etc.

- **Les Formalités particulières**

La formalité fusionnée d'enregistrement et de publicité : Tous les actes soumis à la formalité de publication au Livre Foncier et obligatoirement soumis à la formalité de l'enregistrement, sont éligibles à la formalité fusionnée. Cette formalité entraine l'exigibilité des droits d'enregistrement, des droits de timbre et des droits de publication au Livre foncier. L'acte établi à l'issue de cette procédure est délivré par le Conservateur de la Propriété Foncière et des Hypothèques, après visa du Chef du Bureau du domaine, de l'enregistrement et du timbre pour la liquidation des droits d'enregistrement et droits de timbre, et du Chef du bureau contrôle, pour la liquidation des droits de publication au Livre foncier[69].

La publicité des droits visés au Livre foncier est libératoire de la formalité d'enregistrement des actes. Feront preuve du dépôt de l'acte et de l'accomplissement de la nouvelle formalité respectivement la quittance remise par le receveur, collée à la minute estampillée du guichet et l'état des droits réels délivré par le Conservateur.

---

[69]Article 19 de l'annexe fiscale de la loi de finances n°2013-908 du 26 décembre 2013 Portant budget de l'état pour l'année 2014 instituant *une formalité fusionnée d'enregistrement et de publicité foncière.*

Les droits dus sont calculés par application des taux suivants :

- Les taux applicables en matière d'enregistrement des actes ;
- Les taux applicables en matière de publicité ;
- Les droits d'établissement de l'état foncier (3000 FCFA) et des certificats (15.000 FCFA).

Un délai impératif de 15 jours est imparti au Conservateur de la Propriété Foncière et des Hypothèques pour le traitement de la formalité fusionnée, la production de l'état des droits réels et des certificats[70].

La Formalité d'inscription et d'extinction aux livres fonciers : La mise en service du livre foncier électronique et le projet en cours de dématérialisation des inscriptions et de télé-publication des actes exigent une uniformisation des procédures et la transcription de données fiables sur le livre foncier. Une nouvelle procédure pour le traitement de tous les actes soumis aux formalités d'inscription ou d'extinction de droits réels immobiliers au livre foncier a été mise en place. Cette procédure uniformise les méthodes de travail et intègre directement le Receveur du Domaine, de la Conservation Foncière, de l'Enregistrement et du Timbre (RDCFET) dans le circuit de traitement des dossiers. Elle est relative d'une part à la réception, l'instruction de la requête et d'autre part à la formalité d'inscription[71].

Après l'instruction des requêtes par les services de CPFH, en pratique l'accomplissement de la formalité d'inscription ou d'extinction de droits au livre foncier est du ressort des services de la Direction centrale, notamment le service de contrôle des actes, la Cellule du livre foncier et le service de la Conservation Centrale du Livre Foncier Electronique. Cette procédure concerne tous les autres actes y compris ceux soumis à la formalité fusionnée.

---

[70] Idem.

[71] Note de service n°022/SEPMBPE/DGI/DDCFET du11jnavier 2019, Précisant la Procédure de traitement des actes soumis aux formalités d'inscription ou d'extinction de droits réels immobiliers au Livre Foncier.

6.1.1.3. La conservation des archives et la communication de l'information foncière

Nous avons vu dans la présentation du régime foncier de 1932, que le régime de l'immatriculation auquel la Côte d'Ivoire a souscrit est un régime de preuve. Grâce à la force probante attachée aux mentions du livre foncier, les juridictions ont d'emblée recours au titre foncier ainsi qu'aux pièces justificatives des différentes inscriptions consignées dans les dossiers de titres fonciers. Pour Didier Guignard, c'est plutôt la qualité de la conservation de cette documentation qui lui confère une valeur probatoire de sorte que les descendants de propriétaires et tout intéressé peuvent s'en prévaloir[72]. La qualité des archives garantit la communication de l'information foncière crédible et fiable.

La conservation des archives est l'une des activités principales des services de sécurisation foncière. L'un des buts majeurs de la Conservation Foncière est de garder rigoureusement les archives. Il s'agit de dossiers contenant les pièces justificatives de tous droits réels immobiliers publiés au Livre Foncier. Il n'est pas anodin de faire remarquer que c'est ce pan important du service qui lui vaut cette appellation. La Conservation obéit à des pratiques ancrées dans une certaine tradition documentaliste et archiviste. Ces pratiques qui datent, sont aujourd'hui concurrencées par la numérisation des procédures et des actes. L'archivage est en voie de mutation.

- **Tradition de l'archivage physique et intérêt**

L'archivage est l'action d'archiver. C'est l'ensemble des techniques et moyens employés pour recueillir, classer, conserver et exploiter des documents jusqu'à leur destruction éventuelle [73] . Il existe plusieurs types d'archivage, notamment l'archivage physique de documents papiers et l'archivage numérique par le stockage en ligne. L'archivage permet de protéger les droits réels en cas de contentieux et de justifier son activité lors d'un contrôle. L'archivage de documents au sein de la conservation foncière est un moyen de pérenniser son patrimoine documentaire et de faciliter son exploitation dans la

[72] Didier Guignard, op cit, vol n°13,2015.

[73] https://www.arcalys.com/archivage/definition-archivage, consulter le 13/09/2021

conduite courante de ses activités. Contraitement aux archives de la documentation fiscale qui deviennent caduques de façon triennale, les archives de la conservation foncière doivent être conservées à vie ou indefiniment.

Chacun des 29 services de CPFH devrait être en principe doté d'une salle d'archives. Au sein de la Conservation Centrale du Livre Foncier Electronique à la Direction centrale, il existe une salle du livre foncier et une autre pour la consultation desdits registres. Cette dernière salle regorge tous les anciens registres du livre foncier de la circonscription foncière de l'ancien Bingerville. Ces anciens volumes sont complétés par ceux des titres fonciers 200.000, nés de la scission de grande circonscription foncière de Bingerville.

Pour revenir aux salles d'archives des Conservations Foncières en région, il n'existe pas véritablement de modèle type de salle d'archivage. Ce sont des locaux de fortune que l'administration fiscale met à la disposition des Conservateurs pour y ranger la documentation générée dans le processus de création de titres fonciers et de publication des actes. En général, les services de Conservation Foncière sont dotés d'étagères, de clapets pour le rangement des dossiers archivés, des registres de livre fonciers et de dépôts. Cette salle sert également à la conservation des dossiers transitoire notamment les dossiers d'instance, dossier d'immatriculation, dossier de morcellement et les dossiers de fusions.

Le processus de classement des archives se fait en tenant compte du type de dossiers, et de registre. Les étagères et les clapets sont compartimentés en fonction de la catégorie. Le principe qui régit le rangement des archives est celui du classement chronologique par typologie. Il existe aussi le principe général du respect des fonds documentaires qui suggère l'intégralité matérielle et intellectuelle de chaque fonds d'archives. Il combine le respect de la provenance d'un fonds avec le classement cohérent des documents qui le composent (sous-fonds, dossiers, ayant eux-mêmes une cohérence interne). Il existe aussi le principe des 3 âges des documents qui prend en compte les archives courantes, les archives intermédiaires et les archives historiques ou définitive.

A la conservation foncière, il n'existe pas véritablement d'archive définitive en tant que telle. Les titres fonciers étant dynamiques, les dossiers de titres fonciers ainsi que les volumes de livres fonciers sont toujours enrichis d'actes et d'inscriptions. Ces documents doivent être conservés soigneusement durant toute la vie juridique du titre foncier et même après, en cas d'annulation.

- **Technique d'archivage dans les services de conservation foncière**

Elle concerne l'entrée et la sortie des dossiers. Cette technique vise à assurer la traçabilité de chaque document. Généralement dans les CPFH d'Abidjan, lorsque « les dossiers de demande de création de titre foncier émanant du MCLU sont réceptionnés, après l'étape du dépouillement, les instances sont gardées au sein de l'archive en fonction du numéro de Dossier de Morcellement (DM). C'est la première étape d'archivage. Les instances du Dossier de morcellement sont les premières véritables archives. A la suite du bornage contradictoire, les PV en provenance du Cadastre sont rattachés au numéro de DM. L'agent a recourt aux archives pour se procurer l'instance et procéder à l'habillage du PV de bornage contradictoire pour la création du titre foncier. Après création du titre foncier et sa description ainsi que la diminution du titre foncier mère, le dossier de titre foncier est ouvert et classé chronologiquement par numéro dans le compartiment correspondant à ce type de dossier.

Pour la communication des pièces en exécution d'une ordonnance de compulsoire ou de certaines instructions, les agents ont pour référence les numéros de titres fonciers ou les numéros donnés aux autres dossiers. La sortie d'un dossier du service des archives est subordonnée à une décharge ainsi que l'annotation du but de la demande. Il existe un registre de sortie et d'entrée de dossiers. Une fiche de sortie du dossier qui comprend les mentions essentielles est mise à la place du dossier dans son lieu de rangement.

Les services d'archives visités se caractérisent par l'exiguïté de l'espace de rangement. En raison de l'obésité des documents produits et archivés quotidiennement, il est difficile souvent d'effectuer une recherche rapide de dossiers. Le traitement des ordonnances de compulsoires rencontre d'énormes difficultés tant les compartiments sont saturés. Une bonne gestion des archives de la conservation foncière est un gage de bonne communication de l'information foncière, de crédibilité et de célérité de traitement des demandes. Toutes les activités de la Conservation Foncière reposent sur les archives qui constituent pour elle une mémoire vivante. Face aux risques graves de perte et d'altération de dossiers, les services de la DDCFET ont entrepris une opération de numérisation des documents. Cette opération a débuté par la numérisation des registres du livre foncier des Conservations foncières d'Abidjan. Après l'étape de numérisation des registres de celles de l'intérieur, la DDCFET entend mettre le cap sur la numérisation des archives, le but étant d'aboutir à un livre foncier complètement numérisé.

L'archivage électronique entrepris par la DDCFET vise la conservation à long terme de documents et la constitution d'une base de données numériques. Les innovations prévoient la consultation à distance d'un titre foncier avec possibilité d'accès à la version numérisée du livre foncier et des pièces contenues dans le dossier de titre foncier.

6.1.1.4. La gestion contentieuse : causes et typologie

La gestion contentieuse en matière foncière fait partie des attributions de la Conservation Foncière. Dans l'exercice de leurs activités quotidiennes, les services sont amenés à faire face aux plaintes, contestations et réclamations des usagers. La mission de sécurisation des droits réels immobiliers engage lesdits services à œuvrer pour réduire les litiges fonciers. Le Directeur du Domaine de la Conservation de l'Enregistrement et du Timbre, dans son discours introductif du 21 février 2019 lors de la deuxième Conférence des Conservateurs, a invité les services à atteindre l'objectif : (0) zéro litige provenant des conservations foncières.

- **Les causes du contentieux**

Le contentieux peut être défini comme une procédure destinée à faire juger un litige foncier entre un usager du service public et la Conservation Foncière. Il existe des causes externes et des causes qui relèvent de ces services. Les causes externes sont celles qui proviennent des acteurs extérieurs à la Conservation Foncière. Elles sont relatives à la violation des procédures de délivrance et de retrait des actes administratifs, au défaut de purge des droits coutumiers par l'Etat et à l'attribution de plusieurs titres de propriété à divers bénéficiaires sur une même parcelle. Les causes internes quant à elles relèvent des activités des services de la Conservation Foncière. Ce sont, notamment le dépouillement inexact ou insuffisant des dossiers et les inscriptions faites sur la base de décisions de justice non définitives ou de faux actes.

- **Les types de contentieux**

Les réclamations : Les réclamations regroupent toutes les plaintes adressées par les usagers insatisfaits aux Conservateurs, au DDCFET ou même au Directeur général des Impôts. Ces plaintes portent sur le traitement accordé par l'Administration à un dossier ou sur des situations de fait. Elles sont mises en œuvre par courrier manuscrit, courrier électronique (email) ou par appel téléphonique.

Le contentieux juridictionnel : La phase juridictionnelle intervient lorsque le contribuable n'a pu obtenir satisfaction dans les démarches menées auprès de l'Administration, après les différents recours exercés. Il est formé en fonction de la nature du litige, soit devant le Conseil d'Etat (CE) ou devant les tribunaux de pleine juridiction.

Le recours en annulation devant le Conseil d'Etat : Il vise principalement les actes administratifs tels que les lettres d'attribution, arrêtés de concession provisoire ou définitive, certificats de propriété ou certificat de mutation de propriété foncière. Le recours devant le Conseil d'Etat est obligatoirement précédé d'un recours gracieux ou d'un recours hiérarchique, sous peine d'irrecevabilité. Il est ouvert dans des délais stricts de deux mois, avec ou sans réponse de l'Administration, après notification.

Le recours de pleine juridiction : Il est porté devant le juge de droit commun pour demander, soit la reconnaissance d'un droit de propriété, ou de toute autre situation juridique non reconnue. Exemple, une action en revendication initiée par un héritier exclu du partage de succession ou l'assignation en responsabilité dirigée contre les Conservateurs pour les fautes qu'ils commettent dans les inscriptions portées au livre foncier.

- **La prise en charge du contentieux par les services de Conservation Foncière**

La prise en charge du contentieux par les services de Conservation Foncière est régulée, en plus du décret foncier de 1932, par les notes du 26 septembre 2017, qui précise les notions de réclamation et de litige foncier[74] et celle relative au suivi des affaires en justice liées à la procédure de création des titres fonciers ou de publicité au Livre foncier[75].

- **Le suivi de la gestion du contentieux par la sous-direction de la conservation foncière**

La Sous-direction de la Conservation Foncière à travers son service de la règlementation et du contentieux est compétente pour instruire les recours hiérarchiques. Lorsque le Conservateur est saisi d'un recours en annulation d'acte ou de l'inscription d'un droit réel immobilier, il peut solliciter l'appui de la Sous-direction de la conservation foncière pour l'instruction de la requête. La sous-direction de la conservation a recours à la Conservation Foncière compétente pour l'instruction des réclamations et la résolution des plaintes de toute nature. Pour le suivi des affaires en justice, la Sous-direction de la Conservation Foncière s'assure que la notification de requête est transmise au service de Conservation foncière compétent et au Conseil de la Direction Générale des Impôts. Elle veille à ce que les mémorandums et les pièces utiles soient produits par les services de conservation foncière à la Justice.

6.1.2. La perception des droits et taxes sur les formalités

La sécurisation des droits fonciers a un coût qui est déboursé par les contribuables clients. Les débats qui ont cours ne portent pas sur

[74] Note de service n°922 du 26 septembre 2017, portant Précisions relatives aux notions de réclamation et de litige foncier.
[75] Note de service n°490 du 26 septembre 2017 portant Précisions relatives au suivi des affaires en justice liées à la procédure de création des titres fonciers ou de publicité au Livre foncier.

l'opportunité du coût. Ils visent plutôt à savoir si cette contrepartie peut être qualifiable d'un impôt ou non. A ce propos, les théories fiscales semblent avoir tranché en faisant la distinction entre l'impôt, les taxes et assimilées. L'impôt se définit comme un prélèvement obligatoire sur les ressources des personnes physiques ou morales, sans contrepartie et servant à couvrir les dépenses de l'Etat et des collectivités locales[76]. La taxe pour sa part est affectée à une dépense spécifique, ce qui la différencie de l'impôt. Le paiement de la taxe au contraire implique une contrepartie pour les contribuables qui bénéficient d'un service ou d'un ouvrage public.

La nomenclature des recettes du Domaine de la Conservation Foncière de l'Enregistrement et du Timbre indique quatre types de prélèvements. Ils se décomposent de taxes et de redevances. **La taxe domaniale** est la somme acquittée par toute personne qui exploite ou demande à exploiter une ressource du Domaine. *Ces* Ressources peuvent être forestières, minières, pétrolières etc. Cette taxe est également la somme acquittée en contrepartie des activités de garantie des droits réels immobiliers comme l'immatriculation, la publication des actes au livre foncier, etc.

La Taxe d'immatriculation ou Droits d'inscription au livre foncier sont les droits perçus à titre de contribution aux frais généraux du service accompli en matière d'immatriculation. Ces droits sont calculés sur la base de la valeur vénale ou marchande, ou la valeur figurant dans les réquisitions d'immatriculation[77].**Quant à la Taxe de publicité foncière** ou Publicité générale, elle est perçue comme frais engagés pour l'accomplissement d'une formalité de constitution ou d'extinction d'un droit réel au livre foncier[78]. **La Taxe d'établissement du titre foncier** représente les frais de publication des ACD au livre foncier qui diffère du prix de cession. Elle est calculée sur la base de la

---

[76] www.cnrtl.fr/définition/impôt

[77] Délibération n°187-57 AT du 5 février 1958 modifiée par la loi n°79-1048 du 27 décembre 1979, annexe fiscale, article 6 ; loi n°81 – 150 du 27 février 1981, annexe fiscale, article 20

[78] Article 17 de la loi n°96-218 du 13 mars 1996 portant annexe fiscale de l'année 1996, voir CGI, Droits domaniaux et publicité foncière : texte 2 article 4, alinéa 2

Valeur vénale ou marchande du terrain[79]. Enfin **la formalité fusionnée** n'est pas une taxe mais une procédure intégrant les droits d'enregistrement et de publicité foncière[80].

6.1.3. Les activités en matière de gestion financière du domaine de l'Etat

L'occupation du domaine de l'Etat donne lieu au paiement d'une contrepartie financière dont la gestion incombe au Ministère du Budget et du Portefeuille de l'Etat, par l'entremise de la Direction du Domaine, de la Conservation Foncière, de l'Enregistrement et du Timbre (DDCFET), à la Direction générale des Impôts. Cette direction centrale est chargée d'assurer la gestion Financière du Domaine mobilier et immobilier de l'Etat[81]. La DDCFET et ses services extérieurs assurent la gestion et le recouvrement des Taxes domaniales, des Redevances domaniales et des Revenus du domaine.

✓ **Les Redevances**

La redevance domaniale est le prix payé à l'Etat par toute personne bénéficiaire d'un droit de jouissance sur un bien domanial. Les redevances obéissent à un principe fondamental qui est la liquidation par l'administration au vu du titre d'occupation et de la législation en vigueur.

- La redevance d'occupation de terrain industriel est le prix payé par tout attributaire d'un lot de terrains industriels relevant du domaine privé de l'Etat. Cette redevance n'est exigible qu'à raison de l'occupation des terrains attribués par le Ministre de l'Industrie sur proposition de l'AGEDI, en application du Décret n°2015-22 du 14 janvier 2015 relatif aux procédures et conditions d'occupation de terrains à usage industriel. Cette structure a été dissoute et remplacée

---

[79] Loi n°2002-156 du 15 mars 2002, annexe fiscale, article 36, voir CGI, Droits domaniaux et publicité foncière : texte 6 ; loi n°2003-206 du 07 juillet 2003, annexe fiscale, article 33.

[80] Article 17 de la loi n°96-218 du 13 mars 1996 portant annexe fiscale de l'année 1996, voir CGI, Droits domaniaux et publicité foncière : texte 2 article 4, alinéa 2

[81] Article 42 du Décret N° 2016-869 du 03 novembre 2016 portant organisation du Ministère auprès du Premier Ministre, chargé du Budget et du Portefeuille de l'Etat.

par la SOGEDI. La redevance industrielle est liquidée conformément au barème des montants de la redevance d'occupation des terrains industriels a été fixé à cet effet[82].

Tableau n°7 : Barème des redevances industrielles

BAREME DES REDEVANCES INDUSTRIELLES			
ZONE GEOGRAPHIQUE	**ZONES INDUSTRIELLES**	**TARIFS EN VIGUEUR (Francs CFA par M²)**	
		AUTRES SECTEURS	**SECTEUR BOIS**
ZONE A : District d'Abidjan	*Koumassi et Vridi / Port-bouet*	2.200	880
	Yopougon, pk 24 & Hors zone industrielle	2.000	800
ZONE B : Chefs-lieux de région-Bassam-Bonoua	*Zones industrielles et hors zones industrielles*	1.000	100
ZONE C : Autres localités	*Zones industrielles et hors zones industrielles*	100	100
FORMULE			
➢ ***Redevance industrielle = Superficie x Prix/m²***			

Source : Extrait des supports de formation de la DDCFET (2021)

Le paiement de la redevance s'effectue à la Recette du Domaine, de la Conservation Foncière, de l'Enregistrement et du Timbre du lieu de situation de la parcelle affectée à l'activité industrielle[83].

Paiement et exigibilité La redevance doit être acquittée en **04 quarts** au plus tard :	
10 mars	**10 Juin**
10 Septembre	**10 Décembre**

- Les Redevances d'occupation du domaine public : La redevance d'occupation du domaine public est le prix payé par tout attributaire

[82] Ordonnance n°2013-297 du 02 mai 2013 fixant le barème des montants de la redevance d'occupation des terrains industriels

[83] Décrets n°2013-463 du 19 juin 2013 et n°2015-810 du 18 décembre 2015 qui fixent le montant et les modalités de paiement de ladite redevance.

d'un lot de terrains du domaine public de l'Etat[84]. Distinction est faite entre les stations services et les autres occupants pour liquidation de la Redevance d'Occupation du Domaine Public.

Les stations-services : Les stations-services comportent deux catégories, notamment la Catégorie 1 relative à la fourniture exclusive de carburant et la Catégorie 2 portant sur la fourniture de carburant avec lavage et/ou graissage.

Tableau n°8 : Barème des redevances d'occupation du domaine public

BAREME DES REDEVANCES D'OCCUPATION DU DOMAINE PUBLIC		
LOCALITES	**CATEGORIES**	**TARIF**
ABIDJAN	1ère catégorie	60.000
	2ème catégorie	80.000
BOUAKE & YAMOUSSOUKRO	1ère catégorie	40.000
	2ème catégorie	60.000
AUTRES LOCALITES	1ère catégorie	30.000
	2ème catégorie	40.000

Source : Extrait des supports de formation de la DDCFET (2021)

Les autres occupants

A usage commercial ou résidentiel : au 1/20ème	*A usage agricole ou forestier (embarcadères, parcs à billes, etc) résidentiel : au 1/40ème*	*A usage sportif : au 1/50ème*
....de la valeur vénale des terrains telle qu'elle sera déterminée par une commission réglementaire.		
Minimum de perception = 5000 FCFA	*Minimum de perception = 1000 FCFA*	*Minimum de perception = 1000 FCFA*

- Les Redevances agricoles : Cette redevance est due à raison de l'occupation du domaine privé agricole de l'Etat concédée par le Ministère de l'Agriculture en milieu rural. Les tarifs sont de 500

84 Idem.

FCFA/ha /an et de 300 FCFA/ha /an si le locataire détient un Bail emphytéotique.

- Les Redevances touristiques : Le tarif de la redevance est fixé en fonction du rang de la zone touristique à aménager. A partir des critères ci-dessous indiqués, on dénombre quatre rangs.

Tableau n°9 : Tarif de la redevance touristique

LE TARIF DE LA REDEVANCE TOURISTIQUE	
Zones touristiques de rang 1 :	de 20 FCFA à 50 FCA/m²/an
Zones touristiques de rang 2 :	de 10 FCFA à 30 FCFA/m²/an
Zones touristiques de rang 3 :	de 8 FCFA à 15 FCA/m²/an
Zones touristiques de rang 4 :	de5 FCFA à 10 FCFA/m²/an

Source : Extrait des supports de formation de la DDCFET (2021)

✓ **Les Taxes**

La taxe domaniale est une somme acquittée par toute personne qui exploite ou demande à exploiter une ressource du domaine de l'Etat, notamment les ressources forestières, les ressources minières, et les ressources pétrolières etc.

- **Les Taxes forestières (**Articles 1097 et suivants du CGI)

Tableau n°10 : Coût et la date de paiement de la taxe forestière

Coût et date de paiement de la taxe forestière		
la taxe d'attribution du permis temporaire d'exploitation ;	***30 F CFA/hectare***	***31 mars 30 juin 30 septembre***
la taxe de renouvellement ;	***200 F CFA/hectare***	
la taxe de superficie.	***50 F CFA/hectare***	

Source : Extrait des supports de formation de la DDCFET (2021)

- Les Taxes minières : Ce sont les taxes perçues dans l'exercice des activités liées à la recherche et l'exploitation minière. Il s'agit des taxes d'exploitation ou d'extraction de substances de carrières dont le recouvrement est fait par la régie du Ministère des Mines[85], des Taxes ad valorem qui portent sur le Chiffre d'affaires après déduction des frais de transport et d'affinage. Il existe trois (03) régimes en ce qui concerne l'exploitation minière, à savoir le régime minier, Le régime d'exploitation artisanale et semi-industrielle, Le régime d'exploitation des carrières et autres autorisations. L'exercice des activités minières donne lieu au paiement des droits. La liquidation des taxes minières se fait suivant le tableau ci-après :

Tableau n°11 : Barème des tarifs des régimes miniers et du régime d'exploitation minière semi industrielle (1)

BAREME DES TARIFS REGIMES MINIERS ET REGIME D'EXPLOITATION MINIERE SEMI INDUSTRIELLE		
NATURE D'IMPOTS	**TARIF REGIME MINIER**	**REGIME D'EXPLOITATION MINIERE SEMI INDUSTRIELLE**
Droits fixes :	100.000 F à 10.000.000 F/an	*100.000 F à 1.000.000 F/an*
Redevances superficiaires :	Compris entre 1000 et 250.000 F/Km²/an	*15 000 F /ha / an*
Taxe d'exploitation (taxe ad valorem)	Taux de 1 à 6 % sur le chiffre d'affaires brut diminué des coûts d'affinage et de transport OU des coûts de traitement et d'emballage.	

Source : Extrait des supports de formation de la DDCFET (2021)

Tableau n°12 : Barème des tarifs des régimes miniers et du régime d'exploitation minière semi industrielle (2)

BAREME DES TARIFS REGIMES MINIERS ET REGIME D'EXPLOITATION MINIERE SEMI INDUSTRIELLE	
NATURE D'IMPOTS	**TARIF**
Droits fixes :	100.000 F à 3.000.000 F/an
Redevances superficiaires :	1.000 F à 15.000 F/an
Taxe d'exploitation (taxe ad valorem)	Entre 30 F/m³ et 250 F/m³ (Quantités produites)

[85] Ordonnance n°2014-148 du 26 mars 2014, Voir CGI, Code minier, redevances superficiaires et taxes proportionnelles.

Source : Extrait des supports de formation de la DDCFET (2021)

- **Revenus du domaine :** Les Revenus du domaine sont obtenus à raison de la cession d'un bien du domaine. Le prix de cession de terrain peut être défini comme la contrepartie financière que verse à l'Etat, tout attributaire d'un terrain urbain. Contrairement à la redevance, ce prix est acquitté de manière définitive. Le montant à acquitter est fonction de la superficie et du prix au m² tel que fixé par la commission de fixation des prix de cession et de location des terrains domaniaux[86].

Tableau n°13 : Barème des tarifs des prix de cession de terrain à Abidjan

COMMUNE	TARIF	COMMUNE	TARIF
Adjamé	*100 F à 400 F/m²*	*Attécoubé*	*200 F à 500 F /m²*
Treichville	*200 F à 1 500 F / m²*	*Abobo*	*50 F à 500 F/m²*
Plateau	*4 500 F à 6 000 F/m²*	*Yopougon*	*150 F à 300 F / m²*
Cocody	*100 F à 1 500 F /m²*	*Koumassi*	*30 F à 400 F / m²*
Marcory	*400 F à 1 200 F / m²*	*Port-Bouët*	*30 F à 1 200 F / m²*

Source : Extrait des supports de formation de la DDCFET (2021)

Tableau n°14 : Barème des tarifs des prix de cession de terrain à l'intérieur

SITUATION	TARIF
Les quartiers précaires et villages	100 F/m²
Les zones résidentielles et industrielles	350 F / m²
Les autres quartiers Entre :	100 et 350 F/m²

Source : Extrait des supports de formation de la DDCFET (2021)

[86] Arrêté 2164 du 09 juillet 1936 réglementant l'aliénation des terrains domaniaux en Côte d'Ivoire, modifié par l'arrêté n°83 D du 31 janvier 1938 ; loi n°64-485 du 21 décembre 1964, article 7 et Ordonnance n°2013-481 du 02 juillet 2013, article 6, voir CGI, Droits domaniaux et publicité foncière : texte 9)

6.1.4. L'enregistrement enmatière foncière : généralités, principes et activités

- **Les Généralités et principes sur l'enregistrement des actes**

La notion d'enregistrement ***CGI (Art. 444 à 804) :*** Dans la terminologie fiscale l'enregistrement se définit comme une formalité accomplie par un fonctionnaire public selon une analyse explicite ou implicite d'évènements juridiques et donnant lieu, le cas échéant à la perception d'un impôt appelé droits d'enregistrement. L'enregistrement en tant qu'activité fiscale de la Direction générale des impôts est à la fois une formalité et un impôt. Les droits d'enregistrement abordés dans le cadre de cette étude seront limités aux droits de mutation et les droits de société. Il s'agira spécifiquement des mutations à titre onéreux, qu'il faut fiscalement entendre par tout transfert de propriété ou d'un élément du droit de propriété moyennant une rémunération ou un prix. L'activité d'enregistrement des actes repose sur des principes généraux et est assortie de tarif à la charge des usagers clients.

- **Les principes généraux de l'enregistrement des actes**

Le Principe de la territorialité : Conformément au principe de la territorialité de l'impôt, les droits d'enregistrement ne sont exigibles en Côte d'Ivoire que sur les actes passés sur le territoire ivoirien et sur les biens qui y ont leur assise matérielle. Deux critères peuvent être retenus : Le lieu de passation des actes et La situation matérielle des biens.

Les principes de la mutation conditionnelle et de la propriété apparente : Selon ce principe, l'apport en nature d'un bien dans le cadre du contrat de société ne s'analyse pas au plan fiscal comme une mutation définitive. Lorsqu'à la liquidation de la société une tierce personne reprend ce bien, on considère qu'il y a vente de l'apporteur (vendeur) à l'attributaire (acheteur). Toute personne qui apparaît comme propriétaire d'un bien dans un acte translatif de propriété doit être considérée comme telle. Ce principe permet à l'administration de réclamer le droit de mutation en cas de changement dans la propriété apparente.

Les principes de dispositions indépendantes et dépendantes : Dans un acte, s'il apparaît des dispositions indépendantes les unes des autres, il n'est pas exclu que les droits proportionnels se cumulent. Lorsqu'il existe une corrélation entre les différentes dispositions d'un acte (exemple : augmentation de capital accompagnée de la cession des actions reçues en contrepartie) le droit le plus élevé de celles-ci est exigible.

Les principes de l'indivisibilité et du paiement intégral des droits : Il n'est pas possible aux parties de limiter l'enregistrement de leur acte à une partie uniquement de celui-ci et demander de ce fait un paiement partiel des droits qui en découlent. Aucune formalité n'est accomplie si la totalité des droits n'a pas été préalablement acquittée.

Le principe de la période de non négociabilité : pendant la période de non négociabilité qui est de 3 ans à compter de la constitution pour les SARL et 2 ans pour les SA, les cessions de titres sociaux sont considérées non pas comme des cessions de simples titres sociaux mais celles des biens auxquelles ils se rapportent.

- **Le tarit de l'enregistrement des actes**

Droits de mutation

<u>Tableau n°15 :</u> Récapitulatif des opérations et droits dus pour la mutation onéreuse

DROITS DE MUTATION			
RECAPITULATIF DES OPERATIONS ET DROITS DUS			
N°	OPERATIONS	BASE D'IMPOSITION	TARIF APPLICABLE
1	***Vente d'immeubles***	*Prix de l'immeuble*	*4%*
2	***Plus-value de cession***	*Valeur forfaitaire de 20% du prix de vente ou cession*	*15%*
3	***Location-vente-immobilière***	*Coût définitif de l'immeuble*	*Droit fixe de 18.000F et droit proportionnel à la réalisation*
4	***Vente de meuble***		*Droit fixe de 18.000F*

5	***Cession de fonds de commerce***	*Prix de l'achalandage*	*10%*
6	***Bail***	*Montant du bail*	*2.5%*
7	***Echange d'immeuble***		

Source : Extrait des supports de formation de la DDCFET (2021)

Droits dus à la constitution des sociétés

Tableau n°16 : Récapitulatif des opérations et droits dus au moment de la constitution des sociétés

DROITS DES SOCIETES AU MOMENT DE LEUR CREATION			
TABLEAU RECAPITULATIF DES OPERATIONS ET DROITS DUS			
N°	OPERATIONS	BASE D'IMPOSITION	TARIF APPLICABLE
1	***Apport pur et simple***	*Apports de toute nature*	*0,3% et/ou 0,1% selon le montant*
2	***Apport à titre onéreux***	*Apports de toute nature*	*Tarifs de vente selon le bien*
3	***Apport mixte***	*Apports de toute nature*	*Tarif 1 + tarif 2*

Source : Extrait des supports de formation de la DDCFET (2021)

Droits dus au cours de l'existence de la société

Tableau n°17 : Récapitulatif des opérations et droits dus au de l'existence de la société

DROITS DES SOCIETES AU COURS DE LEUR EXISTENCE			
TABLEAU RECAPITULATIF DES OPERATIONS ET DROITS DUS			
N°	OPERATIONS	BASE D'IMPOSITION	TARIF APPLICABLE
1	***Augmentation de capital (AN ou IR)***	*Apports de toute nature*	*0,3% et/ou 0,1%; 6%*
2	***réduction de capital (pertes/ remb)***	*Néant/ montant remboursement*	*Droit fixe 18 000/ 1% (partage)*
3	***Prorogation de société/après durée p***	*Actif net*	*0,3%et/ou 0,1% / 10%(vente)*
4	***Changement type juridique (prévu ou non)***	*Néant/ apports de toute nature*	*18 000 / 0,3% et ou 0,1%*
5	***Cession de parts sociales ou actions***	*Valeur des parts ou prix de vente*	*1%*
6	***Cession de parts d'intérêt***	*Valeur des biens ou prix de vente*	*4% et ou 3%*

Source : Extrait des supports de formation de la DDCFET (2021)

Droits relatifs à la dissolution et au partage de société

<u>Tableau n°18 :</u> Récapitulatif des opérations et droits dus au moment de la dissolution des sociétés

DROITS DES SOCIETES AU MOMENT DELA DISSOLUTION ET AU PARTAGE			
TABLEAU RECAPITULATIF DES OPERATIONS ET DROITS DUS			
N°	OPERATIONS	BASE D'IMPOSITION	TARIF APPLICABLE
1	***Dissolution de sociétés***	*Néant*	*18 000 F*
2	***Dissolution cession à un tiers***	*Montant des biens cédés*	*1%*
3	***Liquidation (après)***	*Valeur de l'indivision*	*1%*
4	***Partage pur et simple***	*Actif net à partager*	*1%*
5	***Partage avec soulte***	*Actif net et montant de la soulte*	*1% et tarif de vente selon le bien*
6	***Cession de parts d'intérêt***	*Valeur des biens ou prix de vente*	*4% et ou 3%*

<u>Source :</u> Extrait des supports de formation de la DDCFET (2021)

- **Les activités opérationnelles spécifiques en matière d'enregistrement**

L'activité d'enregistrement relève de la compétence du chef du bureau du domaine de l'enregistrement et du timbre. Elle porte sur l'analyse des actes soumis à l'enregistrement. Lesdits actes après réception au guichet courrier sont transmis au Bureau sous forme d'un dossier. Au cours de l'instruction du dossier, l'agent communique après examen les droits à acquitter à l'usager. Lorsque le requérant s'acquitte des droits, alors l'acte est formalisé par le chef de bureau et les autres signataires. Logiquement la formalisation d'un acte dans le cadre de l'enregistrement ne doit excéder 48 heures.

Un panorama des actes d'enregistrement peut être dressé en fonction des Conservations Foncières. Cela dépend aussi de l'extensibilité du ressort territorial en matière de mise à disposition de terrains nus. Dans les régions dites finies, où il y a beaucoup plus d'activités commerciales comme les Conservations du Plateau, Marcory et Treichville, les actes de sociétés, notamment les actes de création de société, augmentation de capital, les actes de banques, les baux, les cessions de fonds de commerce constituent essentiellement la matière fiscale. Les autres régions à l'image des Conservations de Cocody, Riviera, Bingerville, les actes légions sont les ventes immobilières sur les terrains nus comme terrains bâtis.

Le pilotage d'un Bureau du domaine de l'enregistrement exige du Chef une certaine promptitude à l'application stricte des textes. C'est dans ce canevas que des cessions de formations, des rencontres et échanges périodiques sont initiées avec pour objectif principal d'enrichir les responsables par des retours d'expérience et uniformiser les pratiques dans les services opérationnels. Les services centraux aident les services régionaux à la constitution et l'assainissement des fichiers de contribuables afin d'améliorer de façon significative le rendement fiscal. L'actualisation des fichiers se fait en collaboration avec la Direction du cadastre, la Direction des Opération d'Assiette et tous les services en charge de la gestion des impôts divers.

Plusieurs réformes en matière d'enregistrement ont été entreprises durant ces 3 dernières années. Il s'agit de :

- L'extension du champ d'application de la taxation d'office au droit d'enregistrement et du timbre ;

- L'institution d'un délai de 48 heures pour les dépôts des actes notariés à l'enregistrement ;

- L'extension du champ d'application de l'obligation d'enregistrement aux procès-verbaux d'assemblée des sociétés ;

- L'instauration d'une triple signature en matière d'enregistrement pour consolider les droits des requérants.

6.2. LES OUTILS DE LA CONSERVATION FONCIERE : Typologie et Gestion

6.1.5. Typologie des outils physiques

Les outils de travail sont pluriels et multiformes. Ils peuvent se regrouper en deux catégories : ce sont les dossiers et les registres.

- **Les dossiers physiques**

Un dossier est un ensemble de pièces relatives à un bien immeuble (dossier foncier) ou à une opération (dossier fiscal). La typologie des dossiers est déterminée par la nature des objectifs poursuivis. Ainsi distingue-t-on les dossiers fonciers des dossiers fiscaux.

Les dossiers fonciers : Les dossiers fonciers regroupent l'ensemble des actes relatifs à la vie juridique des parcelles, référence faite au Titre foncier, aux Titres de propriété (ACD - CMPF), les Bordereaux analytiques, les Titres d'occupation, (Lettre d'attribution –bail emphytéotique) …et de façon générale, toutes les copies des actes de toutes natures portant sur un bien immobilier, notamment (les actes d'Hypothèque – Usufruit – Vente – Donation – Etc.) En ce qui concerne le dossier de titre foncier, l'Art. 13 du décret foncier 1932 stipule qu'à chaque titre foncier correspond dans les archives de la Conservation Foncière, un dossier qui comprend les pièces suivantes :

- Les pièces de la procédure d'immatriculation ;
- Le plan définitif de l'immeuble ;
- La série des bordereaux analytiques successivement établis ;
- Les actes et pièces analysés.

Le dossier de titre foncier est le dossier principal dans le processus d'archivage des actes à la Conservation Foncière. Il existe d'autre types de dossiers qui concourent à la création du titre foncier ou servent à retracer et conserver les pièces au cours de la procédure de publication des actes de la vie juridique du titre foncier. Il s'agit d'une part des dossiers d'immatriculation, de morcellement et d'autre part des dossiers d'instance. La présence de ces dossiers dans le titre foncier permet d'informer les intéressés sur les différentes procédures ayant impactées la vie juridique du titre foncier ainsi que les conséquences fiscales possibles à en tirer.

Les dossiers fiscaux : Ces types de dossiers regroupent l'ensemble des informations relatives aux obligations fiscales, aux actes enregistrés et aux diverses correspondances. Ces actes et obligations portent sur les droits d'enregistrement, les taxes domaniales, les revenus du domaine et les droits de timbre. Généralement, les dossiers fiscaux consignent toutes les copies des actes de toutes natures relatifs aux droits (actes enregistrés- avis d'imposition – quittances de paiement- etc.). En plus des dossiers, les services de conservation foncière comme d'ailleurs tous les services publics font nécessairement usage de registres physiques. Les registres fonciers conservent une certaine particularité par rapport aux registres des autres administrations publiques.

- **Les registres**

Un registre est avant tout un gros livre où l'on écrit les actes et les affaires de chaque jour dans un service donné. À la conservation foncière, le registre est un cahier public côté et paraphé par le Président du tribunal et destiné à inscrire tous les évènements relatifs à un bien immeuble. Le registre de la conservation foncière permet de répertorier l'assiette des droits et taxes en matière de domaine et de droits d'enregistrement. Ce répertoire peut ne pas avoir été côté, ni paraphé par le Président du tribunal. En général, le registre est destiné à assurer la traçabilité de certaines informations et à en assurer un meilleur suivi tout en ayant connaissance de la chronologie de leur survenance au sein du service.

Registre de Livre Foncier : Le registre du livre foncier est un volume affecté à raison de chaque feuillet ouvert par immeuble, à l'enregistrement spécial prévu à l'article 3 du décret foncier de 1932 sous le nom d'immatriculation et à l'inscription ultérieure des droits réels soumis à la publicité. L'ensemble des mentions consignées sur le livre foncier constitue le titre foncier.

Registre d'ordre des formalités préalables à l'immatriculation : Ce sont des registres tenus pour la suite de la procédure d'immatriculation. Comme son nom l'indique, c'est le registre dans lequel sont mentionnées toutes les étapes préalables à l'immatriculation.

Registre des oppositions à l'immatriculation : C'est le registre dans lequel sont mentionnées toutes les oppositions faites par des tiers lors de la procédure d'immatriculation. Il sert au conservateur dans sa tentative de règlement amiable et au juge lorsque l'affaire est portée devant le Tribunal.

Registre des dépôts de création (Immatriculation- morcellement-fusion)

Registre des dépôts AD et Registre de dépôt publicité : Les registres des dépôts des actes à inscrire sont arrêtés, chaque jour, par le Conservateur, à l'heure de la fermeture des bureaux. Ils font mention d'un acte au dépôt, donne date certaine et rang de l'inscription sur le titre foncier. Le registre des dépôts est tenu en double exemplaire et dès l'achèvement, l'un des registres est transmis aux dépôts des archives organisées. Il existe également le répertoire des titulaires de droits réels et la table par bulletin mobile dudit répertoire servant à la communication des renseignements fonciers au public. Ce registre n'est pas à notre connaissance actuellement tenu dans les services.

Le registre des dépôts des actes à inscrire détermine l'ordre dans lequel sont effectuées les formalités sur le livre foncier. Ce document essentiel est le premier instrument légal de la garantie apportée par les services de la CPFH au droit du demandeur. La mention des éléments du dossier sur le registre des dépôts confère date certaine de publication et le rang dans lequel l'acte sera publié sur le livre foncier. On distingue le dépôt des dossiers de morcellement (dépôt-DM), le dépôt des arrêtés domaniaux (dépôt-AD) et le dépôt publicité générale (dépôt-publicité). Tous ces registres annexes sont côtés et paraphés par le tribunal de première instance avant leur usage. Ils sont également arrêtés au jour le jour. Moins usités que les registres ci-dessus visés, mais indispensables au service public de garantie des droits réels immobiliers, sont les deux registres ci-après :

- Registre de Diminution
- Registre des hypothèques maritimes

Registre de l'enregistrement

- Registre des actes notariés
- Registre des actes sous seing privé
- Registre des actes judiciaires et extra-judiciaires
- Registre des actes de banques
- Registre des marchés publics

Registre des domaines concerne les sommiers des redevances d'occupations domaniales.

Autres registres

- Registre de retrait des actes soumis à la formalité d'enregistrement
- Registre courrier-arrivée
- Registre départ
- Registre de transmission

L'entretien et le renouvellement des outils de travail relève de la responsabilité du Conservateur. Les livres fonciers, registres, dossiers, répertoires et tous les autres documents utiles à l'exercice des activités du service sont sous la garde du Conservateur. Il se doit de prendre toutes les dispositions nécessaires pour préserver ces archives contre toute forme de dégradation et détérioration. Il peut prendre de ce fait et au besoin des mesures pour l'assainissement et la désinfection des locaux occupés par les bureaux.

6.1.6. Les techniques de gestion des outils physiques

Les techniques de gestion des outils font référence aux règles métiers usitées par les services de la Conservation de la Propriété Foncière et des Hypothèques pour accomplir les tâches respectives. Ces techniques se réfèrent aux critères et règles qui permettent de créer les bonnes conditions afin d'offrir des prestations de qualités aux contribuables clients en l'occurrence les demandeurs d'actes pour sécuriser leurs droits fonciers. Ainsi, les règles qui encadrent la manipulation des dossiers, proscrivent tout grattage, surcharge, interligne et rature. Elles prescrivent l'exécution des formalités requises à la main, à l'encre noire fixe à l'exception de la copie de certificat qui peut être établi à la machine. Ces techniques portent d'une part sur la maitrise du dossier et d'autre part sur la tenue des registres.

- **La maitrise du dossier du contribuable**

La technique utilisée pour une meilleure gestion des dossiers est dénommée, la technique de la « Maitrise du dossier du contribuable ». C'est d'abord une situation établissant l'aptitude d'un service fiscal à administrer un dossier, conformément aux normes professionnelles (Processus métiers). La pratique professionnelle du métier de Conservation Foncière a permis de développer au fil du temps chez les agents des aptitudes que traduisent des comportements observables. Ce gage d'expériences a été converti en technicité dont les éléments de base sont la capacité à identifier rapidement un dossier, connaitre son historique, suivre le traitement, évaluer la situation des paiements.

La maitrise du dossier est un réflexe d'évaluation des enjeux du dossier et de respect des normes de traitement. Enfin, il s'agit pour l'agent de déterminer de façon optimale l'assiette des droits dus sur ce dossier. La mise en œuvre des règles de manutention des dossiers de contribuable peut être un puissant outil de qualité et d'efficacité du service. Les avantages de la maitrise des dossiers peuvent se réaliser à plusieurs niveaux.

Cette maitrise joue un rôle essentiel pour l'agent dans le cadre de la planification stratégique de son travail. Elle lui permet d'anticiper sur la réalisation des objectifs fiscaux et de faire une programmation des activités de contrôles. Cette maîtrise développe chez l'agent la capacité de supervision, c'est-à-dire d'avoir une vue d'ensemble et en temps réels des tâches et des travaux accomplis par le collaborateur. Un agent qui maîtrise un dossier peut également est capable d'évaluer le potentiel fiscal, d'assainir le ficher des contribuables, de faire la mise à jour, de déterminer le réel potentiel fiscal d'un périmètre foncier.

Elle sert au plan tactique à assurer le suivi de proximité, c'est-à-dire être capable de situer la position d'un dossier et en temps réels dans le circuit de traitement de la requête. Elle permet de faire respecter les processus et les délais, connaitre la productivité des agents, assurer un meilleur archivage et de gérer les contentieux de façon qualitative.

La maitrise des dossiers sert à mener les travaux d'assiette, c'est-à-dire de l'élargir ou l'optimiser. Elle permet par exemple au Receveur d'effectuer le recouvrement des recettes fiscales et au service compétent d'exercer un contrôle aussi bien sur les taxes recouvrées que les taxes liquidées. Elle développe chez l'agent les aptitudes de contrôle sur le traitement des actes ainsi que leurs implications fiscales.

- **La tenue des registres : règles et avantages**

La tenue des registres est la deuxième technique de manutention des livres et des documents annexes. C'est une activité qui consiste à y inscrire sans interruption, ni ratures, ni surcharge des mentions sur les registres de la Conservation Foncière. Ainsi toutes les situations ou les évènements susceptibles de créer, modifier ou éteindre les droits réels contenus dans les actes et soumis aux formalités de la conservation foncière doivent transparaître dans ces registres de manière à lever toute équivoque sur la fiabilité desdites mentions. Une bonne tenue des registres se caractérise par la qualité de leur conservation. Toutes ces exigences dénotent du caractère sacré des registres fonciers et autres documents de la Conservation Foncière.

Les registres servent également de support à la planification stratégique. La bonne tenue des registres permet de faire des projections sur les données foncières à moyen ou long terme. La bonne manière de tenir le registre renforce la crédibilité institutionnelle des CPFH. Elle favorise le suivi et l'évaluation des inscriptions et assure la qualité juridique des actes conservés. La bonne tenue des registres garde preuve des formalités ainsi que du paiement des impôts droits et taxes. Elle permet de garantir la traçabilité de la vie juridique d'un bien immeuble.

6.1.7. Les outils numériques et électroniques

La Direction générale des Impôts a entrepris depuis 2006, à la suite de la déconcentration des services de Conservation Foncière de mettre en place un Livre foncier électronique. Cet instrument de modernisation des activités d'immatriculation des terres et de publicité foncière vise à améliorer de façon significative le système de conservation des droits fonciers. Il est au cœur de la réforme pour la sécurisation des droits fonciers et de la célérité dans les transactions foncières.

- **Le livre foncier électronique : Cadre juridique et organique du life**

Le livre foncier électronique a été créé par l'article 36 de l'annexe fiscale à la loi de finances pour la gestion 2006 en tant que version électronique du Livre foncier registre. Il a fallu attendre 9 ans pour que le Livre Foncier Electronique soit créé et devienne un outil ayant exactement la même valeur juridique que le livre foncier registre[87]. Mais avant d'y parvenir, il a fallu améliorer, deux ans plus tôt, le cadre juridique par la prise de lois relatives aux données et transactions électroniques. Ce sont :

- La loi N°2013-450 du 19 juin 2013 relative à la protection des données à caractère personnel ;

- La loi N°2013-451 du 19 juin 2013 relative à la lutte contre la cybercriminalité ;

- La loi N°2013-546 du 30 juillet 2013 relative aux transactions électroniques.

S'agissant du cadre organique, c'est le décret portant organisation du Secrétariat d'Etat auprès du Premier Ministre chargé du Budget et du Portefeuille de l'Etat qui créé la Conservation Centrale du Livre Foncier Electronique. Cette structure a la charge de dématérialiser l'accomplissement des activités de Conservation Foncière pour parvenir à l'usage unique du Livre foncier électronique.

- Les Fonctions du livre foncier électronique :

Le Livre foncier électronique (LIFE), est un système automatisé de données numériques destiné à l'immatriculation des immeubles, à la publicité des droits réels et à la communication de l'information juridique sur lesdits immeubles. Le LIFE apparaît de fait comme un instrument en construction et qui est destiné à permettre aux agents des services de Conservation de la Propriété Foncière et des Hypothèques

87 L'ordonnance n°2015-208 du 24 mars 2015 portant création du livre foncier électronique et le décret N°2015-883 du 23 décembre 2015 déterminant les modalités d'application de l'ordonnance précitée.

d'accomplir, désormais de façon dématérialisée et avec célérité toutes leurs activités. Il est irréversiblement appelé à se substituer de façon complète et définitive au système registre (physique) ancien qui a eu cours jusqu'en 2006 et qui s'est depuis lors mué en un système hybride (physique et dématérialisé).

Les fonctionnalités : Le LIFE est un outil technologique qui comporte une base de données fiables, des applicatifs de gestion intégrale des procédures d'accomplissement des formalités requises au sein des services de conservation foncière et des modules de communication externe. Débutée en 2002 par la transcription des données des registres fonciers, à ce jour, la totalité des titres fonciers des vingt-neuf services de Conservation de la Propriété Foncière et des Hypothèques du pays sont enregistrés au LIFE. De plus, tous les titres fonciers ont fait l'objet de certification. Le LIFE dispose d'applicatifs pour la gestion des procédures de création des titres fonciers et de publication des droits réels. Le LIFE est conçu pour permettre la télé-publication, le télépaiement, les notifications personnalisées et la consultation à distance. A ce stade de son développement, le livre foncier n'offre la possibilité qu'aux utilisateurs de consulter à distance et en temps réels des droits réels immobiliers.

La configuration du livre foncier électronique : La cartographie applicative usitée par la Direction du Domaine, de la Conservation foncière, de l'enregistrement et du Timbre (DDCFET) pour l'accomplissement de ses missions est constituée des applications LIFE, LEA et GERA. Ce sont ces trois applications que les agents de la DDCFET utilisent pour exécuter leurs tâches quotidiennes. Certaines données du LIFE relatives aux titres fonciers dits certifiés sont déversés sur la plateforme de Consultation à distance du LIFE. Cette cartographie se décline suivant le tableau ci-après.

<u>Tableau n°19 :</u> Configuration du livre foncier électronique

Désignation de l'application	Fonctionnalités de l'application
Progiciel CONSERVATION FONCIERE	Cette application gère l'immatriculation des terrains et la création de titre foncier. Elle

	permet aussi le traitement des dossiers liés à la vie juridique du titre foncier.
LEA (Logiciel pour l'Enregistrement des Actes)	Cette application permet l'enregistrement des actes (contrat de bail, statuts de sociétés, acte de vente…).
GERA (Gestion Assiette Recette)	Cette application établit la liaison entre l'assiette et la recette. Elle permet l'édition des ordres de recette au niveau de l'assiette et leur paiement à la recette.
Consultation à distance du **LIFE**	Cette application permet la consultation via un site Web des titres fonciers. L'usager s'enregistre à partir d'Internet. Les administrateurs lui fournissent (login/mot de passe ou login/mot de passe/code supplémentaire). Les comptes sont crédités après rechargement. Les usagers accèdent au portail ***pour consulter l'état des droits réels (états et historiques fonciers)***

Source : Extrait des supports de formation de la DDCFET (2021)

Chapitre 7

REFORMES EN GESTION FONCIERE ET ETAT DES LIEUX DES SERVICES

7.1. REFORMES ENTREPRISES EN MATIERE DE GESTION FONCIERE

Dans le cadre de sa politique de gestion de ses services fonciers, le Ministère du Budget et du Portefeuille de l'Etat en tant que tutelle administrative donne des orientations stratégiques générales. La Direction Générale des Impôts à travers la Direction du Domaine de la Conservation Foncière de l'Enregistrement et du Timbre, dans son management quotidien opérationnalise ces orientations au sein des services de Conservation Foncière.

7.1.1. **Les réformes foncières et techniques**

La politique de gestion des services fonciers par le Ministère en charge du Budget à partir des années 2000 s'est orientée stratégiquement vers la simplification de la procédure de délivrance des titres fonciers. A partir de 2011, l'administration fiscale et foncière a mis un accent particulier sur l'informatisation du livre foncier et entrepris des réformes en matière de transfert de propriété dans le cadre de l'assainissement de l'environnement des affaires.

7.1.1.1. La simplification de la procédure de délivrance des titres fonciers

La sécurisation des parcelles urbaines jusque dans les années 2000 reposait sur les procédures domaniales et foncières édictées en 1971. Cette procédure subordonnait l'accès à la propriété foncière urbaine et rurale à l'obtention d'une série d'actes successifs débutant par la lettre d'attribution et s'achevant par l'Arrêté de Concession Définitive après l'obtention de l'Arrêté de Concession Provisoire (ACP), la mise en valeur et le constat de mise en valeur dûment signé par les autorités compétentes. En dépit de cette procédure légale, le Gouvernement d'alors a noté que plusieurs acquéreurs de terrains urbains peinaient à accéder à la pleine propriété. L'obtention d'un Arrêté de Concession Définitive sur un terrain urbain était devenue un véritable parcours de combattant. Les plus chanceux arrivaient à se faire délivrer un ACP. Ceux qui réussissaient contre vents et marrées à mettre en valeur leurs parcelles rencontraient d'énormes difficultés pour se faire établir le fameux document de constat de mise en valeur. En clair, des usagers passaient souvent l'entièreté de leur vie à la recherche du précieux titre de propriété définitive qui était l'Arrêté de Concession Définitive « ancienne formule ».

Au-delà, des difficultés qu'éprouvaient les contribuables clients à rentrer en possession de leur titre définitif de propriété, l'Etat de Côte d'Ivoire observait un manque considérable à gagner au niveau des recettes fiscales en termes de prix de cession et taxe de publicité foncière. L'administration fiscale se trouvait ainsi privée de recettes fiscales indéniables pour alimenter le budget de l'Etat. Cela compromettait l'émergence d'un marché hypothécaire, instrument de dynamisation du marché immobilier et de développement économique. La situation était d'autant plus préoccupante que, l'année 2002 a été marquée par une crise politique, militaro civile qui obligeait les autorités budgétaires à compter sur la mobilisation des ressources internes en raison des restrictions économiques internationales.

Quelques aménagements techniques en date de 2001 ont vu la création par arrêté de la commission interministérielle pour la régularisation des titres fonciers qui devrait faciliter l'accès à la propriété des terrains urbains aux détenteurs de lettre d'attribution et d'ACP. Malgré la mise en place de cette commission, la procédure demeurait toujours longue et complexe et la collaboration encore plus difficile entre les acteurs de la chaine foncière notamment le Ministère de la construction et le Ministère en charge du budget. Ce climat de rapport de force entre administrations foncières a contribué davantage à décourager les propriétaires qui hésitaient à engager les formalités requises pour l'obtention des titres fonciers. Pis, le Ministère en charge de la Construction a continué par-dessus tout à pratiquer les retrait-attributions de parcelles souvent sans mise en demeure préalable en violation des règles en vigueur. Ce qui a favorisé les doubles attributions de parcelle et multiplié les conflits fonciers urbains. Eu égard à tous ces facteurs, la nécessité d'une réforme profonde s'imposait.

C'est ainsi que les gouvernants ont entrepris en 2002 la réforme[88] de l'accès à la propriété des terrains urbains par la simplification des formalités à accomplir pour la création de titre foncier à travers la réduction des coûts et la célérité dans la délivrance des titres de propriété. Cette réforme disposait que les titres fonciers relatifs aux terrains urbains situés à l'intérieur d'un lotissement approuvé, préalablement crées au nom de l'Etat, étaient transférés directement au profit des acquéreurs, sous les réserves suivantes :

- Paiement préalable par l'acquéreur, à la recette des domaines du prix de vente du terrain ;

- Paiement d'une taxe d'établissement du titre foncier (10%) et d'une taxe de conservation foncière de (5%), calculées sur la base de la valeur vénale du terrain concerné ;

- La demande se décompose d'une fiche d'informations, soit d'un exemplaire de l'arrêté de concession provisoire ou de l'acte administratif de vente, soit de l'original de la lettre d'attribution établie après l'entrée en vigueur de la présente loi ;

- Les terrains non détenus en pleine propriété ne peuvent être cédés, et tout acte rédigé en violation de cette obligation est de nullité absoluc.

- La copie du titre foncier est supprimée et remplacée par un certificat de propriété délivré sur la demande formulée par le propriétaire, contre paiement d'un droit de recherche de 15.000F.

À titre transitoire, les détenteurs des lettres d'attribution délivrées avant l'entrée en vigueur de cette loi devraient préalablement obtenir l'arrêté de concession provisoire ou tout autre document en tenant lieu. Pour faciliter le paiement des droits dus la loi n°2003-2006 du 7 juillet 2003 a institué un abattement sur les droits à payer pour l'inscription en pleine propriété (annexe fiscale 2002 : la loi du 15 mars 2002). La réforme prévoyait donc un abattement de 40% sur les droits dus pour tous les acquéreurs et en ce qui concerne les sociétés civiles immobilières, il y avait un abattement de 25% sur la superficie globale déclarée. La mise en œuvre de cette réforme avait suscité un vif

[88] L'article 36 de l'annexe fiscale à la loi de finances pour la gestion de 2002

engouement auprès des populations. La demande de création de titre foncier dans cette période a connu un regain d'intérêt et a contribué à booster le marché foncier urbain en témoignent les chiffres réalisés sur la période. Lorsque le nombre de titres fonciers a connu une hausse, le Ministère en charge du Budget a envisagé l'informatisation du livre foncier pour rendre les services fonciers de qualité et plus efficaces.

7.1.1.2. L'informatisation des services de la DGI pour la célérité dans la délivrance des actes

La création du livre foncier électronique est un axe stratégique de la politique d'informatisation des services de la Direction Générale des Impôts entreprise depuis les années 2000. Elle constitue également un pan important de la mise œuvre de la politique globale de sécurisation foncière. Les exigences de qualité pour la satisfaction des besoins des contribuables clients et l'efficacité des services de la DGI ont amené les dirigeants à concevoir des programmes informatiques pour la réalisation des opérations fiscales. En matière de conservation foncière, les managers ont mis en place un programme dédié à l'opération titre foncier. Ledit programme sera plus tard converti en un programme Conservation Foncière accessible par le biais d'un onglet. Lorsque le programme est mis en production, alors il était question d'envisager le sort à réserver aux importantes données juridiques générées.

Avec la forte demande de création de titres fonciers du fait de l'opération titre foncier et la multiplication des transactions immobilières par le biais des mutations immobilières, le livre foncier physique n'a jamais autant subi de manipulation physique dans l'histoire foncière de la Côte d'Ivoire. La conservation des registres et des dossiers physiques posait problème tant était-il que le flux de documents et d'informations qui circulaient dans les services de la Conservation Foncière n'a cessé de croitre. Les services se sont trouvés exigus, le matériel obsolète et les ressources humaines insuffisantes. Cette atmosphère de travail presque délétère mettait en danger les inscriptions foncières et la crédibilité du livre foncier. La Direction Générale des Impôts voulait aussi faire sa mue et se mettre au diapason de la numérisation et des opérations dématérialisées qui caractérisent les grandes et modernes économies. D'où la nécessité de mettre en place une version électronique du livre foncier. L'astuce administrative trouvée est la transcription en version électronique des registres physiques pour assurer une pérennisation des écritures et anticiper sur d'éventuelles destructions ou dégradation presqu'imminente des registres physiques dont une partie totalisait déjà plus de 100 années d'existence.

Le livre foncier électronique de Côte d'Ivoire a été conçu comme un système automatisé de données numériques destinées à l'immatriculation des immeubles, à la publicité des droits réels et à la communication de l'information juridique sur lesdits immeubles[89]. Ce livre électronique a la même valeur juridique que livre foncier physique. Le livre foncier électronique centralise les données relatives aux opérations d'immatriculation et de publicité des droits réels effectuées par l'ensemble des conservations foncières sur le territoire national. Il génère les titres fonciers électroniques affectés aux immeubles faisant l'objet d'immatriculation, de morcellement et de fusion[90]. Le livre foncier électronique est rattaché à la Conservation Centrale du Livre Foncier Electronique créée à cet effet.

L'informatisation initiée par la Direction Générale des Impôts dans le but de dématérialiser les procédures s'est transformée aujourd'hui en un projet d'envergure de conception et réalisation d'un système information, dénommé Système Intégré de Gestion des Impôts en Côte d'Ivoire (SIGICI). Ce système ne se contente pas que de procédures dématérialisées mais il met à la disposition des contribuables des prestations et des actes en ligne à travers des télés services fiscaux, aussi bien au niveau des déclarations fiscales que du recouvrement. Avec le succès rencontré par le déploiement du premier module du SIGICI, la Direction Générale des Impôts a prévu l'extension du SIGICI à tous les compartiments de ses activités. C'est ainsi que l'opérateur s'active désormais à concevoir et déployer le volet gestion de la fiscalité immobilière (SIGEFIM) qui prend en compte les activités de la Conservation Foncière et du Cadastre. Le nouveau système de gestion de la fiscalité mobilière et immobilière est prévu pour être déployée dans le courant de l'année 2022. Il s'agit d'un instrument de sécurisation juridique et financière des droits réels immobiliers et un outil de prise de décision au service de l'administration fiscale.

---

[89] Article 2 & 3 de l'ordonnance n°2015-208 du 24 mars 2015 portant création du livre foncier électronique.

[90] Article 3 du Décret n°2015-883 du 23 décembre 2015 déterminant les modalités d'application de l'ordonnance n°2015-208 du 24 mars 2015 portant création du livre foncier électronique.

7.1.1.3. La facilitation du transfert de propriété

Le second axe stratégique majeur sur lequel tablent les autorités foncières ivoiriennes notamment le Ministère du budget est nécessairement l'indicateur transfert de propriété dans le cadre du Doing Business. La Côte d'Ivoire, nous le savons, a souscrit à l'ouverture économique. Ce postulat libéral fait la promotion de l'initiative privée et mise sur la ruée de l'investissement direct étranger par des mesures de réformes visant à rendre attractif l'environnement des affaires. À cette fin, la Côte d'Ivoire s'est inscrite dans la compétition internationale au programme Doing Business (DB). Piloter par la Banque Mondiale, le DB se préoccupe de classer les économies mondiales en rapport avec les standards internationaux à partir des indicateurs dont le transfert de propriété. Depuis 2002, la Côte d'Ivoire essaie de se conformer aux normes internationales en matière de transfert de propriété pour espérer décrocher un rang honorable dans le classement Doing Business et attirer davantage d'investissements.

Les autorités ivoiriennes considèrent que l'assainissement du climat des affaires en Côte d'Ivoire, peut permettre d'ériger ce pays au rang des économies les plus compétitives au monde. La Conservation Foncière en tant que service du Ministère du budget est mise à rude contribution en ce qui concerne l'indicateur transfert de propriété sur le volet sécurisation des transactions foncières pour faciliter l'accès à la propriété foncière et l'accès au crédit auprès des institutions bancaires. La Conservation Foncière est attendue pour proposer des réformes pouvant accélérer la délivrance des titres fonciers. Elle doit également jouer un rôle essentiel dans l'amélioration de la gestion du contentieux foncier. Pour parvenir à hisser la Côte d'Ivoire au classement Doing business dans le top 50 des économies, les mesures de réformes à entreprendre par le Ministère du Budget devront s'articuler autour des indices consignés dans le tableau ci-après :

Tableau n°20 : **Réformes Doing Business à la charge de la DGI**

Variables	DB2018	Objectif Top 50	Ecart	%
Classement	**113**	**50**	**-63**	**44%**
Distance à la Frontière	**57,56**	**84**	**-26,44**	**69%**
Nombre de Procédures	**6**	**3**	**-3**	**50%**
Délai (jours)	**30**	**6**	**-24**	**20%**
Coût (% de la valeur du bien)	**7,4%**	**4%**	**-3,4%**	**54%**
Indice de qualité de l'administration foncière (0-30)	**10,5**	**22**	**-12,5**	**48%**
Indice de la fiabilité des infrastructures (0-8)	3	7	+4	42%
Indice de la Transparence de l'information (0-6)	2,5	6	+3,5	-
Indice de la Couverture Géographique (0-8)	0	5	+5	-
Indice de résolution des litiges fonciers (0-8)	6	6	-	-
Indice d'accès égal aux droits de propriété (-2-0)	-1	0	+1	-

Sources : Données extraites du document « Doing Business », avril 2022

Chaque année, l'indicateur transfert de propriété recense tous les changements qui ont eu lieu pendant une période bien spécifique et qui sont directement liés à la qualité et l'efficacité du système de l'administration. Le Doing Business retrace également l'ensemble des procédures, les délais et les coûts pour qu'une entreprise puisse acheter une propriété immobilière à une autre entreprise. Le classement des économies selon la facilité de transférer une propriété est obtenu par la sommation des scores de cet indicateur. Cet index comporte cinq dimensions.

Au niveau de l'Indice de fiabilité des infrastructures, la Conservation Foncière est évaluée sur sa capacité à conserver les titres fonciers sous format électronique, l'existence d'une base de données électronique permettant de vérifier les charges, le fonctionnement d'une Liaison entre ses bases de données et celle du Cadastre, et l'existence d'un identifiant unique.

L'autre indice est relatif à la transparence de l'information foncière. Sur ce volet, la Conservation foncière est tenue de rendre accessible au public l'information sur la propriété foncière, la liste des documents exigés pour tout type de transactions foncières, le barème des droits à acquitter. La Conservation foncière doit également prendre, diffuser et observer des engagements de services pour délivrer dans un délai précis, un document exécutoire prouvant la propriété des biens immobiliers. Elle doit se doter d'un mécanisme distinct et dédié au dépôt de plaintes en cas de litiges et mettre à la disposition du grand public, des statistiques officielles sur le nombre de transactions foncières réalisées par ses services.

Pour permettre à l'Etat de Côte d'Ivoire d'avoir un meilleur classement, la Conservation foncière devra nécessairement assurer une large couverture géographique en matière d'immatriculation des parcelles pour la plus grande métropole d'affaires et à l'échelle du pays. Enfin, le transfert de propriété est évalué à partir de l'indice sur la résolution des litiges fonciers. Il s'agit tout aussi de s'assurer qu'il existe un cadre juridique de l'enregistrement des biens immobiliers et une facilité d'accès aux mécanismes de règlement des différends. Le Doing Business recherche l'existence de l'obligation d'enregistrer toutes les ventes de biens immobiliers au registre foncier pour que ces transactions soient opposables aux tiers. Il fait peser sur les institutions foncières la nécessité de la mise en place d'un mécanisme spécifique d'indemnisation pour toutes pertes encourues par des parties engagées de bonne foi dans une transaction foncière sur la base d'informations erronées certifiées par la Conservation Foncière. Le Doing Business exige de mettre en place une base de données nationale permettant de vérifier l'exactitude des documents d'identité, de produire et publier les statistiques sur le nombre de litiges fonciers portés devant les Tribunaux de Première instance.

L'indicateur sur la qualité de l'administration foncière est constitué par la somme des scores obtenus au titre de cinq indices : la fiabilité des infrastructures, la transparence de l'information, la couverture géographique, la résolution des litiges fonciers et l'égalité d'accès aux droits de propriété. L'indicateur va de 0 à 30 et les valeurs les plus élevées correspondent à une meilleure qualité du système d'administration foncière. Tous ces indices représentent l'ensemble des engagements pris par l'Etat de Côte d'Ivoire. Les autorités espèrent avoir un meilleur rang dans la compétition internationale et surtout figurer parmi les 50 meilleures économies du monde. La Conservation Foncière est amenée à jouer un rôle essentiel dans cette percée économique attendue par la Côte d'Ivoire.

7.1.2. Les pratiques managériales

En plus des déclinaisons ministérielles de la politique globale de l'Etat de Côte d'Ivoire pour la sécurisation des droits fonciers, à une autre échelle du pilotage, la Direction générale développe des stratégies managériales et opérationnelles pour une meilleure efficacité des services de conservation foncière. Cette stratégie qui comporte plusieurs axes peut être étalée sur deux périodes. Ce sont la stratégie managériale et opérationnelle avant l'informatisation du livre foncier et celle mise en œuvre à partir de l'exploitation du livre foncier électronique.

7.1.2.1. L'informatisation du livre foncier

Le challenge des managers des services de conservation foncière dans les années 2000 résidait dans la nécessité d'augmenter le nombre de création de titre foncier pour espérer assurer une large couverture du territoire. Mais au-delà, les managers avaient également pour ambition de renforcer et démocratiser l'accès à la propriété par le titre foncier. Mieux, il était question de repositionner la Conservation Foncière dans la chaine foncière en tant qu'acteur majeur du processus de sécurisation des droits fonciers. En s'appuyant sur les stratégies au niveau ministériel, des opérations d'envergures ont été menées par la Direction générale des impôts pour aller vers la l'informatisation du livre foncier. Ce sont les opérations titres fonciers (OTF) et de certification des titres fonciers.

Le contenu de l'Opération titre foncier

L'opération titre foncier est le pendant opérationnel de la stratégie de de simplification des procédures de création de titre foncier initiée par le Ministère en charge du budget en vue de faciliter l'accès à la propriété des détenteurs de terrains urbains en possession d'un ACP et de ceux qui après la réforme obtenaient une lettre d'attribution[91]. Le Directeur général d'alors, a constaté que la procédure de création de titre foncier était longue. Cette procédure défavorisait les acquéreurs de terrains qui à un moment donné n'avaient plus la force soit pour engager ou continuer les démarches pour l'inscription de leur droit au livre foncier.

Or, beaucoup de propriétaire avaient des terrains urbains non mis en valeur, ou des parcelles en construction dont la mise en valeur n'était pas achevée. Les maintenir dans cette situation de précarité foncière était un gros risque qui les exposait à des menaces d'expropriation. Il fallait donc sécuriser leur droit. L'ancienne procédure très longue et lourde les faisait subir toute sorte de tracasseries administratives. Cette initiative du Directeur Général des Impôts d'alors ne rencontrait pas l'adhésion de certains acteurs essentiels comme le Ministère en charge de la Construction qui avait le lead sur le constat de mise en valeur et la délivrance de l'ACD. Avec cette initiative, du DGI beaucoup de gens pouvaient sécuriser leurs biens sur le plan foncier. Il était donc possible à toute personne qui détient un ACP d'accéder à la pleine propriété sans la mise en valeur préalable du terrain. La mise en œuvre de la réforme de simplification de la procédure de délivrance a amené les managers à initier une opération d'envergure qui est l'opération titre foncier (OTF).

L'opération titre foncier est le volet opérationnel de la réforme de simplification de la procédure de création des titres fonciers. Elle consiste en la création massive et rapide de titres fonciers à la demande des usagers à moindres coûts pour leur permettre d'accéder à la pleine propriété. Elle débouche sur la délivrance du certificat de propriété foncière par le Conservateur de la Propriété Foncière et des Hypothèques après perception des droits et taxes de publicité foncière et inscription au livre foncier de l'acquéreur de la parcelle de terrain urbain. À travers cette opération, la DGI était à l'épreuve de la célérité dans la création de titre foncier et de la fiabilité des inscriptions des droits réels immobiliers au livre foncier[92]. Cette nouvelle dynamique enclenchée par la DGI a occasionné un bond qualitatif avec en filigrane une augmentation substantiellement du nombre de titres fonciers.

---

[91] Interview avec AKA Jacques, Conseiller spécial du Directeur général des impôts et ancien Directeur du Domaine de la conservation foncière de l'enregistrement et du timbre, réalisée nous le 03 aout 2021, à la tour E, 12ème étage, porte 46.

[92] Interview avec M. AKA Jacques, idem.

Organisation, fonctionnement et communication

L'opération Titre foncier va s'adosser à la déconcentration des services de Conservation Foncière et sera conduite à partir d'une vaste campagne de sensibilisation. La politique de déconcentration des services fiscaux a débuté en 2003. En plus des 15 services de Conservation Foncière créés sur l'étendue du territoire national cette même année, au sein de la Direction centrale, il est créé un service de l'opération titre foncier en charge de la coordination de toutes les activités relatives à cette opération. Ce service était logé dans le hall de la Tour E, et chargé de faciliter la délivrance des certificats de propriété foncière. Un processus de création de titre foncier est déployé suivant un programme informatique dénommé OTF. Ce programme permettait de constituer une base de données numériques des actes saisis par la Conservation Foncière dans le cadre de cette opération. La Direction générale des impôts a recruté à cette époque des dizaines de juristes de formation en qualité de collaborateurs extérieurs. Ces derniers ont occupé pour la plupart le poste de certificateurs lorsqu'il était question de lancer l'opération de certification des titres fonciers.

Le contenu de l'Opération de Certification des titres fonciers

L'opération de certification est perçue comme une activité préalable avant toute informatisation du livre foncier. Selon Aka Jacques, ancien Directeur du Domaine de la Conservation Foncière de l'Enregistrement et du Timbre, « *si l'on arrive à sécuriser le livre foncier, alors le livre foncier pourra être dématérialisé* ». Autrement-dit les inscriptions au livre foncier doivent être certifiées pour que la dématérialisation soit crédible et efficace. C'est en substance l'idée qui a fait émerger le concept de certification des inscriptions au livre foncier.

La Certification du titre foncier est un ensemble d'opérations de révisions et de vérifications des mentions inscrites sur les titres fonciers qui visent à garantir leur parfaite authenticité[93]. La procédure de certification a pour objectif de rendre le titre foncier électronique conforme avec le titre foncier physique. Le guide de certification conçu à cet effet, décrit le mode opératoire à mettre en œuvre en vue de

[93] Direction Générale des Impôts, Guide pour la certification des titres fonciers, version finale, 2016.

garantir l'authenticité des données du livre foncier électronique. Il importe d'indiquer que la version électronique du livre foncier est alimentée par les données saisies par les agents à l'occasion des procédures et formalités accomplies quotidiennement. Il est nécessaire que ces données primaires soient contrôlées, validées et approuvées afin de leur conférer la crédibilité requise, pour garantir une consultation fiable en ligne.

La mise en œuvre de l'opération de certification des titres fonciers

Dans sa mise en œuvre pratique, l'opération de certification a vu le jour en 2013. Le mode opératoire de cette opération consiste en la vérification de la conformité des inscriptions du livre foncier registre et de celles du livre foncier l'électronique. Elle a débuté par la certification des titres fonciers de l'ancien Bingerville, ensuite les titres fonciers créés après la scission de la circonscription foncière de l'ancien Bingerville, notamment les TF de la numérotation 200.000 et pour s'achever avec la certification de ceux des Conservations Foncières de l'intérieur du pays.

Par vague successives, les titres fonciers étaient confrontés, corrigés et contrôlés. Dans le module informatique, les agents de saisie procédaient à la validation après confrontation. Ensuite venaient la phase de confirmation et enfin celle de certification qui débouchait sur la mention « certifié » figurant sur l'état primitif généré à l'informatique. Les titres fonciers certifiés étaient mis en ligne pour permettre la consultation à distance par les usagers clients via la plateforme dédiée. Après la certification des titres fonciers d'Abidjan, ce fut le tour des Conservations Foncières de Dabou, Grand Bassam et Agboville. Le mode opératoire de la certification du portefeuille de titres de ces services était la transmission des registres du livre foncier au service du Livre foncier électronique de la Direction Centrale. Les volumes du livre foncier étaient restitués après certification. Enfin pour les autres services de Conservation Foncière de l'intérieur, les agents certificateurs ont dû se déporter dans les chefs-lieux des différentes circonscriptions foncières pour la purification des titres fonciers et leur mise en ligne.

L'opération de certification s'est soldée par un transfert de compétence et de technologie aux agents des différents services régionaux de Conservation de la Propriété Foncière et des Hypothèques. Cette opération a donné lieu à la mise en place du processus de certification permanente des titres fonciers. À cette fin, le service de Conservation centrale du livre foncier électronique a conçu et dupliqué un guide de la certification des titres fonciers.

7.1.2.2. L'exploitation du livre foncier électronique

Le livre foncier physique a été informatisé pour aboutir à la mise en place du livre foncier électronique. La consultation à distance des titres fonciers est effective désormais par les notaires qui, avant d'acter les conventions de vente d'immeubles, s'appuient sur des informations crédibles. Le livre foncier électronique est vu comme un puissant instrument d'aide à la décision d'authentification des actes. Les services s'attèlent continuellement à enrichir la base de données d'information sur les droits réels immobiliers des contribuables clients. Alors il fallait s'assurer de la crédibilité et de la fiabilité des informations foncières mise à la disposition des usagers clients. C'est dans cette dynamique que la Direction du Domaine de la Conservation de l'Enregistrement et du Timbre en 2016 a placé sous le sceau de la haute qualité des services, la gestion des Conservations Foncières. Quel est le contenu de cette vision et quelles en sont les orientations stratégiques opérationnelles ?

La vision de la haute qualité des services de la conservation foncière

La Direction du domaine de la conservation foncière de l'enregistrement et du timbre a officiellement rendu publique au cours du premier séminaire dénommé « La Conférence des Conservateurs » sa vision de la Conservation Foncière. Selon le Directeur la « *vision qui s'inscrit dans le canevas de la vision globale de la Direction Générale des Impôts est celle de faire de la Conservation foncière une administration de qualité* »[94].Que renferme donc le concept de qualité

[94] Extrait du discours du Directeur du Domaine de la Conservation Foncière de l'Enregistrement et du Timbre, Tidiane KABA DIAKITE, à l'ouverture de la Première Conférence des Conservateurs les 14 et 17 Septembre 2017 à Grand-Bassam, Afrikland-Hôtel.

pour un service fiscal en charge de la sécurisation des droits réels immobiliers ?

La qualité est la capacité d'un service à satisfaire les besoins des usagers clients à travers son organisation et ses prestations. Ce concept fait référence à la démarche qualité qui est aussi une dynamique de progression ayant pour objectif une plus grande satisfaction de la clientèle[95]. La recherche de la qualité dans les entreprises est devenue au cours de ces dernières décennies, la clé de voûte de presque tous les systèmes modernes de management en entreprise. Pour Tidiane Kaba Diakité, la haute qualité recherchée dans la gestion des services de Conservation Foncière, est : « *la conformité aux normes légales et règlementaires, la pratique les processus adéquats d'exécution des tâches et la discipline des agents ainsi que le respect de l'ordre hiérarchique. Il s'agit de rassembler toutes les énergies de toute l'équipe autour d'un travail fait de façon sacerdotale pour satisfaire prioritairement les besoins des contribuables-clients* »[96].

À l'analyse, la qualité visée par les managers de la Conservation Foncière est le prolongement la démarche qualité initiée par la Direction générale des impôts pour l'amélioration de la performance de tous ses services fiscaux. Cette démarche a pour socle le principe de la légalité. La légalité veut que les prestations des services de conservation foncière soient conformes aux règles édictées dans le code générale des impôts, notamment le chapitre relatif aux droits domaniaux et publicité foncière[97].

La protection et la consolidation des droits réels immobiliers des contribuables clients est tout d'abord une exigence de la loi suprême qui est la constitution. La mise en œuvre de ces principes est prévue par le décret du 26 juillet 1932 portant réorganisation de la propriété foncière en Afrique Occidentale Française et les tous les textes subséquents en matière de gestion foncière et domaniale. L'application stricte de ces textes offre une meilleure garantie des droits et renforce la confiance des populations dans l'administration foncière. C'est un

---

[95] www.entreprises.gouv.fr/qu'est-ce qu'une démarche qualité?

[96] Extrait du discours du Directeur du Domaine de la Conservation Foncière de l'Enregistrement et du Timbre, Tidiane KABA DIAKITE, à l'ouverture de la deuxième Conférence des Conservateurs les 21 et 22 février 2019 à Grand-Bassam, NSA Hôtel.

[97] Direction générale des Impôts, Code général des impôts Livres de procédures fiscales et Autres textes fiscaux, Les publications de la DGI, 2021, 722p.

facteur d'attractivité des agents d'affaires et de développement économique.

La qualité suppose également, l'appropriation par les agents des valeurs cardinales de la charte Ethique, que sont le respect de la hiérarchie, la discipline. L'existence d'un climat tempéré de travail favorise le participatif et le collaboratif qui sont des principes expressément visés par le Directeur. Ce type de management est assurément porteur de célérité dans l'exécution des tâches et assure le respect des engagements pris par la Direction générale des impôts en termes de coût et de délais.

La qualité est synonyme de transparence. Les managers de la Conservation Foncière s'attèlent, autant que faire se peut, à rendre les informations relatives aux procédures et processus fonciers accessibles aux contribuables et se départir de poser des actes ou prendre des décisions susceptibles de générer des litiges fonciers. La qualité voulue par le Directeur central est celle qui engage les agents sur la voie de réduction maximum des litiges fonciers impliquant les activités des services de conservation foncière.

Dans les termes du Directeur : « *l'objectif visé est d'empêcher ou de réduire les litiges provenant des conservations foncières, de causer moins de déperdition de recettes fiscales et de dématérialiser entièrement tous les outils de travail. Il s'agit d'une administration ultramoderne et ultraperformante qui se bonific au fil des ans et capable de rivaliser avec celle des pays avancés* ». Il souligne par ailleurs que : les agents seront « *donc à l'avant-garde de toutes ces transmutations. Je vous en sais capable. Ce d'autant plus qu'ensemble, nous avons pris l'engagement d'épouser et de partager la vision qui est désormais commune à tous* »[98]. La qualité qui est clairement assignée comme objectif à atteindre et partagé par tous, nécessite une synergie totale autours de projets structurants.

De ce fait, les agents sont exhortés à emprunter une démarche axée sur la recherche de la compétitivité et la performance. L'ancrage principal de cette approche est de viser une labellisation des prestations de la Conservation Foncière. Le but étant, par ailleurs, de rompre

[98] Extrait du discours du Directeur du Domaine de la Conservation Foncière de l'Enregistrement et du Timbre, Tidiane KABA DIAKITE, à Cérémonie de présentation de vœux du nouvel an 2020 aux services de Conservation Foncière, le janvier 2020, Abidjan, Plateau, Cité Administrative, Tour E, 9ème Etage, porte 40.

systématiquement avec les pratiques nuisibles afin de générer un dynamisme inégalable en matière de satisfaction du client et de sécurisation des mutations immobilières.

Les grandes orientations

La vision de la qualité pour la performance et la modernisation des services de Conservation de la Propriété Foncière et des Hypothèques a en ligne de mire de donner une meilleure orientation au pilotage desdits services. Ces orientations se traduisent par le plan d'actions de la Direction centrale et surtout les différentes stratégies mises au point à l'issue de la Conférence des Conservateurs. Les stratégies opérationnelles annuelles de la DDCFET forment le plan d'actions. Elles sont complétées et renforcées par les orientations stratégiques quasi biennales. Ces orientations sont données pour apporter des solutions aux problématiques précises identifiées dans le déroulement des activités des services de Conservation Foncière. Elles peuvent concerner des problèmes organisationnels, fonctionnelles et tout autre difficulté entrainant le dysfonctionnement des services. Trois (03) stratégies ont été élaborées et exécutées depuis 2017. Il s'agit des stratégies de :

- Performance des services de CPFH par la mobilisation des recettes (2017-2019)

- Qualité par le contrôle interne des services 2019-2021

- Traitement diligent des demandes d'actes dans les services de CPFH (2021)

La performance par la mobilisation des recettes fiscales

En 2017, le défi majeur qui se présente aux managers de la Conservation Foncière est celui de la mobilisation des recettes fiscales. En effet, Plusieurs services de CPFH ont enregistré des baisses significatives et injustifiables de recettes alors que le potentiel fiscal demeure énorme. Les enjeux de la hausse des objectifs en vue de la mobilisation des recettes, amènent à rechercher la stratégie adéquate pour l'amélioration de l'efficacité des CPFH. La performance visée dans le cadre de cette stratégie est la mobilisation optimale des recettes fiscales pour alimenter le budget de l'Etat et l'offre de prestations de qualité au profit des contribuables clients. Il s'est agi d'optimiser le rendement fiscal des 25 services de conservation foncière opérationnel à cette époque et rehausser le niveau de recouvrement des impôts et taxes liés à l'activité de la Conservation Foncière.

Plusieurs domaines d'activités stratégiques ont été identifiés dans les pratiques des services de conservation foncière. Ces domaines d'activités sont considérés comme opérant à contrecourant des objectifs et donc enregistrant des contreperformances. Le diagnostic des services de Conservation Foncière a permis de révéler deux grands maux qui minent lesdits services. Ce sont les pratiques différenciées constatés et le fonctionnement non uniforme dans l'exercice des activités. De ce fait, les managers ont décliné deux grands axes stratégiques à cet effet : ce sont d'une part, l'harmonisation des pratiques et des modes de fonctionnement au sein des CPFH[99] et l'amélioration des recettes fiscales d'autre part. Nous insisterons dans le cadre de ce travail sur la stratégie d'amélioration des recettes fiscales.

Amélioration des recettes fiscales dans les services de CPFH.

La recherche constante des performances des services passe également par une amélioration continue des niveaux de recouvrement, donc des recettes fiscales[100], souligne le Sous-directeur de la Conservation Foncière. Ce postulat est une réponse à la propension de la Direction générale des Impôts à une augmentation annuelle des objectifs assignés aux services fiscaux. Ce deuxième axe stratégique trouvé par les managers de la Conservation Foncière vise à élargir l'assiette fiscale afin de garantir la mobilisation des recettes pour l'atteinte des objectifs fiscaux. Les montants recouvrés sont certes

---

[99] KACOU Tiemelé, Harmonisation des pratiques et modes de fonctionnement des services au sein des CPFH, Première Table ronde de la Première Conférence des Conservateurs, Thème : Quelles stratégies pour l'amélioration des performances des services de Conservations de la Propriété Foncière et des Hypothèques ?, Grand-Bassam, Afrikland-Hôtel, les 14 et 15 septembre 2017.

[100] AHI KOFFI, A., Quelles stratégies pour l'amélioration des recettes fiscales dans les services des conservations de la propriété foncière et des Hypothèques, Deuxième Table ronde de la Première Conférence des Conservateurs, Thème : Quelles stratégies pour l'amélioration des performances des services de Conservations de la Propriété Foncière et des Hypothèques ?, Grand-Bassam, Afrikland-Hôtel, les 14 et 15 septembre 2017

élevés, mais ils sont jugés relativement faibles par rapport aux potentialités dont disposent lesdits services.

Les propositions dans ce sens portent en grande partie sur les actions d'exploitation efficiente des informations mises à la disposition des services et les méthodes de gestion des fichiers et traitement des données au sein des services. Ces actions particulières à mener peuvent varier en fonction de la catégorie des droits et taxes. Les Droits et taxes stables sont les natures d'impôts perçus du simple fait de l'exercice de l'activité ou à l'occasion de sa mise en œuvre. Sur ce point, les managers exigent une vigilance accrue des services dans l'établissement de l'assiette fiscale et la liquidation des droits. Quant aux droits et taxes à la demande qui sont des actes émanant des tribunaux ou des notaires et pour lesquels une formalité d'inscription est requise, ils ne dépendent pas de l'action des services de Conservation Foncière. Il est recommandé l'exploitation optimale du potentiel fiscal des différents périmètres des services de conservation foncière. L'une des limites décelées dans cette stratégie est que la Direction générale ne pouvait valablement pas procéder à une véritable estimation financière de ce que représente ce potentiel. Car aucune étude véritable n'a été menée sur le poids fiscal de potentiel foncier des services de Conservation Foncière. Il n'a pas été possible, dans le cadre de cette recherche de rentrer en possession de documents pertinents évaluant le supposé potentiel.

- **La qualité par le contrôle interne**

La stratégie de performance par la mobilisation des recettes a produit ses effets. Elle a permis aux réalisations fiscales, semble-t-il de se stabiliser et de croitre. Pour l'exercice 2019, Le Directeur du domaine de l'enregistrement et du timbre et son équipe vise une nouvelle stratégique capable d'insuffler un nouveau souffle aux services.

En effet, le diagnostic des services de CPFH au cours des derniers exercices a relevé une crise latente de l'autorité des supérieures hiérarchiques sur les tâches exécutées par leurs agents. Il est fait constat d'un certain laxisme au sein des services de Conservation Foncière ayant ouvert la boite de pandore. Selon le Directeur « *sans être excessif notre organisation s'apparenterait à une armée mexicaine, où les donneurs d'ordre sont plus nombreux que les exécutants* ». Cette image traduit l'environnement de travail presque délétère qui prévaut dans lesdits services. En outre, des pratiques entravant le bon fonctionnement des services et susceptible de déteindre sur la qualité des prestations ont été régulièrement dénoncées. Cette fois-ci le cap est mis sur le contrôle interne en tant qu'outil pour l'amélioration de la qualité du fonctionnement des Conservations de la Propriété Foncière et des Hypothèques.

Selon Bonny Yolande, « *le contrôle interne n'est ni une inspection, ni un audit interne. Il se définit comme un ensemble de dispositions diverses que prend le manager pour maitriser et mener à bien les missions à lui assignées. Le manager grâce aux outils de contrôle interne, doit être capable de déceler, identifier et anticiper les risques majeurs susceptibles de mettre à mal le fonctionnement des services* » [101] . Les Objectifs recherchés sont la compétitivité des services, par des actions d'élimination ou de réduction de pratiques nuisibles au sein du service, l'évaluation régulière des activités et l'intensification du contrôle hiérarchique. Dans ce canevas, les Conservateurs sont appelés à assurer une plus grande surveillance des activités, à s'inscrire dans l'amélioration du suivi et de l'encadrement du personnel. Ils sont invités à assurer le suivi-évaluation périodique des procédures, d'appliquer des sanctions en cas de manquements. La mise en œuvre du contrôle interne est soutenue par une politique de renforcement de capacités des agents à travers la formation et la rigueur dans le recrutement.

<u>Tableau n°21 :</u> Recommandations de la conférence des conservateurs de 2019

Les recommandations définitives adoptées pour être appliquées :	Assigner des objectifs quantitatifs Ajouter des objectifs qualitatifs Chiffrer ces objectifs et les enfermer dans un délai
En matière de moyens	Tirer le meilleur des moyens disponibles Faire une utilisation rationnelle

[101] BONNY Yolande, le contrôle interne, un outil pour l'amélioration de la qualité du fonctionnement des Conservations de la propriété foncière et des Hypothèques, Thème central de la Deuxième Conférence des Conservateurs, Grand-Bassam, NSA Hôtel, les 21 et 22 février 2019.

	Faire usage de façon effective de l'applicative informatique
En matière d'organisation	Mettre en place un organigramme hiérarchique Se doter d'une cartographie des processus élaborer une cartographie des risques Mettre à jour les guides de procédures existants et les diffuser ;
En matière de vérification ou de supervision	Suivre les travaux de tous les agents placés sous sa responsabilité Demandé régulièrement des rapports d'activités Assurer la responsabilité et l'autorité S'initier à une formation de base des activités menées par ses collaborateurs

Sources : KRA, KOUAMBLA, avril 2022

- **L'accélération du rythme de création de titre foncier**

La stratégie de performance par la mobilisation des recettes fiscales a écrit ses lettres de noblesse. Les managers pour relever le défi de la qualité ont conçu et élaboré la stratégie de contrôle interne. Cette dernière stratégie semble avoir rencontré un succès mitigé. Les dirigeants des services de la conservation foncière pour l'année 2021, tablent désormais sur l'accélération du processus de traitement des demandes de création de titre foncier et de publication des actes.

L'Arrêté de Concession Définitive (A.C.D.) institué par l'Ordonnance n°2013-481 du 02 juillet 2013, fixant les règles d'acquisition de la propriété des terrains urbains, est le premier acte matérialisant le transfert administratif de propriété foncière en zone urbaine. Il est obtenu à l'issue d'une procédure interministérielle faisant intervenir dans un ordre chronologique, les services du Ministère de la Construction, du Logement et de l'Urbanisme et ceux du Ministère du Budget et du Portefeuille de l'Etat. Avant la prise de cette ordonnance, la Côte d'Ivoire enregistrait 170.511 titres fonciers créés. Du 02 juillet 2013 au 31 juillet 2021, sur 225.954 demandes d'ACD exprimées, 214.743 soit 95 % ont fait l'objet de traitement et 151.337 soit 67% ont donné lieu à la création de titres fonciers.

Nonobstant ces résultats, depuis 2020, les services du Ministère du Budget et du Portefeuille de l'Etat intervenant dans ladite procédure, à savoir les services de Cadastre (SCAD) et ceux de la Conservation de la Propriété Foncière et des Hypothèques (CPFH) font l'objet de plaintes diverses liées essentiellement au rythme de traitement des demandes de création de Titre Foncier et de Publication des Arrêtés de Concession Définitive.

Or, dans le cadre de la mise en œuvre du SIGFU (système intégré de gestion du foncier urbain) qui constitue un des axes majeurs du programme gouvernemental de transformation digitale et de simplification des procédures du foncier urbain, le Ministère en charge de la Construction projette les actions suivantes :

- Le titrement massif de parcelles urbaines pour les nouveaux lotissements devant aboutir à un rythme de délivrance d'actes estimé à environ 200.000 ACD par an ;

- La régularisation de masse des lotissements existants et non encore approuvés pour faciliter l'instruction des demandes d'ACD sur plus de 800.000 parcelles ;

- L'opération d'immatriculation de masse des parcelles non détenues en pleine propriété qui vise à terme la délivrance de 500.000 ACD sur 5 ans.

Pour tenir compte des projections susvisées qui trouvent en partie leur justification dans le boom immobilier enregistré ces dernières années et faire face à la récurrence des griefs formulés à son encontre, le Ministère du Budget et du Portefeuille de l'Etat à initier une stratégie d'accélération du traitement des demandes de création de titre foncier et de publication des ACD. Cette stratégie comporte un objectif général et des objectifs spécifiques. L'objectif général de la stratégie vise à accélérer le traitement des demandes de création de titre foncier et la publication des ACD par les services de la Direction générale des Impôts. Les objectifs spécifiques du projet se déclinent comme suit :

- Renforcer les capacités opérationnelles des CPFH et SCAD intervenant dans le traitement des demandes de création de titre foncier et de publication des ACD.

- Renforcer la supervision des activités relatives au traitement des demandes de création de titre foncier et de publication des ACD.

La stratégie consiste d'une part à profiler une meilleure organisation des services de CPFH capable de donner des résultats satisfaisants en termes d'efficacité. Il s'agit de donner des orientations sur le type de management et de leadership, de relever les risques potentiels qui peuvent contraindre les services et compromettre leurs résultats. En somme, il s'agit de mettre à la disposition des managers des outils de pilotage pour faire performer leurs services. La gestion opérationnelle qui relève de la compétence des agents d'exécution a mis en évidence des problèmes de suivi et une lenteur excessive. Des problèmes se sont avérés au niveau de la maitrise des dossiers et la tenue des registres. La stratégie d'accélération du rythme de création de titre foncier vise un renforcement des capacités opérationnelles des services par l'augmentation des ressources. Les managers tablent sur la responsabilisation d'agent au niveau du Guichet courrier capable d'assurer les missions de suivi des demandes et d'accueil clientèle. La DDCFET expérimente également la mise en place de Cellules d'appui aux Conservations Foncières à fort potentiel foncier, notamment à Bingerville, à Dabou, Grand-Bassam, Treichville en vue de booster la production de titre foncier.

L'accélération du rythme de création doit amener les services à respecter les délais pris dans le cadre des engagements de service. Elle vise aussi à tripler la production des titres fonciers pour passer de 20.000 titres fonciers en 2020 à 60.000 titres fonciers dans les deux années à venir. C'est un véritable challenge à relever, et l'allocation des ressources sollicitées par la Direction générale des impôts dans le cadre du plan stratégique transmis au Ministre du budget viendra comme une bouffée d'oxygène.

Cette stratégie table sur le repositionnement des Conservations de la Propriété Foncière et des Hypothèques (CPFH) dans la mise en œuvre du régime foncier. Service intermédiaire de la « propriété et des tiers », la réalisation des activités des Conservations Foncières est aujourd'hui fortement perturbée par les difficultés entre les rôles des différents acteurs. Cet état de fait est dû à la complexité liée à l'interprétation des dispositions législatives et règlementaires et à l'inadéquation des textes au regard des objectifs différemment partagés par les acteurs de la chaine foncière. L'accélération du rythme de création des titres fonciers vise aussi une amélioration de la qualité des relations entre les différents acteurs de la chaine foncière pour parvenir assurément à la mise en place d'un système foncier cohérent et viable.

7.2. DIAGNOSTIC DES SERVICES DE CONSERVATION FONCIERE

Le Direction Générale des Impôts, a en 2019, fait dresser un état des lieux du fonctionnement des services de la Conservation Foncière : *« Nous avons fait un pas de géant en matière de sécurisation des droits immobiliers en instituant le Livre foncier électronique, pour la consultation à distance et en temps réel des droits réels. Toutefois ce chantier demeure encore énorme, vu les dysfonctionnements perceptibles dans l'exercice quotidienne de vos activités, notamment les difficultés pour les populations à se faire délivrer les actes dans les délais raisonnables, les inscriptions très souvent irrégulières au livre foncier, la multiplication des contentieux de la propriété foncière, la quasi-inexistence du contrôle interne dans les services de CPFH, pour ne citer que ces exemples. Toutes ces difficultés constituent un kyste chronique administratif qu'il échoit d'éradiquer systématiquement de vos pratiques »*[102]. Ce constat n'est qu'une partie du diagnostic général fait par les responsables de la Conservation Foncière.

Dans le cadre de cette étude, nous avons utilisé les méthodes PESTEL et SWOT pour faire un diagnostic complémentaire.

---

[102] OUATTARA SIE, A.Directeur Général des impôts, Discours d'ouverture, Deuxième Conférence Des Conservateurs, Grand-Bassam – N'sah Hôtel, les 21 et 22 février 2019

7.1.3. Le diagnostic général par les responsables de la Conservation Foncière

Plusieurs responsables des services de Conservation Foncière se sont prononcés sur l'état de leurs services. Nous avons sélectionné quelques extraits de discours et des études menées.

Le Directeur du Domaine de la Conservation Foncière de l'Enregistrement et des Timbres a fait savoir que certains services présentent quelques insuffisances. Dans son discours au cours de la Conférence des Conservateurs en 2019, il déclare : *« En effet, plusieurs services de conservation foncière se trouvent déficitaires quant aux objectifs fiscaux à eux assignés. Le recouvrement des arriérés et pénalités reste en berne et la qualité des prestations fournies aux usagers est souvent compromise. De ce qui me revient, un certain laxisme est constaté au sein des services de CPFH ayant ouvert ''la boite de pandore''. Sans être excessif, notre organisation s'apparenterait à, ''une armée mexicaine '', où parfois les exécutants s'arrogent les attributions de donneurs d'ordre, ou bien jouent les deux rôles impunément. Doit-on accepter que le caporal joue le rôle du général ? Cette façon de faire qui écorche les règles éthiques, entrave considérablement la bonne marche du service et déteint sur la démarche qualité que nous nous sommes données comme ligne directive ».*

De fait, un réel problème de fonctionnement et de performance se pose au sein des services de la Conservation Foncière. En 2016, dès sa prise de fonction, le Directeur du Domaine de la Conservation Foncière de l'Enregistrement et des Timbres a détecté des incohérences dans les pratiques administratives des services de Conservation Foncière. C'est en un mot ce que Kacou Tiémélé qualifie de : « *manque d'harmonie et de pratiques disparates qui a long terme risquent de jeter un discrédit sérieux sur l'image de marque des services de la DDCFET et compromettre la modernisation en cours* »[103].

---

[103] KACOU TIEMELE, Harmonisation des pratiques et modes de fonctionnement des services au sein des Conservations de la Propriété Foncière et des Hypothèques, Première table Ronde, Deuxième Conférence Des Conservateurs, Grand-Bassam – N'sah Hôtel, les 21 et 22 février 2019

Pour faire face à ces défis, la vision que se donne la Direction du Domaine de la Conservation de l'Enregistrement et du Timbre est celle de l'efficacité et de la haute qualité des services de Conservation Foncière. Selon Tidiane Kaba Diakité, il s'agit de faire de la conservation foncière un service ultraperformant et ultramoderne qui se bonifie au fil des ans et capable de rivaliser avec celle des pays avancés. Le manager principal vise une amélioration constante de l'image de marque et de la notoriété de la Conservation Foncière. Il a fait de la question des délais en matière de mutation immobilière une priorité et se donne pour objectif l'accroissement du taux de couverture en matière de création de titre foncier. Ce manager est résolument engagé sur l'informatisation des processus et se satisfait de l'arrivée du SIGEFIM, censé réduire considérablement les cas de prévarications.

Avant lui, Agnimel Jean Chrysostome plaçait beaucoup d'espoir sur la mise en place du livre foncier électronique. Il a considéré cet outil comme *révolutionnaire qui pouvait changer aussi bien au niveau structurel que fonctionnel les services de Conservation foncière de Côte d'Ivoire*. Le livre foncier électronique était attendu pour juguler la lenteur et la lourdeur de ses services et offrir des prestations rapides et de qualité aux usagers. Près d'une décennie après, cet outil s'est affiché comme une simple base de données alimentée en amont et consultable en aval. Les mêmes problèmes ont demeuré et malgré cette bonne foi, les cas de dysfonctionnements ont persisté. Pire, les infrastructures du livre foncier électronique font l'objet très souvent de cyber attaques de la part d'individus non identifiés, au point de mettre en péril la sécurité des droits réels immobiliers que les services sont censés garantir.

Déjà en 1997, lors du colloque international sur le régime foncier à Cotonou, les participants ont fait remarquer que le régime foncier de Côte d'Ivoire qui avait été reconnu comme l'un des meilleurs du monde par la presse internationale, notamment la presse Camerounaise, a été entièrement déconsidéré par les litiges d'origine de propriété provoqués par les actes sous seing privé. Le trouble est allé si loin à telle enseigne qu'un investisseur international qui avait acheté trois grandes propriétés agricoles, a eu 3 procès, à cause des actes sous seing privé mal rédigés. Il a conclu qu'en achetant un immeuble en Côte d'Ivoire on achetait automatiquement un procès. Le régime foncier le plus moderne du monde était devenu le plus mauvais par suite du manque d'application des dispositions les plus fondamentales. Les recommandations issues de ces ateliers ont fait savoir qu'il était urgent de réagir. A cette époque l'avenir de la conservation foncière était déjà engagé, seulement 3.000km2 étaient immatriculés sur les 322.000km que comporte le territoire national, soit seulement 1% de la superficie totale.

Ces problèmes multiformes et multisectoriels jusque-là traités en interne parce que discrétion administrative oblige datent de belle lurette. Il est consternant de voir que les dirigeants n'ont pas véritablement mesuré l'ampleur des choses, pour les prendre à bras le corps. C'est le Ministre de la Construction de Côte d'Ivoire, Monsieur Bruno Naba Koné, lors de la cérémonie de présentation des vœux de son département le 21 janvier 2020 à Abidjan-plateau qui met à nu et expose au public la gestion de la Conservation foncière. En effet, le gestionnaire du domaine urbain déclare que malgré les réformes dans les différents secteurs en vue d'alléger les procédures et répondre aux besoins et aux exigences des populations en termes de délivrance d'ACD, beaucoup reste à faire surtout à la Conservation Foncière. Ce service qui est un maillon essentiel dans la chaine de délivrance des actes, est à la traine quant au traitement des demandes. Selon le Ministre, la Conservation Foncière, détient pratiquement, tous les dossiers non traités, autrement-dit « il y a 17.000 dossiers bloqués là-bas »[104].

Cette préoccupation a été à l'ordre du jour lors des Conseils des Ministres tenus dans le courant de l'année 2020, au cours desquels le Ministre en charge du budget a vu son attention attirée sur le retard qu'accuserait ses services de Conservation foncière dans le traitement des dossiers de demande de création de titre foncier[105]. Cette affaire de ''dossiers réputés bloqués à la Conservation Foncière'' en plus de ternir l'image de l'administration du budget revêt une dimension stratégique énorme, notamment celle de la capacité même du service foncier incriminé d'assurer sa mission de sécurisation des droits réels immobiliers. Au-delà c'est toute l'administration budgétaire qui est mis en cause quant à sa compétitivité réelle et ce qu'elle pèse dans le dispositif de sécurisation foncière.

---

[104] AKA, Marcelle., *Délivrance des actes au ministère de la construction : 17.000 dossiers bloqués à la conservation foncière.* www.infodrome.com /société-culture /54637-deivrance-des-actes-au-ministère-de-la-construction, consulté le 29/01/2021

[105] Compte Rendu de la Réunion Tripartite Cabinet du Ministère du Budget, Direction du Domaine de la Conservation Foncière, de l'Enregistrement et du Timbre et Direction du Cadastre, Tenue Par Visioconférence tenue Le Lundi 25 Janvier 2021 De 17 Heures A 18h30

L’emploi des outils de l’intelligence économique au regard de ce qui précède a permis de compléter le diagnostic général fait ces responsables.

7.1.4. Le diagnostic par la méthode PESTEL

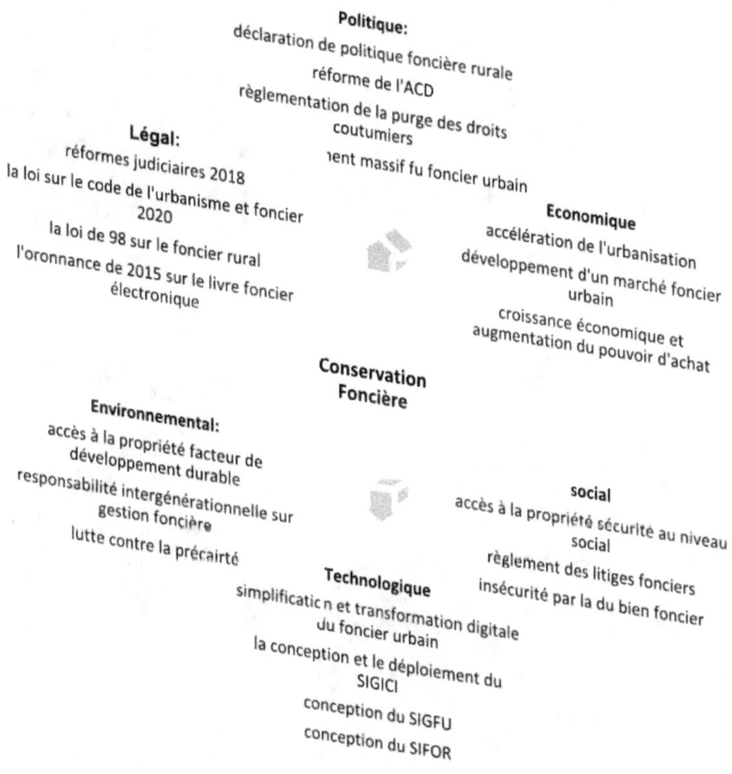

7.1.5. Le diagnostic par la méthode SWOT

FORCES

le caractère définitif de l'immatriculation

l'institution du livre foncier électronique

création du portail national du cadastre

exclusivité de l'accomplissement des formalités de publicité

spécificité des métiers de la conservation foncière

la double mission fiscale et juridique de la conservation foncière

FAIBLESSES

obsolescence de certaines dispositions du décret de 1932

prépondérance des tâches manuelles

lenteur dans le traitement des demandes de formalités

faible couverture de la création de titre fonciers

recouvrement difficile des taxes de publicité foncière

manque de locaux adaptés pour l'archivage des dossiers de titres fonciers

OPPORTUNITES

le caractère transversal des activités de la conservation foncière

le boom immobilier qui a augmenté les demandes de création de titre foncier

le programme de simplification et transformation digitale du foncier urbain

la création de l'observatoire des plaintes foncières

l'existence de modèle amélioré d'organisation de la conservation foncière

MENACES

velléités des autres acteurs à vouloir s'accaparer les attributions de la conservation foncière

la polémique autour de l'affaire dites des 17.000 dossiers réputés bloqués à la conservation foncière

intruision récentes des personnes extérieures entachant les inscriptions au livre foncier

multiplication des plaintes des contribuables à l'encontre de la conservation foncière.

Troisième partie

DISPOSITIFS DE SECURISATION DES DROITS FONCIERS ET L'INCONTOURNABLE ROLE DE LA CONSERVATION FONCIERE : *RESULTATS D'ETUDES ET PERSPECTIVES*

CHAPITRE 8

LA CONSERVATION FONCIERE : LA DOUBLE MISSION DE SECURISATION JURIDIQUE ET DE SECURISATION FINANCIERE

Cette partie de notre travail sera consacré aux performances réalisées par les services de conservation foncière dans l'exercice de leurs activités. Comme souligné dans les chapitres précédents, la Conservation Foncière a une double mission de sécurisation juridique et financière. Il s'agira dans le développement suivant de présenter les résultats obtenus par lesdits services, d'analyser ces données et les interpréter. Ce procédé permettra de faire ressortir les difficultés possibles entravant la bonne marche de la conservation foncière, une étape essentielle pour mener à bien cette réflexion.

Les données que nous avons pu recueillir auprès des services sont de types quantitatifs et qualitatifs. Pour une meilleure exploitation, nous nous contenterons d'exposer les résultats au niveau du volet opérationnel. Ces résultats se décomposent des réalisations fiscales pour alimenter le budget de l'état et les réalisations globales en matière de sécurisation des droits réels immobiliers. Cette présentation qui tient compte de notre hypothèse de départ devra permettre de vérifier la prépondérance de l'activité financière sur celle de sécurisation juridique.

8.1. AU NIVEAU DE LA SECURISATION FINANCIERE DU BUDGET DE L'ETAT

Cette partie est consacrée aux résultats obtenus par les services de conservation foncière dans l'exécution de leur mission de sécurisation financière des ressources fiscales. Cette mission comme indiquée plutôt consiste à liquider les droits et taxes en matière de conservation foncière, de gestion financière du domaine de l'Etat et d'enregistrement et du timbre. Avant de présenter ces résultats et dans une approche comparative, il importe de mettre en exergue les réalisations globales de la Direction générale des impôts. Ces premières données vont faciliter la détermination de la proportion des réalisations de la DDCFET dans le grand ensemble des recettes fiscales de la Direction générale des impôts. Pour appréhender le poids réel des activités de sécurisation financière et juridique, dans le dispositif fiscal ivoirien, nous dresserons des figures du récapitulatif et de l'évolution des différentes catégories des droits et taxes recouvrés par la DDCFET.

8.1.1. L'évolution des réalisations fiscales de la DGI 2014-2020

<u>Figure n°2 :</u> Evolution des réalisations fiscales globales de la DGI2014-2020

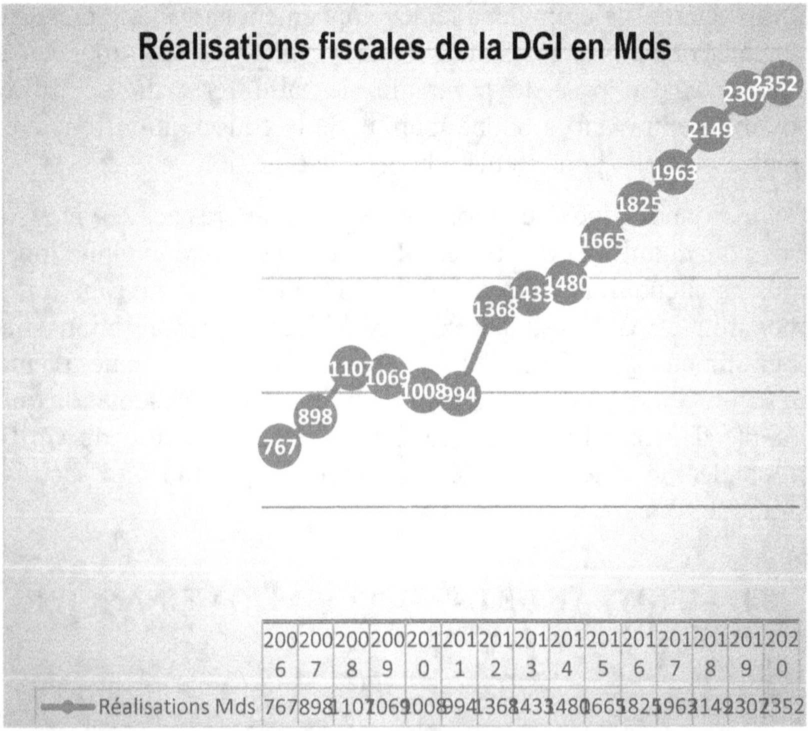

<u>Sources</u> : site internet de la DGI, évolution-des-recettes

La Direction générale des impôts s'est illustrée par des réalisations croissantes et dans l'ensemble, excédentaires depuis 2006 jusqu'en 2020. Les réalisations fiscales sont passées de 767 à 2352 milliards, c'est-à-dire du simple au triple, soit une hausse de 200% sur une période de 15 ans. en 2008, en pleine crise sociopolitique, la DGI a franchi la barre symbolique des 1000 milliards en réalisant 1107 milliards de recettes. Mais les recouvrements vont fortement chuter pour s'estomper à 994 milliards en 2011, une période marquée par la crise postélectorale.

En 2012 par contre, il y a un rebond jusqu'en 2018 où la barre des 2000 milliards est franchie. Malgré la crise sanitaire liée à la pandémie à COVID-19, en 2020, le cap des réalisations excédentaires a été maintenu, montrant ainsi la capacité de résilience d'une administration fiscale de plus en plus performante sur quoi la Côte d'Ivoire à travers son Ministère en charge du Budget doit compter pour alimenter le budget de l'Etat et financer les activités de développement économiques. Le prochain graphique met en lumière le poids de la Conservation foncière dans les réalisations de la Direction générale des impôts de Côte d'Ivoire. Le paramètre choisi à cet effet est l'évolution des réalisations de la DDCFET.

8.1.2. L'évolution des réalisations fiscales de la DDCFET 2014-2020

<u>Figure n°3 :</u> Evolution des réalisations fiscales globales de la DDCFET2014-2020

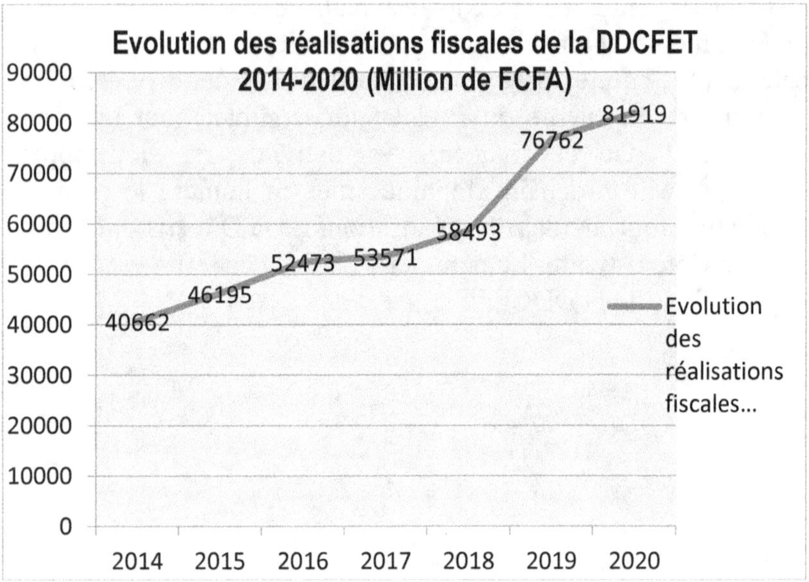

<u>Sources :</u> Document d'analyse de l'évolution des recettes de la DDCFET

Les statistiques ci-dessus représentées par une courbe concernent les réalisations de la DDCFET de 2014 à2020. Ces réalisations qui s'élèvent à 40,66 milliards de FCFA en 2014 ont progressé pour atteindre 81,919 milliards FCFA en 6 ans (au moment où nous achevons de rédiger cette étude, la DDCFET au 31 décembre 2021 affichait un record de 105 milliards au titre des réalisations). La Conservation Foncière à travers ces chiffres s'inscrit dans la même dynamique de croissance de recettes que la Direction générale des Impôts. La part des recettes recouvrées par les services de la Conservation foncière oscille entre 2et 3%. Une comparaison de l'apport de la DDCFET pour le recouvrement des recettes de la DGI en rapport avec l'effectif du personnel permet de comprendre ce qui suit : 8% du personnel de la DGI travaillent dans les services de la Conservation foncière, soit 567 sur 5800 agents ; ceux-ci réalisent environs 2% des objectifs de la DGI.

Les agents de la DGI exerçant dans d'autres services qui représentent 92% de l'effectif global, arrivent à recouvrer 98% des recettes. En tenant compte de l'effectif en activité dans les services et de la proportion des réalisations, l'on pourrait insinuer que les résultats de la DDCFET sont disproportionnés au regard des résultats globaux de la DGI. Le graphique ci-après décrit l'évolution des natures de recettes recouvrées par les services de Conservation Foncière. Cette présentation mettra en lumière le poids réel en termes de recettes, des différentes catégories d'impôts et taxes liés à l'activité de la Conservation Foncière proprement-dite.

8.1.3. L'évolution des réalisations fiscales de la DDCFET par catégorie de recettes

Les prestations des services de conservation foncière portent aussi sur le recouvrement des taxes et redevances en matière de domaine, des droits de timbre et d'enregistrement ainsi que des taxes de publicité foncière et d'immatriculation. Le montant collecté au niveau des deux dernières taxes représente les réalisations en matière de conservation foncière pure. Le tableau ci-dessous met en relief la part des différentes natures d'impôts recouvrées par la DDCFET.

<u>Figure n°4 :</u> Evolution des réalisations en matière de Conservation, domaine et enregistrement 2014-2020 en M. de FCFA

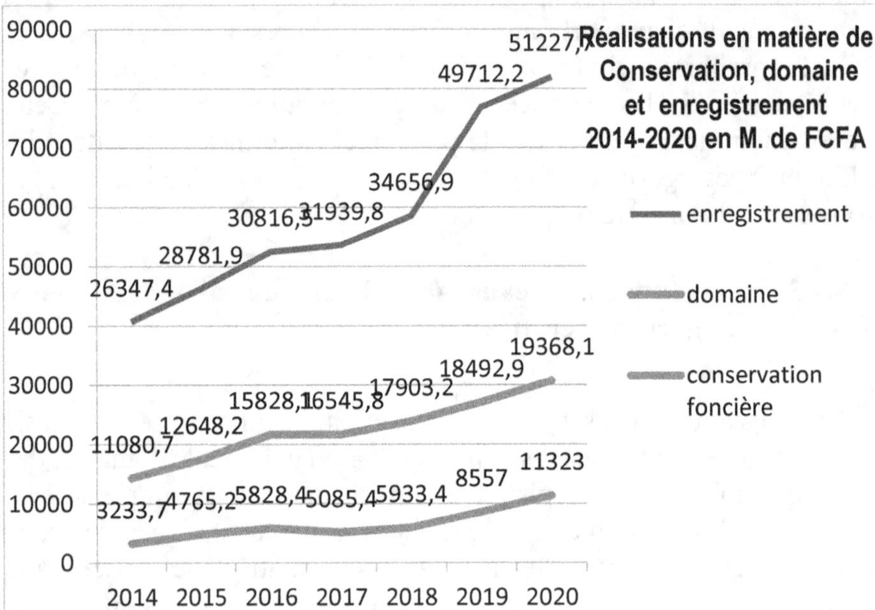

<u>Source :</u> Situation annuelle des recettes de la DDCFET, juin 2023

Les trois (3) courbes présentent l'évolution des recettes de la DDCFET, par catégorie notamment en matière de conservation foncière pure, domaine et enregistrement et timbre. Les recettes collectées en matière de conservation foncière pure sont considérées comme celles réalisées dans le cadre des activités de sécurisation juridiques des droits réels immobiliers et les autres recettes cumulées, notamment domaine, enregistrement et timbre sont celles encaissées dans le cadre de sécurisation financières des ressources étatiques. En 2020, les activités de sécurisation juridique ont permis à la DDCFET de collecter 11 milliards sur les 81 milliards réalisés par les services de Conservation Foncière. Cette manne financière représente 13% des recettes de la DDCFET et 0,46% des recettes globales de la Direction générale des impôts. La sécurisation financière des recettes estimée à 70 milliards a pour proportion 87% des réalisations de la DDCFET, ce qui représente à l'échelle globale de la DGI, 2,9% de l'ensemble des recettes fiscales au titre de l'exercice 2020.

À l'analyse, la DDCFET ne semble pas représenter un maillon essentiel du dispositif de recouvrement de la Direction générale des impôts à l'image des services aux recettes impressionnantes comme la Direction des Grandes Entreprises. Les réalisations de la DDCFET ne sont peut-être pas importantes en comparaisons avec d'autres structures de la Direction générale des impôts, mais la valeur des biens immobiliers sécurisés par cette administration ne doit-elle pas fonder tout jugement sur l'efficacité de la Conservation Foncière et l'importance de son rôle économique ? Les résultats ci-après nous donneront certainement beaucoup plus d'éclaircissements sur le poids économique de l'activité de sécurisation juridique qui est du ressort des services de Conservation Foncière.

8.2. AU NIVEAU DE LA SECURISATION JURIDIQUE DES DROITS REELS IMMOBILIERS

8.2.1. Les résultats des services en matière de création de titre foncier

Figure n°5 évolution de la production de Titre foncier par les services de CPFH

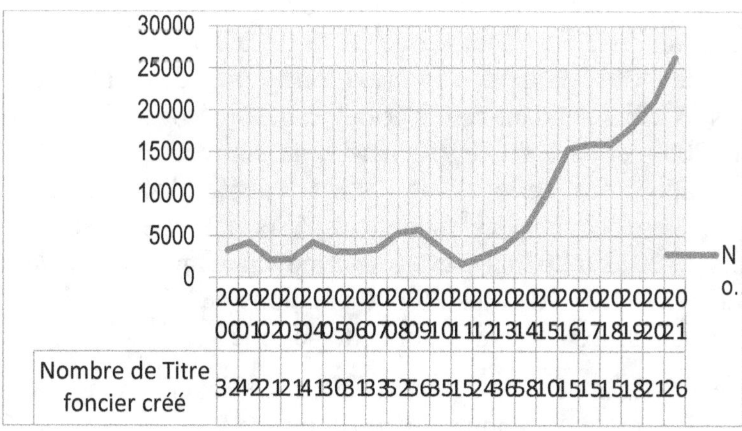

Source : Base de données du livre foncier électronique

La production de titre foncier est l'activité essentielle des services de Conservation foncière. Elle découle du régime foncier de l'immatriculation appliqué par la Côte d'Ivoire et surtout de la théorie de titrement de parcelles qui stipule que pour chaque parcelle identifiée corresponde un titre de propriété et un titre foncier. Le portefeuille de titres fonciers géré par les services de Conservation foncière au 31 décembre 2021 s'élève à environ 342 000 titres fonciers contre 170 511 en 2013, soit une hausse de 99,40%. La courbe de la figure ci-dessus représente une évolution ascendante de la production de titres fonciers en Côte d'Ivoire. Il est évident que les services de Conservation foncière maintiennent à présent le cap de la hausse annuelle de la production de titres fonciers. Toutefois, ces résultats sont insuffisants au regard du nombre de parcelles identifiées en Côte d'Ivoire qui est estimé à environ 1.600.000 par les services du Cadastre. Le bilan de la Conservation foncière en Côte d'Ivoire de façon globale est très négligeable en comparaison avec le nombre de titres fonciers créés et gérés par l'Agence Nationale de la Conservation Foncière, du Cadastre et de la Cartographie du Maroc qui s'élève à 6.500.000 titres fonciers à fin 2020[106], ce qui représente 20 fois la production nationale de titres fonciers en Côte d'Ivoire.

Un croisement de ces chiffres avec les informations produites dans le chapitre relatif aux spécificités des matières relatives à la conservation foncière montre que de 2003 à 2011, ils existaient 15 services de CPFH en Côte d'Ivoire. La moyenne de création annuelle de titres fonciers pendant cette période est estimée à 2 718 TF avec un pic en 2009 de 5.660 TF. En 2011, la nouvelle réforme portant réorganisation des services de CPFH a créé dix (10) nouvelles conservations foncières passant de 15 à 25 services. Le nombre de titres fonciers de 2012 à 2020 s'élève à une moyenne annuelle de 7 587 TF avec un pic en 2021 de plus 26 000 créations de TF, soit le triple des créations annuelles moyennes sur cette période.

Au cours de la période où la Conservation Foncière disposait de 15 services sur toute l'étendue du territoire, chaque service de CPFH réalisait 181 TF par an. Depuis 2011, année de la création de 24 services de CPFH, puis de l'érection de Bingerville en CPFH, la production

---

[106] Agence Nationale de la Conservation Foncière du Cadastre et de la Cartographie du Maroc, chiffres clés relatifs au patrimoine informationnel, disponible sur : https://www.ancfcc.gov.ma/presentation/chiffres-cles/, consulté le 27/10/2021.

annuelle moyenne de titre foncier est de 303 TF. Même si cette analyse ne tient pas compte de la spécificité et la charge de travail des services d'Abidjan par rapport à ceux de l'intérieur, le constat est ahurissant. Jusqu'en 2011, chaque service de CPFH a créé en moyenne 0,60 TF par jour. À partir de 2011, ce sont 1,01 TF créés par jour par CPFH.

Par ailleurs, en observant cette même courbe, trois (03) périodes principales peuvent aussi se dessiner en ce qui concerne les activités de création de titres fonciers. La première période se situe entre 2002 et 2003, la deuxième période de 2004 à 2010 et la troisième de 2011 à 2021. Il s'agit ici d'un découpage qui tient compte de l'environnement sociopolitique.

En 2002, la Côte d'Ivoire connait une crise militaro-politique importante. Le nombre de titres fonciers qui était de 4.204 l'année d'avant va régresser à 2.105 TF. Une période de détente politique commence en Côte d'Ivoire avec les accords politiques signés à Ouagadougou le 4 mars 2007. Elle coïncide avec une progression au niveau de la production de titres fonciers. L'on observe une légère hausse de 3.328TF en 2007 à 5.660 TF en 2009. L'année 2011 est marquée par la crise postélectorale et l'incertitude économique. Cette situation a certainement découragé les demandes de création de titre foncier, ainsi les services ont été témoin de la chute drastique du nombre de création de titres fonciers avec un triste record de 1558 TF. La dynamique de production est depuis lors en marche croissante et en 2015, la barre symbolique des 10.000 TF annuels est franchie. La Conservation foncière a mis également les bouchées doubles en 2020 pour hisser le nombre de création de titre foncier au-delà des 20.000 créations annuelles.

En se référant aux réformes foncières introduites pendant cet intervalle, il est à considérer deux grands temps, notamment 2002 à 2010 et 2013 jusqu'en 2021. Le premier est marqué par la réforme de simplification de la procédure de création de titre foncier avec en toile de fond l'opération titre foncier. Le second se caractérise par la réforme instituant l'Arrêté de Concession Définitive suivie de celle de la création du livre foncier électronique. Dans l'ensemble, la réforme de l'ACD a eu un véritable impact sur le volume de création de titre foncier. Au contraire, celle de la simplification avec l'opération titre foncier garde une incidence relative, puisque le nombre de titres fonciers avant comme après cette réforme oscille entre 3.000 et 5.000 l'année. L'impact de la simplification de la procédure de création de titre foncier reste donc mitigé mais aussi justifié compte tenu des infrastructures disponibles en son temps. Les analyses ci-après vont mettre en relief les résultats en matière d'établissement du certificat de propriété et de publication de l'ACD afin de mesurer réellement l'effet de ces deux réformes sur l'activité de la Conservation Foncière.

8.2.2. Les résultats en matière d'établissement du certificat de propriété

<u>Figure n°6 :</u> Evolution du nombre de transfert de propriété 2002-2013

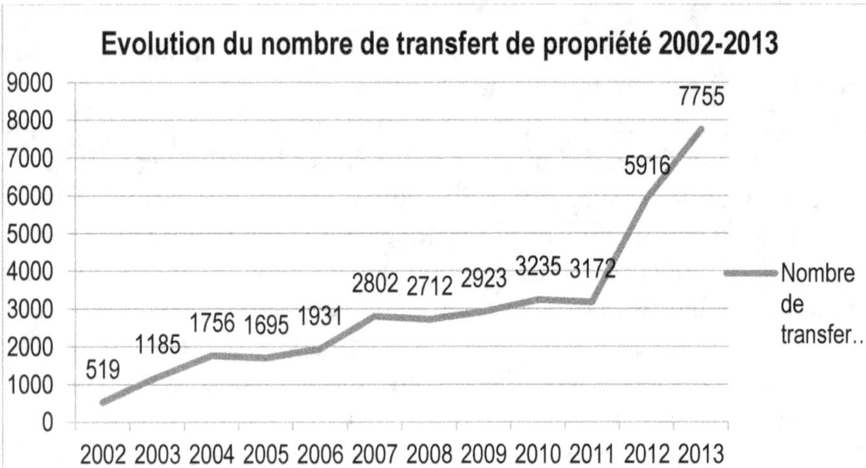

<u>Source :</u> Base de données du livre foncier électronique 2013

De l'année 2002 à 2013, le Certificat de propriété foncière est le titre de propriété délivré sur les parcelles de terrains urbains en première acquisition suite à la délivrance de l'ACP ou de l'arrêté d'attribution. Ce même acte était également délivré lorsqu'une mutation intervenait sur un titre foncier. Ainsi, commencé timidement en 2002 l'année de la réforme de simplification de la procédure de délivrance de titre foncier avec 519 certificats établis, l'opération titre foncier initiée par les managers de la conservation foncière a permis de booster la production de certificat de propriété foncière. En 2007, les services de conservation foncière ont réussi à établir 2802 certificats pour atteindre le chiffre de 3235 en 2010, malgré le contexte électoral tendu. De 2011 à 2013, la production de certificat de propriété foncière grimpe considérablement pour atteindre la barre des 7755 certificats. A partir de l'année 2013 il faut désormais compter avec la réforme instituant l'ACD « nouvelle version ».

8.2.3. En matière de publication des ACD

L'arrêté de concession définitive est certes le titre qui confère la pleine propriété des terrains urbains en première acquisition, mais les droits de propriété ne sont consolidés et valable que lorsque l'acte a été publié au livre foncier sur le titre foncier correspondant. Le graphique ci-dessous présente l'évolution du nombre de propriété définitive accordé sur les terrains urbains depuis la réforme de 2013.

Figure n°7 : Evolution du nombre d'ACD publiés au livre foncier

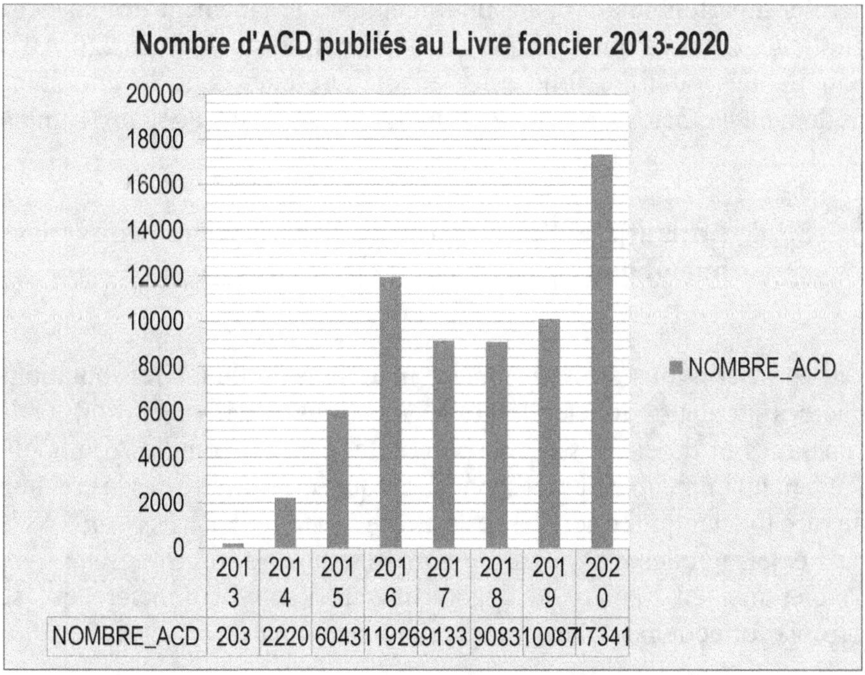

Source : Base de données du livre foncier électronique, juin 2023

Ce graphique sur l'évolution du nombre de publication des Arrêtés de Concession Définitive au livre foncier porte sur la période de 2013 à 2020. L'on observe une dynamique de croissance du nombre de publication d'ACD dans le livre foncier. L'année 2013 est considérée comme l'année zéro, puisqu'elle est marquée par la prise de l'ordonnance fixant les règles d'acquisition des terrains urbains ainsi que de son décret d'application. De l'année 2014 à 2016, le nombre d'ACD publié au livre foncier est passé de 2220 à 11.926. Les publications connaissent malgré tout une légère baisse en 2017 puis en 2018 et à partir de 2019, une tendance à la hausse est observée pour parvenir en 2020 au record de publication de 17.341 ACD au Livre foncier. Il importe de préciser qu'il existe aussi un décalage entre le nombre d'ACD signé par le Ministre en charge de la Construction (107.727) et le nombre d'ACD publiés au livre foncier par les services de la Conservation Foncière (79.507) qui se situent toujours en deçà du nombre de demande de création de titre foncier émanant dudit Ministère (129.008). Avant toute publication, la Conservation Foncière doit s'assurer que le citoyen s'est acquitté des droits et taxes exigibles. Ce dernier a parfois une propension à rechigner le paiement des taxes de publicité. C'est ce qui explique l'existence d'un stock de 28.220 ACD non publiés au livre foncier et encore présents dans le circuit de traitement des actes à publier au sein des services de CPFH au 31 juillet 2021.

8.2.4. En matière d'inscription au livre foncier (transactions immobilières)

Les inscriptions au livre foncier matérialisent toutes les mutations opérées sur un titre foncier, toutes les mentions en termes de droits réels constitués et de clauses d'indisponibilité. Ce sont tous les droits qui grèvent un immeuble durant sa vie juridique, c'est-à-dire dès la création du titre foncier que ce soit des restrictions à la jouissance des droits réels ou l'extension desdits droits. Le nombre annuel d'inscription au livre foncier met en lumière le dynamisme de l'activité foncière qui se déroule formellement dans une économie nationale.

<u>Figure n°8 :</u> Evolution du nombre d'inscriptions sur les titres fonciers 2010-2021

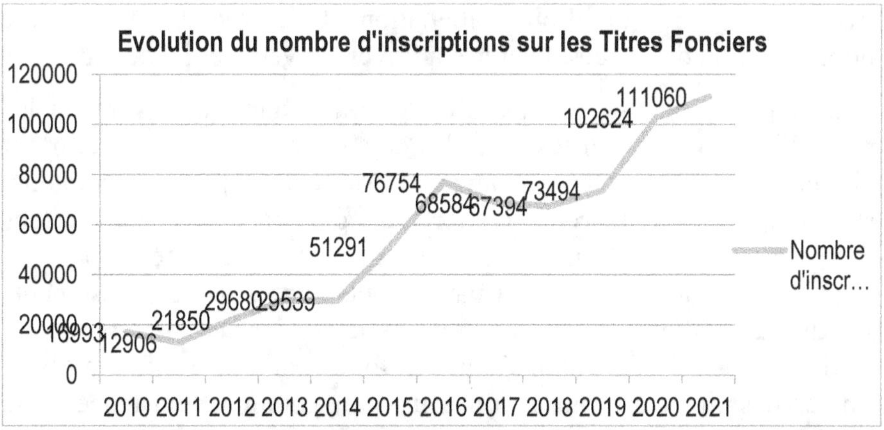

<u>Source :</u> Base de données du livre foncier électronique, février 2021

Cette figure nous donne de constater que le nombre d'inscriptions effectuées sur les titres fonciers au livre foncier garde un élan évolutif. La multiplication des inscriptions au livre foncier est un indice du dynamisme des transactions immobilières et donc du marché foncier et de l'immobilier. Depuis 2020, la conservation foncière a franchi la barre des 100.000 inscriptions l'année. Cette tendance est en hausse en 2021 avec une plus-value d'environ 10.000 inscriptions avant la fin de l'exercice. La croissance du nombre d'inscriptions et des mentions va de pair avec l'augmentation de la production de titre foncier par les services de conservation foncière. Au regard de ce qui précède, il peut être déduit que le boom supposé du foncier a une répercussion certaine sur le flux financier qui circule sur ce marché.

8.2.5. Au niveau du marché foncier et immobilier

Les premiers résultats relatifs à la création de titre foncier, l'établissement de certificat de propriété foncière et la publication des ACD, traduisent une vitalité au niveau de l'accession à la propriété foncière urbaine. Le Droit de propriété étant créé et consolidé, alors le régime foncier de l'immatriculation dans son volet transfert privé de propriété, c'est-à-dire un transfert de droits sur la terre sur la base d'un paiement[107] ou à titre gratuit peut entrer en action. Le marché foncier se trouve être le lieu de rencontre de l'offre et de la demande d'accès à la terre ou de « marchandisation des droits d'appropriation ». Ce marché favorise l'exercice du droit d'aliénation et de fructus, qui est une monétarisation de l'accès à la terre à travers la vente et la location.

Ce type de marché est qualifié de formel dans la mesure où les transactions sont transcrites dans des documents authentiques et n'ont pas lieu au travers des échanges informels entre les opérateurs économiques. Ce marché comprend également les conventions d'hypothèques qui constituent des garanties accordées par les propriétaires pour obtenir les financements auprès des établissements bancaires. Le rôle de la Conservation Foncière dans ce marché foncier est de sécuriser les actes ainsi que les fonds par l'inscription au livre foncier des titres de transaction afin d'en garantir l'existence et le remboursement le cas échéant. Les résultats ci-après permettent d'appréhender le flux financier généré par les transactions foncières et injecté dans l'économie nationale que l'Etat de Côte d'Ivoire s'engage à protéger par le biais de ses services de Conservation Foncière.

- ✓ **Valeur des terrains urbains publiée au livre foncier électronique dans le cadre de l'ACD**

[107] Jean-Philippe Colin, Le développement d'un marché foncier ? Une perspective ivoirienne, De Boeck Supérieur « Afrique contemporaine » 2005/1 n° 213 | pages 179 à 196, Article disponible en ligne à l'adresse : https://www.cairn.info/revue-afrique-contemporaine-2005-1-page-179.htm, Consulté le 23/10/2021.

<u>Figure n°9 :</u> Evolution du montant des biens immobiliers inscrits au livre foncier dans le cadre de la publication de l'ACD

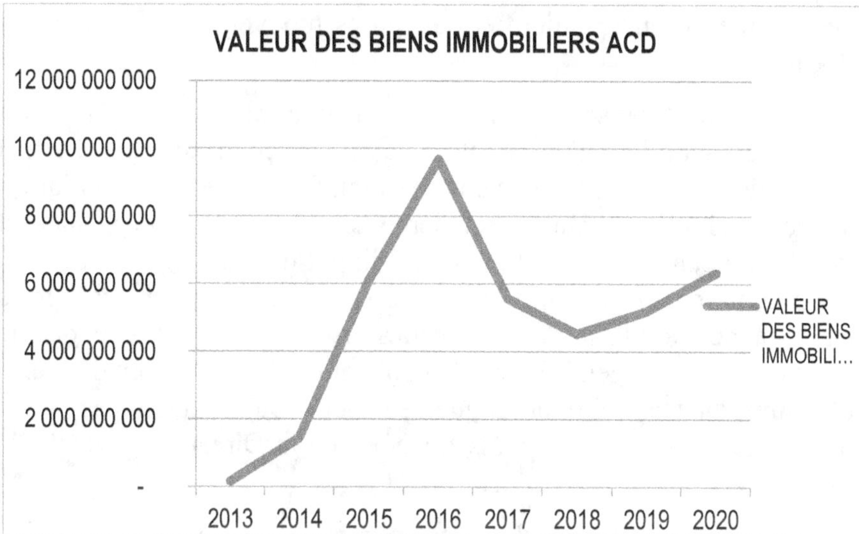

<u>Source :</u> données extraites du Livre foncier électronique 2021.

Le nombre de publications d'Arrêté de Concession Définitive et les montants de biens immobiliers correspondant au nombre de titres de propriété délivrés sur la période de 2013 à 2021, peuvent aider à faire une analyse du poids économique de la Conservation Foncière. La présente illustration est un extrait de l'allocution du Directeur Général Adjoint des Impôts, Cissé Aboubacari [108], au cours de la troisième édition de la Conférence des Conservateurs. En 2020, selon cet éminent responsable de la Direction générale des Impôts, les services de la conservation foncière représentent plus de 21.000 titres fonciers créés avec en perspectives un nombre avoisinant les 30.000 TF en 2021.

Le montant déboursé par les usagers clients qui sont composés de ménages, opérateurs économiques et autres structures s'élève à environ 1.400 milliards de FCFA pour l'acquisition de parcelles ayant abouti à la délivrance de l'ACD. Cette manne financière représente ce que le foncier a permis de générer sur le marché foncier formel en matière de

[108] Une analyse du poids économique de la conservation foncière en 2021 présentée par le Directeur Général Adjoint des Impôts, Monsieur CISSE Aboubacari, au cours de la Conférence des conservateurs du 30 septembre et 01 octobre 2021 à l'hôtel président de Yamoussoukro.

transfert administratif de propriété, de transfert privé et de prise d'hypothèques. Autrement-dit, ce montant désigne le prix de première acquisition de la parcelle foncière urbaine, le coût déboursé au moment de la mutation immobilière et des autres mouvements financiers sur l'immeuble.

Les perspectives sont donc bonnes sur cette activité économique que la Conservation Foncière facilite à travers la sécurisation juridique de l'immeuble, la captation et la conservation des données économiques y afférentes. La Conservation Foncière s'érige ainsi en acteur majeur de la fiscalité patrimoniale, une nature d'impôt que la Direction générale des impôts entend aujourd'hui explorer davantage pour accroitre sa capacité de mobilisation des recettes fiscales. S'il est vrai que les recettes fiscales engendrées par la publication des ACD sont de plus en plus importantes, il faut noter que celles-ci ne représentent pas plus de de 2% de l'ensemble du poids financier de la Direction générale des impôts.

Toutefois, suggère-t-il de ne pas perdre de vue également que 75 à 80% des actes imposés par la Direction Générale des Impôts sont liés à l'Arrêté de Concession Définitive. C'est pourquoi aussi négligeables que peuvent paraitre les montants en termes de recettes fiscales générées par la Conservation Foncière, le traitement des ACD occupe un volume important dans l'activité desdits services. Selon le Directeur général adjoint, il urge d'automatiser les procédures foncières des services de conservation foncière pour rendre la chaine foncière plus dynamique, robuste et complète. La dématérialisation à travers la mise en place d'applicatives informatiques est plus qu'aujourd'hui indispensable en raison de la simplification et transformation digitale qui projette la production annuelle de 60.000 titres fonciers.

- ✓ **Nombre et montant des mutations immobilières sur les terrains urbains formalisés depuis la réforme de l'ACD**

L'établissement de l'ACD sur les terrains urbains matérialise le transfert administratif de propriété par le fait de l'Etat qui en tant que propriétaire du domaine aliène une partie de son patrimoine foncier privé au profit des personnes physiques ou morales en vue de la mise en valeur. Cette phase importante permet aux biens immobiliers ainsi cédés de rentrer sur le marché foncier formel. Le nouvel acquéreur qui en éprouve le besoin est admis à procéder à un transfert privé de propriété par le mécanisme de la mutation immobilière. La législation foncière ivoirienne exige le recours aux actes authentiques notariés pour l'accomplissement de ces formalités. Le volume des mutations immobilières est un indicateur du dynamisme de l'économie immobilière et voire de la facilitation de l'environnement des affaires.

La réforme de 2013, contrairement à celle de 2002 a fait une distinction entre l'Arrêté de concession définitive délivré par le Ministre en charge de la Construction et le certificat de mutation de propriété foncière établi par le Conservateur sur toutes les mutations ultérieures.

Figure n°10 : Evolution du nombre de mutations immobilières formalisées de 2013-2020

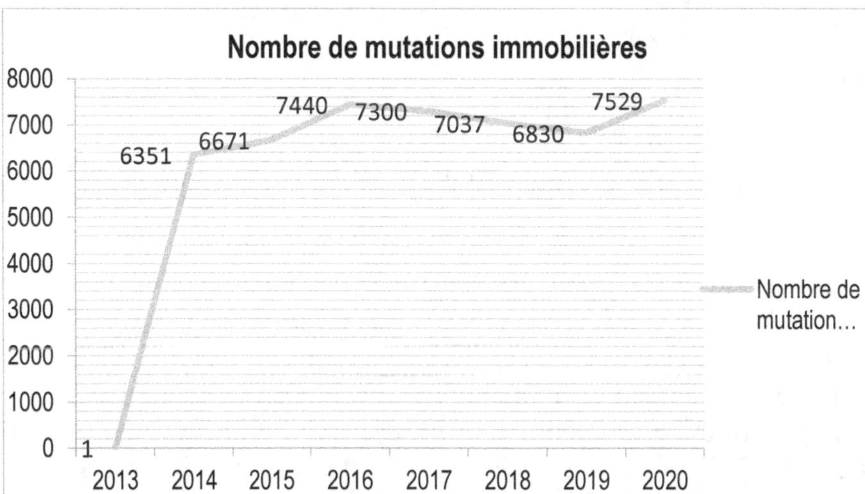

Source : données extraites du livre foncier électronique, février 2021

L'effet de la réforme de l'ACD en matière de mutation immobilière a commencé à faire tache d'huile à partir de 2014. Cette année-là les Conservateurs ont pu établir 6351 certificats de mutation de propriété foncière (CMPF). Depuis, le nombre de mutation oscille entre 6000 et 7000 certificats délivrés annuellement aux usagers clients. Ces mutations prennent en compte les changements entre vifs et pour cause de décès. A partir du nombre de certificats délivrés, il est difficile d'apprécier réellement l'impact de la réforme foncière urbaine de 2013. La présentation des résultats obtenus en ce qui concerne le montant des mutations immobilières pourraient certainement aider à faire une bonne évaluation.

Le montant des mutations immobilières formalisées de 2013-2020

<u>Figure n°11 :</u> Evolution des montants de mutations immobilières formalisées de 2010-20210 en Milliards de FCFA

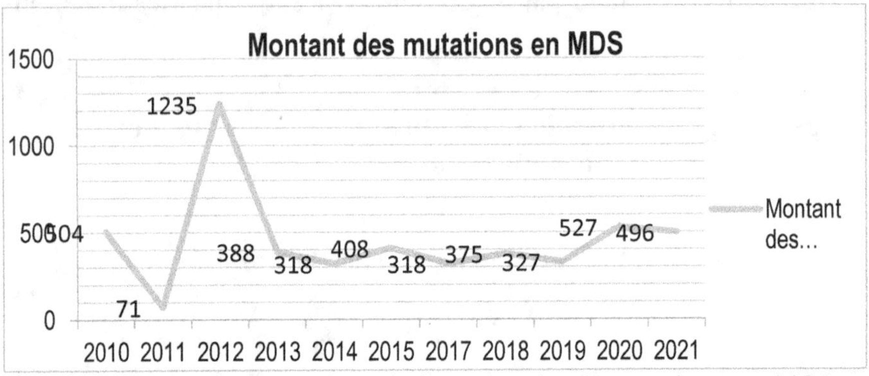

<u>Source :</u> données extraites du livre foncier électronique en 2021

Au regard de ce graphique, nous pouvons noter que les mutations immobilières en Côte d'Ivoire observent une certaine constance, à part le pic de 2012 estimé à 1.235 milliards. C'est une moyenne de de 350 milliards de transactions immobilières qui est conclue par année sur le marché formel de l'immobilier. Le pic déséquilibré observé en 2012 qui s'élève 1.235 milliards semble être lié à la crise postélectorale, pour deux raisons supposées : soit les transactions immobilières concluent en 2011 n'ont pas pu être matérialisées ou bien la crise politique ayant certainement détruit les richesses et accentué la pauvreté, alors les agents économiques se sont adonnés à la vente de leurs biens immobiliers pour enrichir leurs finances.

8.2.6. Au niveau des inscriptions hypothécaires sur le livre foncier électronique

Le marché hypothécaire dans le sens de la finance boursière est un marché financier qui permet d'émettre des billets à ordre garantis par des hypothèques. Ces billets hypothécaires sont négociés auprès des établissements spécialisés et peuvent être échangés contre des financements immédiats[109]. Ces établissements de crédits souhaitant se refinancer apportent des créances hypothécaires correspondant aux prêts au logement ou à l'immobilier. Il s'agit des banques ou autres établissements financiers qui prêtent de l'argent aux particuliers qui veulent acheter ou qui disposent déjà d'un immeuble en contrepartie d'une garantie. Ce sont des prêts à long termes garantis par des hypothèques afin d'assurer leur refinancement.

Le livre foncier est l'instrument légal qui permet de protéger le créancier hypothécaire. Il permet en sus de mesurer le volume de crédit hypothécaire qui circule au sein de l'économie entre l'institution bancaire et le détenteur d'un bien immobilier préalablement immatriculé. Dans cette rubrique, nous distinguerons l'évolution du nombre d'hypothèques conventionnelles de la progression du montant des hypothèques contractées.

---

[109] www.boursedescredits.com/lexique/marche-hypothecaire-

Figure n°12 : Evolution du nombre d'hypothèques conventionnelles inscrites au livre foncier de 2000 à 2020

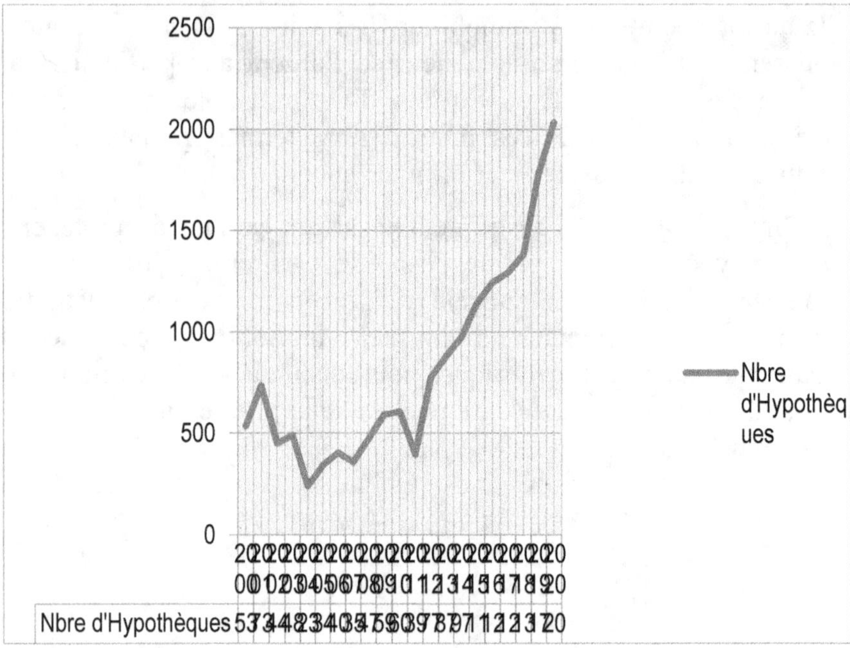

Source : données extraites du livre foncier électronique 2021

<u>Figure n°13 :</u> Evolution du montant des hypothèques conventionnelles inscrites au livre foncier de 2000 à 2020 en Million de FCFA

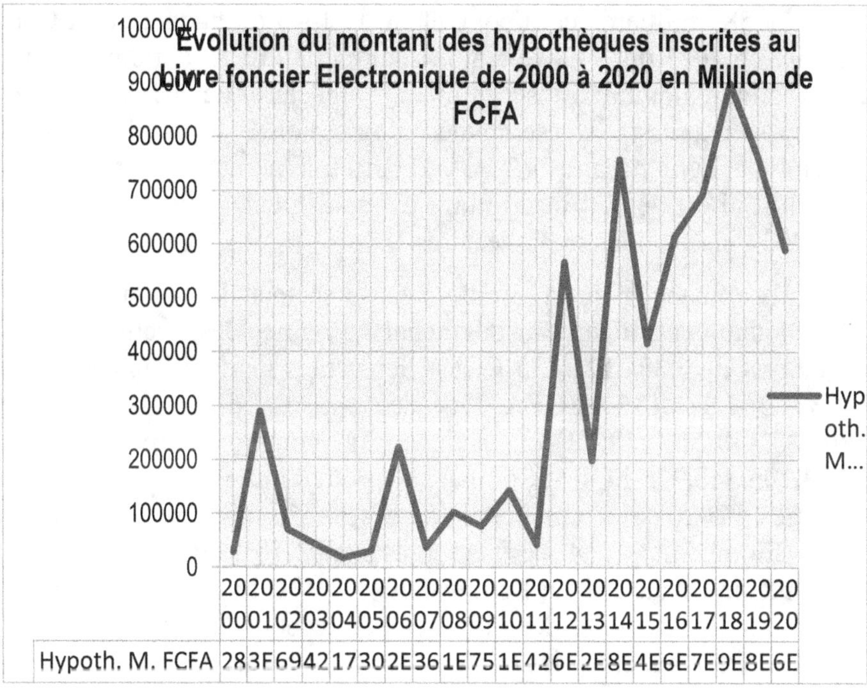

<u>Source :</u> Données extraites du livre foncier électronique 2021

Le montant des biens immobiliers inscrit au livre foncier dans le cadre de la publication des ACD, des ventes immobilières et de l'inscription hypothécaire montre que le marché foncier et de l'immobilier est en plein essor en Côte d'Ivoire. En ce qui concerne particulièrement les hypothèques conventionnelles, de 2011 à 2020, la Conservation Foncière a inscrit et sécurisé au livre foncier électronique un montant d'hypothèque s'élevant à 5.529 milliards FCFA sur divers titres fonciers. Cette manne financière est largement au-dessus du budget de la Côte d'Ivoire de 2015 qui s'élève à un montant de 5.196 milliards de francs CFA.

La courbe dressée à la figure n°13 montre une hausse non rectiligne du montant annuel des hypothèques publiées au livre au livre foncier. Dans l'ensemble, ces résultats font observer tout de même une progression en dépit de quelques chutes constatées. Par exemple en

2011, ce sont 42.196 millions de FCFA accordés comme crédit hypothécaire aux propriétaires immobiliers contre environs 800.000 millions de FCFA en 2018 qui constitue le pic jamais égalé en une année dans l'économie ivoirienne. Poussée plus loin, l'analyse permet de constater que le montant des hypothèques sécurisées en 2020 qui se chiffre à 589 milliards est l'équivalent de 14% du budget de la Côte d'Ivoire en 2021 qui s'élève à 8.621 Milliards FCFA. Parallèlement à ce montant, le nombre d'inscriptions hypothécaires de 2012 à 2020 est tout aussi expressif. Il est en net progression et a évolué de 774 inscriptions hypothécaires à 2.034. En effet, le nombre d'hypothèques en 2014 qui est de 974 inscriptions est quasiment le double, en 2020 avec 2034 inscriptions hypothécaires.

Le flux financier qui a circulé dans le secteur de l'immobilier en 2020 notamment au niveau des achats d'immeubles ayant abouti à **l'ACD est de 6.304.121.430 FCFA**, les ventes immobilières estimées à **527.267.871.135 FCFA** et des prises d'hypothèques **de 780.133.348.210 FCFA** s'élève à approximativement à **1.313.705.340.775 FCFA**. Comparé au produit intérieur brut de la Côte d'Ivoire en 2020 qui a franchi la barre des 34.693 milliards de CFA soit 61,35 Billion dollar USA, ce flux représente 03,78% du PIB. Bien plus, cette manne financière est l'équivalent de 15% du budget de la Côte d'Ivoire en 2021 et 45% des prévisions de recettes fiscales à la charge de la Direction générale des impôts pour cette même année.

Le Ministère de l'Economie et des Finances s'est doté depuis 1987, d'un Compte de Mobilisation pour l'Habitat (CDMH). Ce compte a pour objectif d'améliorer les conditions d'accès à la propriété de l'habitat social et de concourir au refinancement des crédits acquéreurs consentis par les banques et les établissements financiers. Dans le cadre de ce mécanisme, le gouvernement a obtenu des banques que les prêts sollicités par les acquéreurs pour les logements sociaux, soient d'un taux de 5.5%. Ce taux était auparavant de 9,5%. Le taux d'intérêt du crédit acquéreur de 5,5% l'an permet aux populations d'acquérir des logements décents à des conditions de crédit bancaire peu onéreux pour les populations. Cette tendance baissière du taux d'intérêt du crédit immobilier a contribué à augmenter les demandes dans ce sens. Le volume sans cesse croissant du flux financier injecté par les banques par le biais du crédit hypothécaire contribue à booster le marché foncier et à réaliser la politique de logement du gouvernement. Selon le vice-président de l'Association des Professionnels des Banques et des Etablissements financiers de Côte d'Ivoire (APBEF-CI), les banques s'engagent à octroyer les prêts aux conditions favorables afin d'encourager les clients à solliciter le crédit immobilier.

8.3. DE LA NOTORIETE DES SERVICES ET DE LA SATISFACTION DES CLIENTS

Les trois points abordés dans le cadre de la présentation des résultats de la Conservation Foncière sont relatifs aux productions directes des services, avec un accent particulier sur le volet opérationnel. La présente partie porte sur l'impact des actions et prestations desdits services sur les usagers clients. Pour mesurer ces résultats, une équipe d'enquête mise en place a soumis les clients à des questionnaires. L'enquête s'est déroulée au cours des mois de juillet et Aout 2021. Les services concernés par l'enquête ont été déjà décrit dans le chapitre relatif à la méthodologie. Les pages suivantes restituent les données obtenues, en ce qui concerne les catégories de personnes qui sont intéressées par les services rendus par la Conservation foncière, la notoriété desdits services auprès des usagers et la qualité des prestations fournies.

8.3.1. Types de clients intéressés par les services de CF

Tableau n°22 : Récapitulatif des usagers clients enquêtés

TABLEAU N° 2 RECAPITULATIF DES USAGERS CLIENTS ENQUETES														
CONSERVATION		ITEMS ET EFFECTIFS												
		GENRE		AGE			TYPE DE CLIENTS		STATUT DES USAGERS LAMBDAS					
		H	F	-30 ans	-50 ans	+50 ans	P	Usa	SE	ST	EN	SA	FC	RT
1	ABOBO	55	31	17	52	17	30	56	04	00	15	23	10	04
2	BINGERVILLE	73	25	09	61	28	42	56	02	01	17	14	18	04
3	COCODY	77	23	20	65	15	50	50	01	00	11	32	04	02
4	PLATEAU	29	07	12	20	04	10	26	02	00	02	22	00	00
5	YOPOUGON 1	53	20	13	45	15	33	40	03	02	14	16	04	01
6	YOPOUGON 2	56	24	18	44	18	31	49	02	05	20	16	05	01
7	GRAND-B	57	23	11	54	15	39	41	01	00	20	16	04	00
8	RIVIERA	66	22	10	69	09	59	29	01	01	11	04	08	04
9	DABOU	46	16	10	31	21	19	43	04	00	15	13	08	03
10	MARCORY	42	20	12	41	09	19	43	02	00	8	32	01	00
11	TREICH	36	13	05	41	03	28	21	01	00	14	01	05	00
EFFECTIFS TOTAUX		**590**	**224**	**137**	**523**	**154**	**360**	**454**	**23**	**09**	**147**	**189**	**67**	**19**
NOMBRE TOTAL DE PARTICIPANTS : 814														
% SUR L'EFFECTIF GENERAL		**72**	**28**	**17**	**64**	**19**	**44**	**56**	**3**	**1**	**18**	**23**	**8**	**2**
% AU NIVEAU DE L'EFFECTIF DES USAGERS LAMBDAS								**100**	**5**	**2**	**32**	**42**	**15**	**4**

Source : KRA, KOUAMBLA enquêtes menées en2021

Les services de Conservation foncière font partie du grand ensemble de la DGI et du Ministère en charge du Budget. La démarche qualité adoptée par la tutelle impacte nécessairement le déroulement de l'activité des CPFH. La typologie de la clientèle est un paramètre qui permet de prendre en compte les besoins des clients et d'adapter les prestations fournies. Avant de porter un regard sur le jugement des usagers, il parait utile de faire une catégorisation des usagers par genre, tranche d'âge, type de clients et statut professionnel. Le tableau ci-après dresse un état récapitulatif sur la période indiquée des usagers-clients qui se sont présentés dans les services de Conservation Foncière.

Figure n°14 : Effectif détaillé de la population enquêtée par service de CPFH

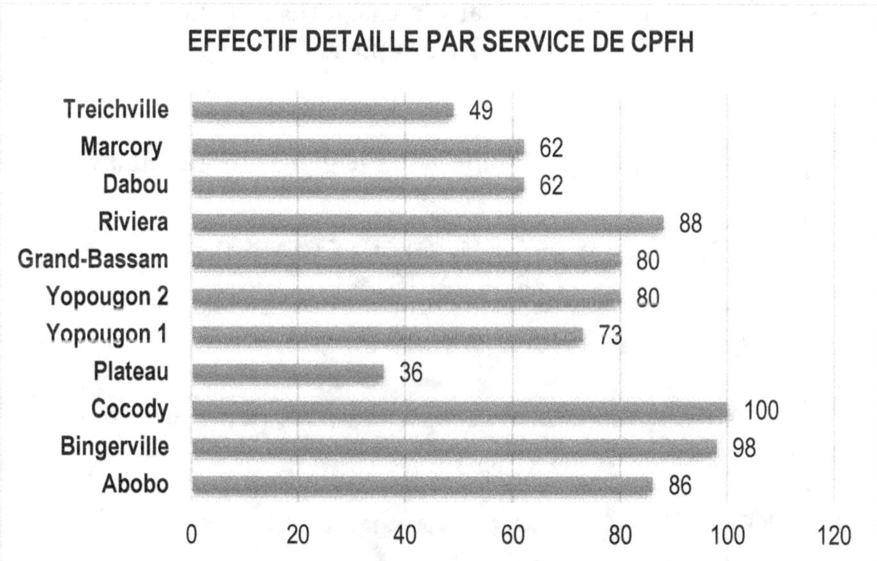

Source : KRA, KOUAMBLA enquêtes menées en 2021

L'enquête s'est déroulée sur une durée de 5 jours dans chaque service. L'objectif assigné au départ était de 100 personnes à soumettre au questionnaire par services. Finalement, le nombre de personnes interrogées varient entre 36 pour la CPFH du PLATEAU et 100 pour la CPFH de COCODY. Les deux plus grands effectifs par service sont ceux de la CPFH de COCODY et de la CPFH de BINGERVILLE qui totalisent respectivement 100 et 98 participants. Dans les services de

Conservation Foncière du PLATEAU et de TREICHVILLE, l'on note une faible participation qui s'élève respectivement à 36 et 49 personnes. En termes de moyenne générale, ce sont74 personnes interrogées par service. Le nombre total de personnes interrogées dans le cadre de cette enquête s'élève à 814 personnes sur objectif de 1100 personnes, soit un taux de 74%.

8.3.2. Proportion du Genre et de la tranche d'Age des clients de la conservation Foncière

Dans cette rubrique, le chercheur fait une catégorisation des usagers clients des services de Conservation Foncière. Cette classification permettra d'établir un possible lien entre le genre et la tranche d'âge, et le critère de fréquentation des services. L'histogramme sous forme de barres ci-dessous, montre que dans la catégorie du genre, les hommes sont les plus nombreux à formuler des prestations auprès des services de CPFH.

<u>Figure n°15 :</u> Effectif détaillé selon le genre des participants

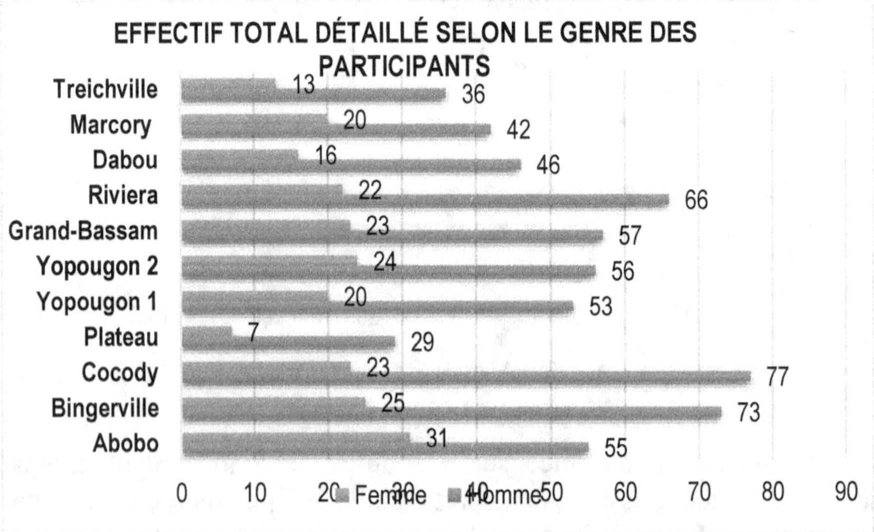

<u>Source :</u> KRA, KOUAMBLA enquêtes menées en 2021

L'enquête a enregistré 814 participants dont 590 hommes, soit près des trois quarts. Ce nombre représente 72,48% des enquêtés contre 27,51% personnes relevant du genre féminin. La population qui fréquente et formule régulièrement des prestations de service au sein des Conservations Foncières est dominée en majorité par le genre masculin. L'histogramme ci-après se focalise sur la tranche d'âge des participants qui formule régulièrement des prestations de services auprès de la Conservation Foncière. Nous avons catégorisé trois tranches. Il s'agit de la tranche d'âge des personnes de moins de 30 ans qui représente les personnes en formation ou en quête d'emploi, ensuite la tranche d'âge de 30 à 50 ans qui représente les enquêtés en activité et enfin celle de plus 50 ans non loin de la retraite fixée à 55ans, 60 ans et 65 ans en Côte d'Ivoire en fonction du grade et de la catégorie de travail.

<u>Figure n°16 :</u> Effectif détaillé selon l'âge des populations enquêtées

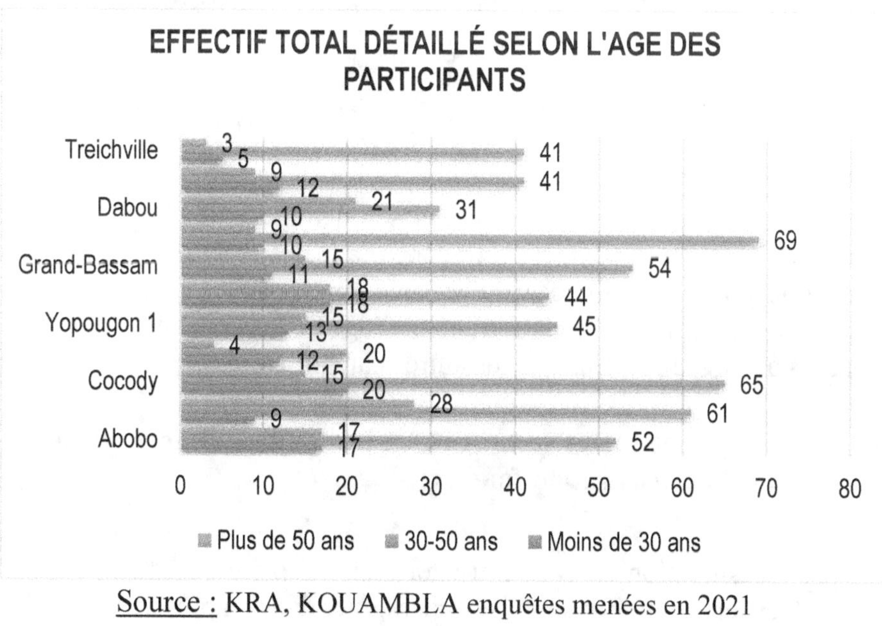

<u>Source :</u> KRA, KOUAMBLA enquêtes menées en 2021

Cet histogramme montre bien que 523 personnes enquêtées font partie de la tranche de personnes âgées de 30-50 ans, soit près des deux tiers de l'ensemble des données recueillies pour cette typologie. Ce nombre représente 64,25% des enquêtés. En conséquence, nous pouvons affirmer que la population dont l'âge se situe entre 30 et 50 ans qui est réputée en activité est beaucoup plus concernée par les questions qui touchent à la Conservation Foncière, donc à la garantie des droits de propriété. Cette population fait partie de la classe moyenne émergente et dispose certainement d'une surface financière assez suffisante pour prétendre acquérir une parcelle de terre.

Figure n°17 : Représentation des participants selon le genre et l'âge

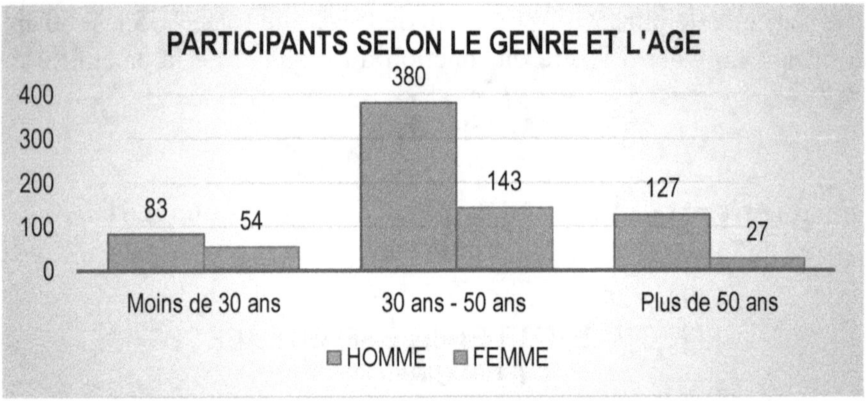

Source : KRA, KOUAMBLA enquêtes menées en 2021

Le croisement entre les effectifs selon l'âge et le genre, met en lumière la prépondérance de la tranche d'âge qui se situe entre 30 et 50 ans et le genre masculin comme les catégories les plus représentatives. Ils sont considérés comme la tranche d'âge et le genre plus intéressés par les affaires foncières que les autres catégories.

8.3.3. Typologie et statut professionnel des usagers-clients de la conservation foncière

La classification du type d'usager-client s'intéressant aux activités de la Conservation foncière vise à distinguer dans un premier temps les professionnels de l'immobilier, des citoyens lambda. En second lieu, il s'agit de déterminer le statut social desdits citoyens et d'établir un lien entre les critères socioéconomiques et l'accès à la propriété foncière. Ainsi, nous avons pu identifier parmi les usagers clients qui ont recours aux prestations fournies par la conservation foncière hormis les professionnels de l'immobilier composés de notaires, clercs de notaire, commissaires de justice, aménageurs fonciers et agents de promotion immobilière, des citoyens lambda de statuts différents. Il s'agit notamment des sans-emplois, stagiaires, entrepreneurs, salariés, fonctionnaires et autres retraités.

Figure n°18 : Effectif détaillé de la population enquêtée selon le type de clients

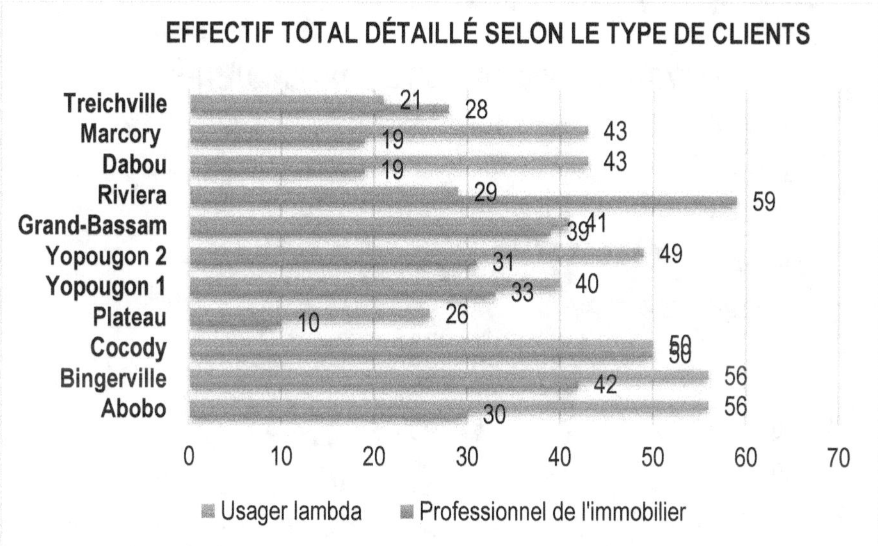

Source : KRA, KOUAMBLA enquêtes menées en 2021

Cet histogramme fait constater que les usagers clients ne faisant pas partie de la catégorie des professionnels de l'immobilier sont les plus nombreux. Le dépouillement des fiches d'enquête a permis de dénombrer 454 usagers non professionnels contre 360 professionnels de l'immobilier sur la population des 814 personnes enquêtées. Les personnes non professionnelles représentent 55,77% des usagers qui ont fréquenté les services de Conservation foncière durant la période de l'enquête. Cette supériorité du nombre de citoyens lambda par rapport au nombre de professionnels de l'immobilier est effective dans tous les services de Conservation foncière à l'exception de trois (03) CPFH. Dans la Conservation Foncière de Riviera, l'enquête a dénombré 59 professionnels contre 29 usagers ordinaires, celle de Treichville a concerné 21 usagers non professionnels contre 28 professionnels. Au niveau de la CPFH de Cocody, les deux statuts (professionnels et non) coupent la poire en deux.

Il faut indiquer que cette proportion n'est pas toujours exacte compte tenu du volume des demandes de formalités qui varie d'une catégorie de clients à une autre. En général, les professionnels de l'immobilier qui se rendent dans les CPFH sont porteurs de plusieurs demandes de formalités au profit de leurs clients.

Figure n°19 : Statut social des citoyens lambda enquêtés

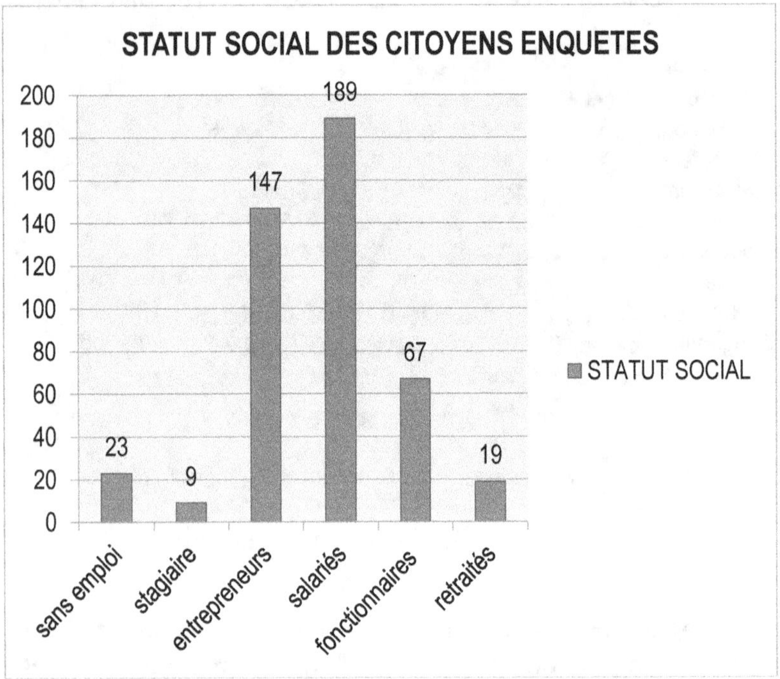

Source : KRA, KOUAMBLA enquêtes menées en 2021

L'histogramme n°7 décrit le statut social des citoyens lambda qui se sont prêtés aux questionnaires administrés par notre équipe dédiée. La majorité des enquêtés est composée de salariés et d'entrepreneurs. Ces deux catégories caracolent en tête du classement par statut social avec respectivement 189 et 147 enquêtés. Elles totalisent 74% de l'effectif des citoyens enquêtés. À partir de ces données, il peut être déduit avec réserve que les travailleurs du secteur privé sont les plus enclins aux affaires foncières. Les fonctionnaires et retraités sont quant à eux en nombre restreint avec 86 personnes, ce qui représente 18% de l'effectif total. Comme quoi, le travail salarié génère beaucoup plus de revenus que la fonction publique au point où les agents du privé seraient plus prompts à s'acheter des biens immobiliers. Ce même tableau semble se confirmer en ce qui concerne le niveau de connaissance de la conservation foncière et des activités qui s'y déroulent par les usagers clients.

8.3.4. Connaissance de la conservation foncière

Dans cette rubrique l'optique du chercheur est de connaitre les moyens de communication par lesquels les enquêtés ont eu connaissance de l'existence d'un service de conservation Foncière. Ce paramètre est complété par la compréhension du rôle d'un service de conservation foncière ainsi que de la notion de titre foncier. Dans le canevas de cette étude, tous ces éléments participent de la bonne connaissance de l'institution Conservation Foncière.

- ✓ **Les moyens de communication par lesquels les clients ont eu vent de l'existence du service de la conservation foncière**

Tableau n°23 : Récapitulatif des moyens de communication ayant permis la connaissance de la conservation foncière

RECAPITULATIF DES MOYENS DE COMMUNICATION AYANT PERMIS LA CONNAISSANCE DE LA CF															
	Genre		Age			Type de clients								Réponses Totales	%
Items	H	F	- 30	-50 ans	+ 50 ans	PR	US. L	Usager lambda							
								SE	ST	E	S	F	R		
Télé	16	5	4	11	6	7	14		1	6	5	2		**21**	**2,5**
Radio	2	2		3	1	2	2			2				**4**	**0,5**
Net/RS	3	1	2	2			4	1		1	2			**4**	**0,5**
Journal	4	2	1	3	2	3	6			1	1	1		**6**	**0,75**
Citoyen	47	40	21	46	20	10	77	7	2	41	22	4	1	**87**	**10,75**
Admi	**518**	**174**	**108**	**458**	126	338	354	15	6	96	159	60	**18**	**692**	**85**
TOTAL	**590**	**224**	**137**	**523**	**154**	**360**	**454**	**23**	**9**	**147**	**189**	**67**	**19**	**814**	**100**

Source : KRA, KOUAMBLA enquêtes menées en 2021

Ces données ont été obtenues par administration de questionnaires fermés. Elles permettent de déterminer le degré de médiatisation des activités de Conservation foncière. Ce paramètre est utile pour comprendre la politique de communication de la Conservation foncière et son impact sur le public. Dans ce sens, les enquêtés de différentes catégories ont été amenés à se prononcer sur le type de moyen de communication qui leur a permis d'avoir vent de l'existence du service de conservation foncière à travers un questionnaire fermé à choix multiples. Les questions ont été fermées autour des points suivants : la télévision, la radio, l'internet et les réseaux sociaux, la presse écrite, le concitoyen et l'administration.

Aux termes de l'enquête, nous avons enregistré 662 personnes enquêtées qui affirment avoir eu connaissance de la Conservation foncière par le canal d'un service l'administration publique. Cette proportion représente 85% du total de l'effectif. Ensuite, viennent les personnes informées par les concitoyens au nombre 87 personnes, ce qui représente 10,75%. Ces enquêtés ont eu connaissance de l'existence dudit service au cours des échanges informels avec d'autres personnes. La connaissance des services de Conservation par le biais des autres administrations foncières est une réponse qui est majoritairement donnée par toutes les catégories des personnes interrogées. Au niveau du genre des enquêtés, on peut noter que 88% des hommes et des femmes ont donné cette même réponse. Au niveau de l'âge, nous avons 79% des moins de 30 ans, contre 88% des 30-50 ans et 82% des plus de 50 ans qui disent avoir été informé de ce fait par les administrations publiques. Quant aux professionnels de l'immobilier, ce sont 95% des enquêtés de cette catégorie qui ont affirmé connaitre la Conservation foncière par le fait de l'administration publique et 78% des usagers citoyens ont porté leur choix sur la même réponse. Pour la catégorie des citoyens usagers, ce sont 18/19 retraités et 60/67 entreprenants qui estiment avoir eu connaissance de l'existence de l'entité Conservation foncière par le canal de l'administration. Au total, notons que le dixième de l'effectif général des personnes enquêtées dit avoir connu la conservation foncière par le biais d'un concitoyen. Ces résultats montrent que très peu de participants (moins de 5%) ont entendu parlé de la Conservation foncière dans les médias. Ces résultats sont de nature à susciter des interrogations légitimes sur l'existence et l'efficacité de la politique de communication de la Conservation foncière.

Figure n°20 : Connaissance de l'existence de la Conservation Foncière

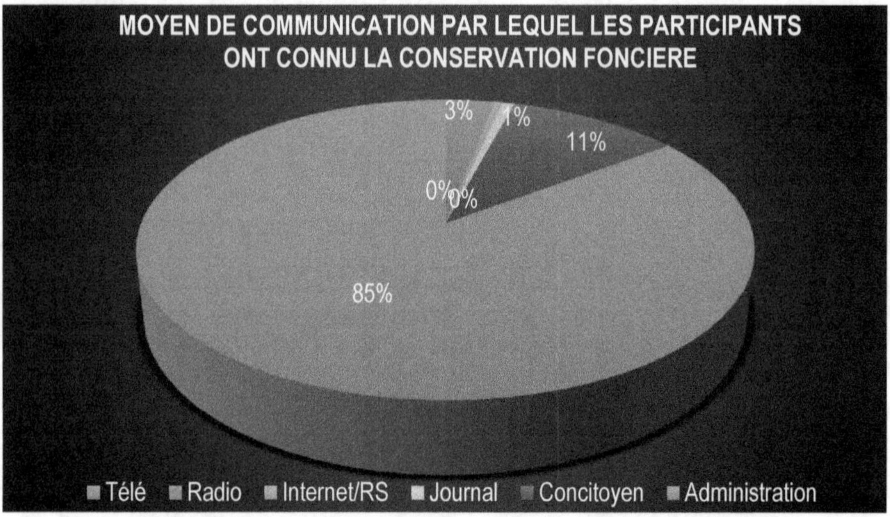

Source : KRA, KOUAMBLA enquêtes menées en 2021

✓ **La bonne compréhension par les usagers du rôle d'un service de Conservation Foncière**

La connaissance de la conservation foncière peut être également mesurée par la compréhension du rôle de son dans le dispositif de sécurisation foncière. Le tableau ci-dessous fait un récapitulatif des données recueillies dans ce sens.

<u>Tableau n°24 :</u> Niveau de Compréhension du rôle de la conservation foncière par les usagers clients

COMPREHENSION DU ROLE DE LA CONSERVATION FONCIERE PAR LES USAGERS CLIENTS															
	Genre		Age			Type de clients								Total réponse s	%
Items	H	F	- 30 ans	30 à 50 ans	+ 50 ans			Usager lambda							
						Pro de l'IMM O	Usager lambda	S E	S T	E	S	F	R		
Délivrer ACD	202	74	40	178	58	151	126	5	1	39	44	32	4	**276**	16,74
Créer les titres fonciers	319	97	70	255	82	240	176	7	6	49	70	36	8	**416**	25,19
Encaisser les taxes de pub.	171	64	31	176	28	153	82	3	1	23	42	10	3	**235**	14,23
Liquider les impôts fonciers	116	29	32	96	17	94	51	1		9	36	5	0	**145**	08,78
Sécuriser les biens fonciers	365	130	76	314	103	252	243	10	3	70	10 5	40	15	**495**	29,98
Aucune idée	54	30	27	43	14	10	74	7	3	26	33	4	1	**84**	05,08

<u>Source :</u> KRA, KOUAMBLA enquêtes menées en 2021

La fiche d'enquête a opté pour une série de questions qualitatives fermées à choix multiples. À cette fin, cinq (05) réponses résumant de façon succincte le rôle des services de conservation foncière ont été proposées aux usagers clients soumis à l'enquête avec des biais au niveau de la 1ère et la 4ème proposition. Ce sont :

- La délivrance des ACD ;
- La création de titre foncier ;
- Le recouvrement des taxes de publicité foncière ;
- La liquidation de l'impôt foncier ;
- La sécurisation des biens fonciers ;

Un large éventail de choix de réponses justes est offert à l'enquêté. Il concerne trois (03) bonnes réponses sur cinq (05). L'exploitation des données dans ce cas a nécessité la sommation du nombre total de choix opérés par les différents usagers, ce qui correspond à 1651 choix pour un total de 814 personnes enquêtées. Après dépouillement, il ressort que 29,98% des réponses totales soutiennent que l'un des rôles de la conservation foncière est de sécuriser les biens fonciers. Parmi ceux-là, on enregistre 70% des professionnels de l'immobilier et un peu plus de la moitié (53%) des usagers lambda.

Dans cette même veine, 5,19% des choix assimilent le rôle d'une CPFH à la création de titre foncier et 14,23% choisissent comme rôle le recouvrement des taxes de publicité foncières. Au total, ce sont 69,4% de réponses qui ont déterminé exactement le rôle de la conservation foncière tel que défini sur la fiche d'enquête, contre 25,52% de réponses inexactes et 5,08% de réponses sans choix. Cette dernière option correspond aux personnes qui disent n'avoir aucune idée sur le rôle de la Conservation foncière. Néanmoins, ces personnes se sont retrouvées au sein des différents services au moment des investigations. L'on pourrait supposer que leur présence au sein des services de Conservation foncière se justifie soit pour l'accomplissement de formalités diverses, soit pour des motifs personnels.

Figure n°21 : Connaissance du rôle des services de la CF par les usagers

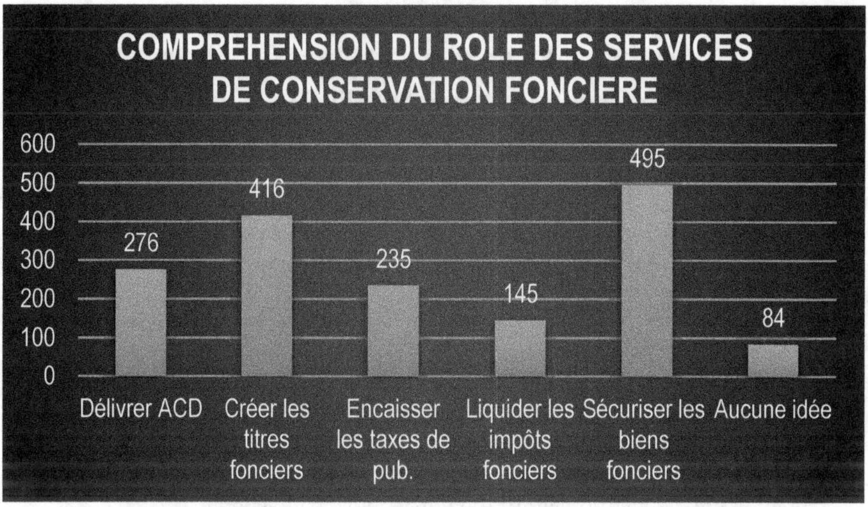

Source : KRA, KOUAMBLA enquêtes menées en 2021

- ✓ **La bonne définition par les usagers de la notion de titre foncier**

Nous avons choisi délibérément de soumettre l'enquêté à une question ouverte quant à la définition de la notion de titre foncier. En général en faisant référence à la Conservation foncière, les usagers font appel régulièrement au titre foncier. C'est d'ailleurs ce qui a amené les managers de la DDCFET à concevoir un flyer intitulé **« le titre foncier, c'est la conservation foncière »**. Ce type de questionnaire a l'avantage de laisser libre court au sujet pour exprimer sa compréhension des choses. Le tableau récapitulatif des réponses données par les participants ci-après montre la diversité et la variabilité de la définition d'un instrument aussi important qui est le titre foncier.

Beaucoup de participants se sont abstenus à répondre aux questions posées. Toutefois, certains parmi les enquêtés ont tout de même proposé des réponses souvent contradictoires. En effet, le titre foncier est décrit tantôt comme un « acte », « un document », « un numéro » ou encore comme « un droit ». Le titre foncier est souvent confondu au titre de propriété ce qui ne constitue pas une bonne réponse en l'état actuel de la législation foncière ivoirienne. En outre, les réponses obtenues sont unanimes en ce qui concerne le pouvoir que confère ledit acte. Les participants s'accordent pour dire que ce document lie son détenteur à un bien foncier, notamment une parcelle ou un bien immeuble. La majorité des réponses montrent que les participants ont une idée superficielle sur la nature du titre foncier. De ce fait, il peut être déduit que les participants ne savent véritablement pas la nature et la valeur juridique d'un titre foncier.

Tableau n°25 : Définitions du « *Titre Foncier* » proposées par les usagers:

	QUELQUES DEFINITIONS PROPOSEES POUR « TITRE FONCIER »	NOMBRE DE REPONSES
1	Un papier de propriété	1
2	Droit qu'à un propriétaire sur son bien	2
3	Acte qui désigne le propriétaire d'un bien immobilier	4
4	Document qui légalise l'appartenance d'un bien foncier ou immobilier à un individu	32
5	Document ou acte administratif qui atteste que son détenteur est le propriétaire exclusif d'un bien immobilier	5
6	Document / Pièce maitresse qui donne droit à une parcelle	5
7	Document permettant de sécuriser un bien foncier	4
8	Document qui protège de manière légale un acquéreur et sa parcelle ou son bien foncier	3
9	Document qui atteste de l'acquisition d'un bien foncier par un individu	5
10	Document octroyé lorsqu'on acquiert un terrain	3
11	Document administratif qui octroie une parcelle à un individu	1
12	Document délivré par la CPFH pour un espace occupé	1
13	Numéro de titre de propriété	17
14	Numéro attribué à un terrain ou une parcelle ou un bien immobilier	14
15	Numéro d'immatriculation d'un bien Pièce/carte d'identité du terrain	6
16	Numéro ayant un lien avec un titre de propriété	1
17	Titre de propriété foncière ou d'un bien immobilier	5
18	Titre de propriété définitif	3
19	Titre qui donne droit à une propriété	2
20	Titre de propriété immobilier qui permet à un citoyen d'être en pleine propriété d'un bien immobilier	2

Source : KRA, KOUAMBLA enquêtes menées en 2021

8.3.5. Qualité des prestations de service

L'autre paramètre essentiel de cette enquête a été d'évaluer la qualité des prestations fournies par les services de Conservation foncière à travers différentes échelles d'appréciation de la part des usagers clients. Dans le déroulé de l'enquête, les investigations ont porté sur le niveau de satisfaction des usagers au regard des prestations des agents à l'accueil, le niveau d'accès des usagers à l'information foncière détenues par les services et l'efficacité dans le traitement des requêtes formulées.

✓ **Le niveau de satisfaction des usagers clients quant à la qualité de l'accueil**

La notoriété d'une organisation en général tient en partie à la qualité des services rendus au niveau de l'accueil. La configuration de l'organigramme de la Conservation foncière laisse entrevoir un service qui constitue l'interface entre ses agents et les usagers clients, à savoir le Guichet courrier. A partir des activités menées au sein du guichet courrier et des rapports entre les agents et les usagers, il est aisé d'avoir une idée globale du degré de satisfaction des usagers quant à l'accueil au niveau des CPFH. Le tableau ci-dessous ainsi que le graphique en secteur reflètent le jugement des enquêtés.

Tableau n°26 : Récapitulatif des données en termes de satisfaction au niveau de l'accueil

RECAPITULATIF DES DONNEES EN TERMES DE SATISFACTION AU NIVEAU DE L'ACCUEIL															
	Genre		Age				Type de clients							Total réponses/	%
Items	H	F	- 30 ans	30 à 50 ans	+ 50 ans	Pro-IMMO	US. L	Usager lambda							
								SE	ST	E	S	F	R		
Très satisfait	66	21	22	41	24	39	48	4	3	16	19	3	3	**87**	11
Satisfait	400	148	72	339	97	242	306	13	4	102	122	52	13	**548**	67
Neutre	82	33	28	66	21	57	58	2	2	16	27	8	3	**115**	14
Insatisfait	35	18	11	32	10	16	37	4		10	19	4		**53**	6,5
Très insatisfait	7	4	4	5	2	6	5			3	2			**11**	1,5
TOTAL	**590**	**224**	**137**	**523**	**154**	**360**	**454**	**23**	**9**	**147**	**189**	**67**	**19**	**814**	**100**

Source : KRA, KOUAMBLA enquêtes menées en 2021

Le graphique en secteur est plus expressif que le tableau récapitulant les niveaux de satisfaction exprimés par les usagers. Dans le cadre de ce questionnaire, ce sont cinq échelles de satisfaction, notamment les niveaux très satisfait, satisfait, neutre, insatisfait et très insatisfait. De ce que nous avons convenu au cours de l'élaboration de la technique d'exploitation des données de ce type, le seuil de satisfaction recherché auprès des usagers pour un service dont le manager général a axé sa vision sur la haute qualité, est majoritairement une très grande satisfaction des usagers.

Figure n°22 : Avis des enquêtés sur la qualité de l'accueil

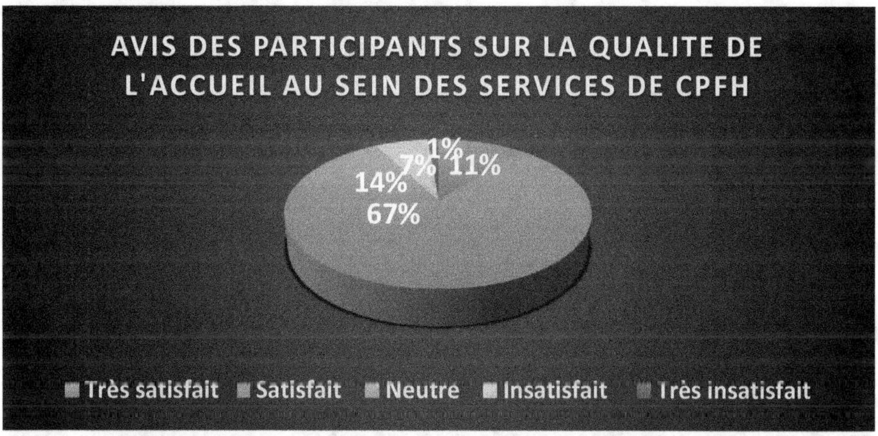

Source : KRA, KOUAMBLA enquêtes menées en 2021

L'avis des enquêtés sur la qualité de l'accueil a donné des résultats surprenants. Les usagers très satisfaits de la qualité de l'accueil au sein des services de CPFH ne représentent que 11% de la population enquêtée. Ce taux correspond à 87 personnes sur les 814. Les usagers qui se disent tout simplement satisfait de la qualité de l'accueil représentent 67% de cette population. Si l'on s'en tient à la vision de la haute qualité prônée par les managers, alors le taux de satisfactions de 11% est insignifiant et peut être considéré comme un indicateur du déficit de performance en matière de qualité de service. Toutefois, il serait imprudent de se focaliser sur le taux représentant la plus haute échelle de satisfaction alors que 78% de l'ensemble des usagers se disent tout de même satisfait à quelques exceptions près de la qualité de l'accueil dans les services de Conservation foncière. Du reste, ces statistiques indiquent cependant un taux d'insatisfaction minime, exactement de 8%. Les enquêtés qui sont dubitatifs de la qualité de l'accueil et qui jugent plus ou moins satisfaisant représentent 14%.

En somme, ce sont trois quarts des participants (78%) qui estiment que l'accueil au sein des services de Conservation foncière est satisfaisant et 22% qui jugent l'accueil insatisfaisant. En catégorisant les jugements en faveur de la satisfaction, l'on dénombre que la majorité des professionnels de l'immobilier et des usagers sont de ce même avis. Chez les moins de 30 ans, la moitié de l'effectif soutient cet avis. On note également que 16/19 des personnes à la retraite se disent assez satisfaites de l'accueil. Les hommes de cette tranche d'âge représentent environ les trois quarts de ceux qui trouvent l'accueil à la limite de l'irréprochable. Ces données relatives aux écarts de satisfaction pourraient servir d'objectifs en vue de l'amélioration continue des prestations fournies par les services de CPFH.

MOTIFS D'INSATISFACTION

Les motifs d'insatisfaction recensés sont d'ordre organisationnel, communicationnel et infrastructurel. Ces problèmes ont un impact direct ou indirect sur les prestations de service, notamment en ce qui concerne le traitement et la délivrance des actes, l'accueil et la relation client. Dans le tableau-ci après, sont énumérées les plaintes régulièrement signalées dans la plupart des services de Conservation foncière. Les enquêtés qui ont énoncé des motifs d'insatisfaction sont pour l'essentiel déçus de la longueur ou du non-respect des délais fixés pour le retrait des actes. D'autres estiment que l'accueil et le système d'information à l'endroit des usagers montrent des faiblesses non négligeables.

Tableau n°27 : Motifs d'insatisfaction des usagers

MOTIFS D'INSACTIFACTION		NOMBRE DE REPONSE
TRAITEMENT DES ACTES		
1	Les délais de délivrance des actes sont trop longs	12
2	Délais de délivrance des actes non respectés	27
3	Mauvaise conservation des actes traités	1
4	Pas de reçu attestant les opérations des usagers	1
5	Pas de précisions sur la date du retrait de l'acte	5
ACCUEIL ET INFORMATION		
6	Mauvais accueil ; peu à l'écoute ; lenteur ; souvent de mauvaises humeurs, Retards	14
7	Pénibles conditions d'attente	5
8	Pas de signalétique pour indiquer les services	1
9	Manque d'informations sur la cause des retards concernant la délivrance des actes	9
10	Incompréhension dans le calcul et l'application des pénalités	1
ORGANISATION		
11	Manque de rigueur et de professionnalisme de la part des agents	3
12	Problème d'archivage ; Mauvaise conservation des actes traités, perte de dossiers	6
13	Sous-effectif	1
14	Problème / Indisponibilité des signataires	8
15	Retard des agents / non- respect des horaires	11
16	Lenteur dans le service	9
17	Beaucoup de déplacements pour l'établissement des actes	1
INFRASTRUCTURES		
18	Exiguïté des locaux ; Salle d'attente exiguë	5
19	Récurrence du problème de connexion à internet	1
20	Pas de photocopieuse disponible	3
21	Créer une permanence au cas où il y a des réunions des agents	1
22	Trop de pénalités	1

Source : KRA, KOUAMBLA enquêtes menées en 2021

✓ **Le niveau d'accès à l'information foncière des usagers clients de la CF**

L'accès à l'information foncière urbaine fiable et disponible dans les services fonciers en Côte d'Ivoire est au cœur des préoccupations soulevées par le Professeur Kra Kouassi Raymond et Kouambla Jonas. Les auteurs ont démontré que le circuit complexe de l'information, le déficit de complétude et le manque de fiabilité qui caractérisent l'information sur le foncier urbain ont un lien certain avec le niveau d'accès des usagers à ladite information[110]. Cette étude avait une portée générale sur tout le système foncier en Côte d'Ivoire à partir des données recueillies essentiellement dans une enquête diligentée au sein du Guichet unique du foncier d'Abidjan. La présente recherche est spécifique et s'intéresse à l'accès aux renseignements fonciers du ressort de la Conservation Foncière. Notre dernière enquête a permis de recueillir l'opinion des usagers clients sur la facilité d'accès à l'information foncière dans les services de CPFH.

---

[110] KOUAMBLA, J., KRA Kouassi, R., *L'information foncière urbaine et la question de sa gouvernance en Côte d'Ivoire,* L'Harmattan, Paris, 2021, 200p

Tableau n°28 : **Opinions sur la facilite d'accès à l'information dans les services de conservation foncière**

OPINIONS SUR LA FACILITE D'ACCES A L'INFORMATION DANS LES SERVICES DE CONSERVATION FONCIERE															
	Genre		Age			Type de clients								Total réponse %	
Items	H	F	- 30	50	+ 50	PROF	USAGER	Usager lambda							
								SE	ST	E	S	F	R		
Très facil	86	27	22	52	29	57	56	5	1	23	16	7	4	**113**	14
Facile	321	124	64	296	85	189	256	11	5	90	108	31	11	**445**	55
Passable	138	59	39	128	30	90	107	6	2	22	53	18	4	**197**	24
Difficile	31	18	10	29	10	19	30	2	1	7	11	9	0	49	6
Très difcil	8	2	2	8	0	8	2	0	0	1	2	0	0	10	1
TOTAL	**590**	**224**	**137**	**523**	**154**	**360**	**454**	**23**	**9**	**147**	**189**	**67**	**19**	**814**	**100**

Source : KRA, KOUAMBLA enquêtes menées en 2021

<u>Figure n°23 :</u> Opinions sur la facilité d'accès à l'information foncière

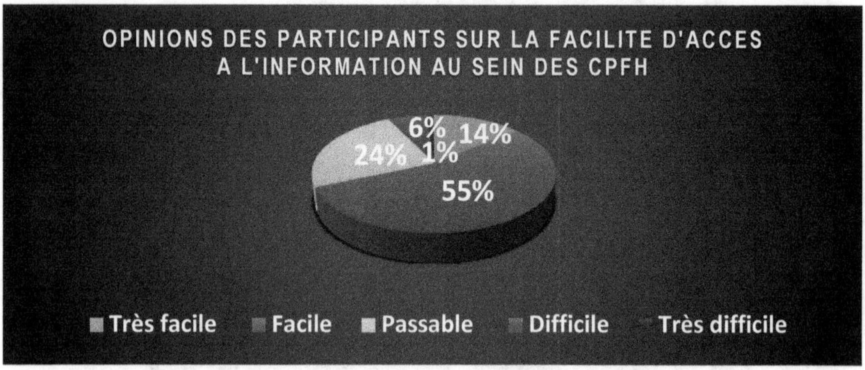

<u>Source :</u> KRA, KOUAMBLA enquêtes menées en 2021

Autant les usagers se sont dits satisfaits de l'accueil, autant, ils n'ont pas hésité à affirmer que l'information foncière du ressort des services de Conservation foncière est nettement accessible. C'est bien ce que traduisent les chiffres résultant des opinions émises par les participants. Pour deux tiers de l'effectif général, l'accès aux renseignements fonciers est facile ; 55% jugent les renseignements tout simplement accessibles tandis que (14%) jugent l'accès très facile à l'information foncière au sein des services de la CPFH. Tous les enquêtés ne sont pas du même avis ; 7% des enquêtés trouvent que l'information est difficile voire très difficile d'accès au sein des CPFH.

Les résultats montrent aussi que l'ensemble des retraités a jugé accessible l'accès à l'information foncière au sein des CPFH. Il faut comprendre par-là que la difficulté de l'accès à l'information foncière telle qu'elle est appréciée aujourd'hui n'était certainement pas la même réalité au moment où ces personnes étaient en fonction. Selon notre compréhension quoique les conditions d'accès à l'information foncière se soient améliorées pour les retraités, les usagers de notre époque plus moderne sont devenus très exigeants. De plus, le contexte actuel est marqué par des réformes institutionnelles entreprises par le Gouvernement dans sa politique pour l'amélioration continue de la qualité des services publics. Les réformes ont permis la création de l'Observatoire du Service Public (OSEP), et la Commission d'Accès à l'Information d'Intérêt Public et aux Documents Publics (CAIDP)[111].

- ✓ **L'efficacité des services de CPFH**

L'efficacité des services de Conservation foncière fait référence au délai pour le traitement et la délivrance des actes. Les engagements pris par les services en matière de délai sont un paramètre important pour évaluer cet indicateur assez crucial qui est l'efficacité. C'est du moins le principal point sur lequel les contribuables selon certains critères évaluent la performance des services publics. Il ne s'agit pas de minimiser le poids de l'accueil, ni du niveau d'accès à l'information, mais surtout d'insister sur la place prééminente qu'occupe le traitement diligent des actes dans le jugement général de la qualité des services des impôts.

[111] La loi n°2013-867 du 23 décembre 2013 relative à l'accès à l'information d'intérêt public et le Décret n°2014-462 du 06 août 2014 portant attributions, organisation et fonctionnement de la Commission d'accès à l'information d'intérêt public et aux documents publics agrégé CAIDP.

Tableau n°29 : Appréciation de l'efficacité de la conservation foncière dans le traitement des actes

APPRECIATION DE L'EFFICACITE DE LA CONSERVATION FONCIERE DANS LE TRAITEMENT DES ACTES															
	Genre		Age			Type de clients								Total réponse	%
Items	H	F	- 30	50	+ 50	PROF.	US	Usager lambda							
								SE	ST	E	S	F	R		
Très efficace	31	6	4	26	7	12	25	1	1	13	7	3	**0**	**37**	4
Efficace	338	116	72	298	84	185	269	13	4	82	117	37	16	**454**	56
Pas efficace	181	85	48	165	53	136	130	9	2	45	52	19	3	**266**	33
Pas du tout efficace	40	17	13	34	10	27	30	0	2	7	13	8	0	**57**	7
TOTAL	**590**	**224**	**137**	**523**	**154**	**360**	**454**	**23**	**9**	**14 7**	**189**	**67**	**19**	**814**	**100**

Source : KRA, KOUAMBLA enquêtes menées en 2021

Figure n°24 : Appréciations sur l'efficacité des CPFH dans le traitement des demandes

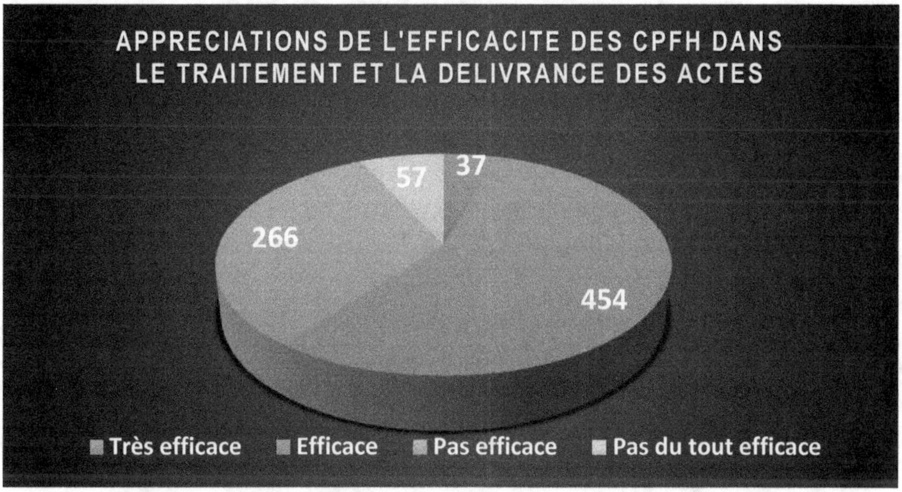

Source : KRA, KOUAMBLA enquêtes menées en 2021

Pour ce qui est de l'efficacité des services de CPFH, les résultats de l'enquête ont dépeint un avis assez mitigé. Plus de la moitié (56%) de la population enquêtée trouvent que les services de la CPFH sont efficaces dans le traitement et la délivrance des actes ce qui correspond à 491 personnes. En revanche 44% déclare non efficace le traitement des actes par les services de Conservation foncière. Ce jugement un tant soit peu alarmiste est très évocateur de l'environnement de travail moins reluisant qu'il nous a été donné de constater au cours de cette enquête au sein des CPFH.

Lorsque le suivi des dossiers et la traçabilité de certaines demandes sont un défi pour les agents, que faut-il espérer en termes d'efficacité. Le choix du thème central de la troisième conférence des Conservateurs de 2021, notamment « Le défi du traitement diligent des demandes relatives au titre foncier » est évocateur et prouve que les managers ont pris la pleine mesure de cette carence qui ronge l'ensemble des artères des services de CPFH. Autrement-dit, le traitement et la délivrance des actes dans les délais recommandés ou prescrits s'avère être le talon d'Achille des services de CPFH en termes de qualité de prestations des services.

✓ Jugement sur la qualité d'ensemble des services

Le jugement sur la qualité d'ensemble des prestations des CPFH est une donnée essentielle que nous avons voulu recueillir auprès des enquêtés. Ce paramètre évalué sur une échelle allant de façon graduelle des prestations de très mauvaise qualité, aux prestations excellentes participe à la construction de la réputation de l'organisation auprès des usagers. De prime à bord, nous sommes conscients que cet exerce manque de pertinence compte tenu de la diversité et de la variabilité des services rendus. Toutefois, il trouve toute son utilité dans la mesure où l'usager peut à travers ces différentes prestations se faire une idée générale de la qualité des services rendus.

Tableau n°30 : **Détails relatif à l'avis général sur la qualité d'ensemble des CPFH**

AVIS GENERAL SUR LA QUALITE D'ENSEMBLE DES SERVICES DE CONSERVATION FONCIERE															
	Genre		Age			Type de clients								Total répons %	
Items	H	F	- 30	30/50	+ 50	PROF.	USAGER	Usager lambda							
								SE	ST	E	S	F	R		
Excellente	34	9	6	30	7	20	23	1	0	11	9	1	1	**43**	5
Bonne	281	102	63	240	80	149	234	11	5	71	107	33	7	**383**	47
Moyenne	137	99	59	218	59	162	174	9	4	56	63	31	11	**336**	41
Médiocre	33	13	7	32	7	25	21	1	0	9	9	2	0	**46**	6
Très mauvaise	5	1	1	3	2	4	2	1			1			6	1
TOTAL	**590**	**224**	**137**	**523**	**154**	**360**	**454**	**23**	**9**	**147**	**189**	**67**	**19**	**814**	**100**

Source : KRA, KOUAMBLA enquêtes menées en 2021

<u>Figure n°25 :</u> Jugement la qualité d'ensemble des prestations des CPFH

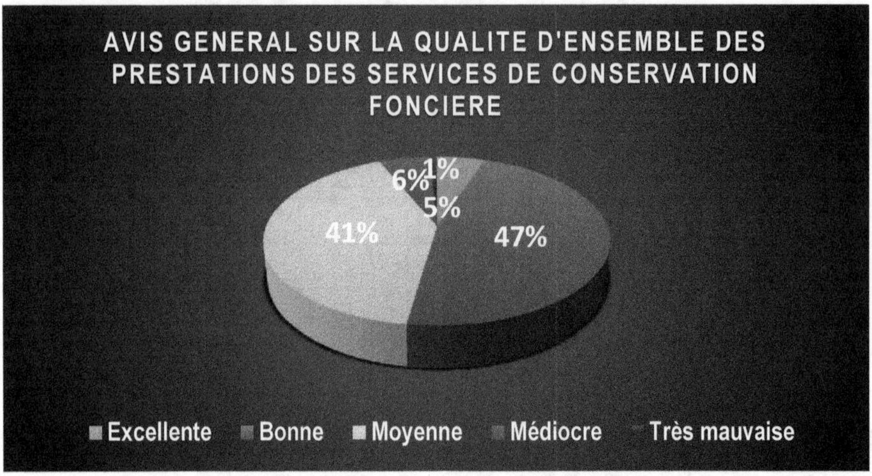

Source : KRA, KOUAMBLA enquêtes menées en 2021

En dépit des difficultés signifiées, notamment au niveau de la communication externe à l'endroit des usagers et du retard dans le traitement et la délivrance des actes, les personnes interrogées au cours de l'enquête estiment que dans l'ensemble, les services de la CPFH sont à encourager. C'est le commentaire que nous pouvons faire des résultats susmentionnés dans le tableau. En effet, seulement 7% de l'effectif général qualifient de médiocre la qualité d'ensemble des prestations de la conservation foncière. A l'opposé 5% de cet effectif trouvent que les CPFH sont à féliciter, parce qu'ils proposent d'excellents services et des prestations de qualité.

En outre, les avis sont partagés lorsqu'il s'agit de dire si la qualité est bonne ou moyenne. A ce propos, 41% de l'effectif général trouvent que la qualité d'ensemble est moyenne, quand 47% des participants la trouve bonne. On peut voir au niveau des moins de 30 ans que 46% jugent que la qualité de service est bonne alors que 43% trouvent qu'elle est moyenne. Les professionnels de l'immobilier sont 41% à dire que le service est bon dans l'ensemble, tandis que 45% le qualifient de moyen.

Au total, les enquêtés n'éprouvent pas un trop grand engouement à juger les prestations des CPFH de très bonne qualité. En moyenne, la qualité est jugée passable par les usagers. C'est tout simplement une invitation aux CPFH à améliorer la qualité des prestations pour rechercher la satisfaction des clients.

SYNTHESE DES RESULTATS
Résultats des réalisations fiscales de la Conservation Foncière
Les réalisations fiscales de la direction générale des impôts évoluent de manière croissante Les réalisations fiscales de la Conservation Foncière sont toujours excédentaires Par catégorie d'impôts et taxes, les recouvrements en matière d'enregistrement, de timbres et redevances sont énormes que ceux en matière de publicité foncière
Résultats en matière de sécurisation juridique des droits réels immobiliers
La conservation foncière a créé 340.000 titres fonciers, dont 150.000 de 2016 à 2021 La conservation foncière a créé 340.000 titres fonciers sur 1.900.000 parcelles cadastrées La moyenne de création annuelle des titres fonciers de 2003 à 2011 est de 2 718 La moyenne de création annuelle de titre foncier de 2012 à 2020 est de 7 587 TF En 2021 ce sont environs 26.000 TF créé soit plus du triple, l'objectif en 2022 est 60.000 TF /an Le nombre d'ACD publié en 2020 s'élève à 17.000 Sur 107 727 ACD signé –s par le ministre seulement 79.507 ont été publié au livre foncier Le stock d'ACD non publié au livre foncier s'élève à 28.220
Les résultats au niveau du marché foncier et de l'immobilier
Le nombre de mutations immobilières par an oscille entre 6000 et 7000 Le montant des mutations immobilières se situe entre 300 et 500 milliards de FCFA Le nombre d'hypothèques inscrits au livre foncier est passé du simple au double 879 à 2034 de 2013 à 2020 Le flux financier injecté dans l'économique s'élève à 1.300 milliards, ce qui représente 15% du budget,45% des prévisions de recettes et 3,78% du PIB
Les résultats en termes de notoriété des services et satisfaction du client
Les clients de la conservation foncière sont des personnes de catégories diverses Il y a affluence dans les services de conservation à fort potentiel foncier Les plus nombreux selon le genre sont les hommes et selon l'âge la tranche de 30 à 50 ans et la catégorie les professionnels de l'immobilier

L'administration est le canal principal par lequel la conservation foncière leur a été révélée (692) 55,17% définit clairement le rôle de la conservation contre 44,93% 548 personnes se disent moyennement satisfaites 445 personnes considèrent que l'accès à l'information est facile La moitié des enquêtés considère que les services sont efficace dans le traitement des actes Sur la qualité d'ensemble le jugement les enquêtés estiment juste bonne et moyenne

CHAPITRE 9

ATOUTS, RISQUES ET POINTS DE FAIBLESSE

Après avoir présenté les résultats obtenus par les services de Conservation Foncière au cours de ces 20 dernières années en termes de réalisations et ceux de l'enquête, il s'agit maintenant d'analyser et d'interpréter ces données. Les outils techniques usités à cette fin ont permis de déceler aussi bien des atouts que des dysfonctionnements. Dans ce chapitre, nous allons nous appesantir sur les anomalies nées de diverses difficultés rencontrées par les services dans leur gestion quotidienne.

9.1. LES ATOUTS DES SERVICES

9.1.1. Une performance accrue des services en termes de réalisations fiscales

Les réalisations fiscales de la Direction générale des impôts évoluent de manière significative. En 2021, la DGI a recouvré 2.800 Milliards pour un objectif 2.700 Milliards, ce qui a représenté un excédent de plus de 100 milliards. Ce dynamisme de la DGI se ressent au niveau des réalisations fiscales de la Conservation foncière. En effet, de 2016 à 2021, les recettes de la Conservation Foncière sont passées du simple au double de 52 milliards à 106 milliards. Ces réalisations qui ont été saluées par la haute hiérarchie traduisent que s'agissant de sa mission fiscale, la conservation foncière présente une performance exemplaire.

Ces réalisations sont le fruit de la stratégie de performance par mobilisation des recettes fiscales mise en place par le Directeur du Domaine, de la Conservation Foncière, de l'Enregistrement et du Timbre en 2017, suite aux recommandations de la 1ère conférence des conservateurs. Plusieurs réformes avaient été adoptées pour sécuriser les recettes de l'Etat, en matière d'enregistrement et du timbre. Il y a eu également la création d'un service de contrôle des actes, et l'institution de la triple signature pour l'enregistrement des actes. En plus de ces réformes, les services considérés comme les plus enclins à mobiliser les recettes ont reçu des dotations en matériel roulant pour faciliter la mobilité opérationnelle des agents et leur permettre d'investir le terrain. Tous ces appuis et acquis, ont contribué à maintenir le cap des réalisations excédentaires au sein des services de Conservation Foncière. Cet élan de progression est constaté également au niveau des résultats en matière de création de titres fonciers.

9.1.2. Une progression lente des services en matière de création de titre foncier dans le cadre de la couverture géographique nationale

La Conservation foncière est créditée de détenir dans sa base de données, environ 342.000 titres fonciers. Précisément, de l'année 2016 à 2021, ce sont 150.000 titres fonciers que les 25 services de conservation foncière existants ont généré dans les livres fonciers. Les services ont créé en 5 années, à approximativement un nombre égal aux titres fonciers générés depuis un siècle. Vue de façon globale, ces réalisations sont un véritable exploit de la part des services et surtout de leur manager. Mais en procédant à la répartition à part égale entre les 25 services de conservation foncière, l'on se rend compte que ce sont environ 30.000 titres fonciers crées sur 5 années par l'ensemble des 25 services. Une répartition entre les 25 services sans tenir compte de leur propre potentiel foncier, nous ramène au nombre dérisoire de 1.200 titres fonciers par services par année. L'on peut déduire en réalité que ce nombre semble insignifiant si l'on considère le ratio de création de titre foncier par service.

La Conservation foncière a beau progressé dans ses réalisations en matière de création de titres fonciers, au regard du nombre de titrement dans ses livres et de ses capacités réelles de production, nous pouvons conclure que cet accroissement est en-deçà de son potentiel foncier qui est estimé par le cadastre à l'heure actuelle à environs 1.300.000 de parcelles sur lesquels des titres fonciers peuvent être créés. Le nombre de titres fonciers créés en termes de superficie représente moins de 10% de la superficie du territoire national. À ce rythme si l'on n'y prend garde, il va falloir encore environs un autre siècle au service de Conservation foncière pour immatriculer l'ensemble du territoire national.

Le dynamisme constaté en matière de recouvrement des recettes, n'a pas le même élan en matière de sécurisation des droits fonciers. Le stock des ACD non publiés au livre foncier est estimé à 28.000, alors que le nombre de publication en 2020 s'évalue à 17.000 ACD. Cette progression des services se trouve être très lente au regard des objectifs nationaux de sécurisation. Ce ralentissement est certainement dû à plusieurs pesanteurs liées à l'organisation et aux fonctionnements des services, et des points de faiblesse que nous analyserons dans les rubriques suivantes. Quoi qu'il en soit, l'absence d'une stratégie claire, cohérente et coordonnée pour une l'immatriculation massive du territoire reste un facteur explicatif de cet état de fait.

9.1.3. Un essor du marché foncier et de l'immobilier sans grande influence sur les recettes tirées de ces opérations

En dépit de la lenteur des services à progresser vers une immatriculation globale du territoire, il faut noter à travers ces résultats que le marché foncier est impacté par le boom de l'immobilier que connait la Côte d'Ivoire, particulièrement dans sa capitale économique Abidjan. L'immobilier en Côte d'Ivoire, ce sont officiellement 7000 mutations annuelles, pour un investissement de 500 milliards. Le nombre d'hypothèques inscrits est monté à 2.034 et le flux financier d'ensemble s'élève à 1.300 milliards. Ces chiffres à première vue impressionnants, semblent être en deçà de la réalité des transactions immobilières qui s'opèrent sur le marché foncier informel. Selon les estimations, ce sont moins d'un tiers des transactions immobilières qui sont formalisées chaque année. Autrement-dit une immatriculation plus importante du territoire national aurait permis de capter cette manne financière pour en tirer des recettes fiscales importantes par l'obligation de publication au livre foncier.

A l'analyse, l'environnement économique bien que favorable n'influence pas significativement les recettes en matière de Conservation foncière pure qui n'excèdent pas 6 milliards l'année. De ce fait, la stratégie qui consiste à privilégier la mobilisation des recettes fiscales peut être qualifiée d'inopérante car les recettes directes attendus pour ce type d'impôt ne sont pas à même d'optimiser le rendement fiscal. En d'autres termes, la stratégie de mobilisation des recettes fiscales applicable à la Conservation foncière, autant elle n'arrive pas à faire face à l'évasion fiscale occasionnée sur le marché informel, autant elle ne favorise pas complètement la sécurisation juridique des droits réels immobiliers. Cette stratégie semble dans une certaine mesure montrer ses limites à assurer la sécurisation juridique au regard du potentiel foncier.

9.1.4. Des résultats mitigés en termes de notoriété des services et de satisfaction du client

Les résultats en ce qui concerne la notoriété de la Conservation foncière et la satisfaction des clients ont montré une diversité des usagers clients composée à majorité de professionnels. La plupart de ces clients, notamment 55,17% affirme avoir connu ce service foncier par le canal d'une autre administration foncière. L'importance du nombre de ces clients nous amène à déduire que soit la conservation foncière ne dispose d'aucune véritable stratégie de communication, soit sa communication est tout simplement défaillante. Le déficit de communication peut être interprété comme la raison pour laquelle le rôle du titre foncier est insuffisamment connu des usagers hormis quelques professionnels.

Les usagers ont expliqué être moyennement satisfaits de la qualité des prestations des services de CPFH. La moitié juge le traitement des demandes efficace et la qualité d'ensemble moyenne. Tout compte fait, en se référant à la haute qualité des services clamée par le Directeur du domaine, l'on peut affirmer que la note moyenne attribuée par les enquêtés en ce qui concerne la qualité et le niveau de satisfaction, peut être regardée comme une insatisfaction pour les managers et par ricochet les usagers. D'ailleurs, plusieurs plaintes des usagers font état de lourdeur dans le circuit de traitement des demandes de formalités, voire même de rétention de dossiers. Face à la léthargie dans laquelle sont plongés les services fonciers, la hiérarchie se trouve parfois dans l'obligation de faire injonctions pour le traitement normal de certains dossiers.

Toutes ces imperfections peuvent trouver leurs explications dans un éventail de risques et de problèmes que nous avons décelés au cours de nos investigations.

9.2. LES RISQUES DE GESTION

La cartographie des risques potentiels qu'encourent les services de Conservation Foncière dans l'exercice de leurs activités quotidiennes et des agents dans l'accomplissement de leurs tâches de sécurisation foncière peut être classée en quatre (04) catégories.

9.2.1. **Les risques au niveau structurel**

Jusqu'en 2018, le risque principal de l'organisation d'un service de Conservation foncière résidait dans l'organigramme structurel dudit service. La configuration de cet organigramme n'intégrait pas au sein des services de Conservation de la Propriété Foncière et des Hypothèques, celui des Recettes du Domaine de la Conservation Foncière de l'Enregistrement et du Timbre (RDCFET). Dans ces conditions, le Receveur qui exerce ses activités au sein même de la Conservation foncière, n'avait valablement aucune obligation de rendre compte régulièrement de l'état de l'évolution des recettes. Pourtant le niveau de recouvrement des recettes est un indicateur de performance des services de CPFH sur lequel le Conservateur est amené à s'appuyer pour les prises de décisions concernant l'atteinte de ses objectifs fiscaux. Le Receveur avait une large manœuvre dans l'exercice de ses activités, ce qui lui donnait beaucoup d'autonomie sur un certain nombre de question engageant le conservateur.

Ce problème a été réglé depuis, par la Décision portant organisation des services de conservation de la propriété foncière. Ce dispositif règlementaire met sous la responsabilité hiérarchique du Conservateur, l'exercice des activités de sécurisation financière des recettes de l'Etat en matière foncière qui incombent au Receveur. Cette réorganisation a proscrit certaines pratiques qui permettaient au du Chef du Domaine et l'Enregistrement d'acter seul des opérations importantes au sein de la Conservation foncière. Les nouveaux textes ont clarifié le champ de compétence des différents services en renforçant leurs interactions dans la perspective de les rendre plus effaces et de performants.

Cette correction portée sur ce risque structurel et organisationnel n'endiguait pas les problèmes fonctionnels engendrés en partie par l'organisation actuelle qui régit le Guichet Courrier. Ce service qui fonctionne comme un pool regroupant un ensemble d'activités relatives à l'accueil, l'orientation et le renseignement des clients est une section rattachée directement au cabinet du Conservateur. Il joue un rôle indispensable dans le suivi des demandes d'actes en tant que porte d'entrée et de sortie (Front Office). Cette section du cabinet du Conservateur semble ne pas disposer de moyens nécessaires pour assurer les tâches d'enregistrement des courriers, et de suivi des dossiers dans le circuit du traitement des actes. Dans certains services de Conservation foncière, l'emplacement du local du Guichet courrier s'avère peu adéquat au regard de sa mission d'accueil. De plus, ce guichet se trouve dans l'incapacité de donner la position en temps réel d'une demande formulée par les contribuables clients. Ces anomalies mettent en difficulté le Conservateur qui est censé avoir une bonne maitrise, voire une vue panoramique de toutes les activités qui se déroulent dans ses services.

Le diagnostic a révélé que le Guichet courrier est géré par un agent désigné parmi tant d'autres par le Conservateur. Celui-ci exécute certes ses tâches sous la responsabilité du Conservateur, mais il ne dispose d'aucune réelle marge de responsabilité qui pourrait le contraindre à bien faire son travail. Le Guichet courrier dans l'organisation structurelle actuelle de la Conservation foncière reste assujetti au cabinet du Conservateur qui lui-même au regard de la charge de travail de pilotage ne semble pas être regardant sur la gestion qui s'y déroule. Ce risque structurel en partie cause du fonctionnement inefficace du guichet courrier a pour conséquence, le niveau peu élevé de satisfaction des usagers clients (cf. Tableau récapitulatif des données en termes de satisfaction des usagers sur la qualité de l'accueil). La gestion faite du Guichet courrier déteint également sur la notoriété du service Conservation foncière et conduit généralement à la survenance des risques fonctionnels sur l'ensemble des activités des Conservations.

9.2.2. Les risques fonctionnels

Au cours de la troisième Conférence des conservateurs, les conférenciers ont mis un accent particulier sur les risques fonctionnels qu'encoure la Conservation foncière. Les participants ont relevé l'impact négatif de ces risques sur l'efficacité des services. L'examen des rapports entre le Conservateur et les partenaires de la chaine foncière au regard des processus métiers s'avère très révélateur. Il faut distinguer les relations fonctionnelles entre le Conservateur et ses collaborateurs et surtout sa hiérarchie.

L'organisation du travail quotidien des agents

Les interviews des responsables des services et des agents ont mis en exergue plusieurs domaines au niveau du management quotidien des services dans lesquels des écarts persistent, au point de compromettre le bon fonctionnement des services.

D'une façon générale, les services de Conservation foncière dans le grand Abidjan disposent d'un nombre important d'agents contrairement aux services de l'intérieur. La forte concentration des agents à Abidjan est liée au volume d'activités que les services doivent exécuter. Cependant, d'une Conservation foncière à une autre au sein du grand Abidjan, le volume d'activités n'est pas toujours le même. Il existe aussi des spécifiés qui font que le Conservateur en tant que premier responsable est amené à se doter d'une organisation qui répond aux exigences du moment et lui permet d'être efficace.

Certains réaménagements du Conservateur peuvent aboutir au cumul de tâches dans un poste de travail donné. C'est le cas par exemple à la CPFH du Plateau où les demandes d'immatriculation et de morcellement de parcelles sont rares. Ce qui a amené le conservateur à concilier les fonctions de la section création et celles de publicité. Dans plusieurs autres services, l'on aboutit généralement à la mise en veilleuse totale des fonctions dont les tâches ne sont pas régulièrement exécutées. Cette situation complique le suivi des activités et conduit à la perte de registres en raison de l'absence d'agents pour assurer l'exécution de ces tâches.

Le Conservateur de la Propriété foncière et des Hypothèques en tant que manager de son service recherche l'efficacité et le dynamisme. Aussi est-il amené à faire l'imputation de certaines tâches spécifiques aux responsables ou agents placés sous son autorité. Des situations d'urgence peuvent amener le Conservateur à outrepasser les limites de la compétence territoriale établies par les textes règlementaires, notamment les périmètres de gestion foncière, dans l'instruction de travail. Il est récurrent de voir des Chef de Bureau Contrôle et ou des Chefs du Domaine et de l'Enregistrement empiéter sur le champ de compétence de leurs collègues du fait des instructions de travail. Ces injonctions de circonstance si elles visent l'efficacité des services, ne sont pas loin de constituer une source de déséquilibre dans la répartition des tâches pouvant conduire au ralentissement dans le traitement des demandes.

L'un des points saillants déceler dans l'examen du travail quotidien des services se trouve dans la difficulté qu'éprouvent aussi bien le Conservateur que ses agents à systématiquement donner la position d'un dossier dans le circuit de traitement. Le Conservateur en particulier et le service en général ne disposent d'aucun outil fiable pour déterminer en temps réel la section ou la cellule du service assurant le traitement d'une demande d'acte. Cette anomalie est aujourd'hui l'une des plaies du système de gouvernance des Conservations foncières. La situation se complique davantage lorsqu'il est question de produire les statistiques actualisées de tous les actes reçus, traités et produits au sein desdits services. C'est un véritable casse-tête chinois pour le service de la coordination des activités de recueillir chaque trimestre les statistiques relatives au nombre de demandes d'actes dans le circuit de traitement et une endurance pour le service de stratégie de produire les états hebdomadaires, mensuels et trimestriels des réalisations fiscales.

La productivité des agents des services de Conservation foncière

La bonne qualité des relations fonctionnelles entre le Conservateur et ses collaborateurs est tributaire de la maitrise du flux d'information circulant au sein du service. Or, le paragraphe précédent a montré que les statistiques qui sont des données indispensables à la prise de décision échappent dans certains cas au contrôle du Conservateur tant la variabilité des chiffres sur une même période saute aux yeux. Si les indicateurs concrets tels que le nombre d'actes traités sont difficilement appréhendés, alors que dire des indicateurs comme la productivité de l'agent. De mémoire d'enquête, les services de Conservation foncière n'ont pas encore procédé à l'évaluation de la productivité de leurs agents dans une étude approfondie. Les esquisses et simulation dans ce sens ont montré qu'en réalité dans certains services à fort potentiel foncier, le ratio d'actes traités par agent est insignifiant par rapport à la capacité et surtout au nombre impressionnant de dossiers en attente.

Le Conservateur n'ayant aucun moyen sérieux de contrôle sur la production journalière de ses agents, la performance des services s'en trouve impactée négativement. Le dynamisme des agents est souvent plus poussé dans les cas de liquidation de taxes en dehors des applications informatiques dédiées. C'est le phénomène de « liquidation des taxes dite à la main ». En matière d'enregistrement, l'ingéniosité des agents s'avère plus prononcée ; ils ont recours à la base de données LEA pour la consultation lorsqu'il s'agit du renouvellement des baux. Cette même base de données n'est toujours pas actualisée du paiement effectif des baux encaissés.

C'est un exemple qui témoigne de l'opacité et surtout du risque fonctionnel dans la collaboration entre le Conservateur et ses agents. Le risque est d'autant plus grave lorsque par mégarde, il apparait des discordances entre les inscriptions sur le livre foncier électronique et celles du livre foncier physique. Le principe légal en la matière est une conformité entre les deux livres en ce qui concerne les mentions et les inscriptions, du fait du processus de transcription adopté. La non-conformité souvent constatée entre les renseignements fonciers sur les titres fonciers rend difficile l'exécution des consignes, notamment la production de mémorandum dans les délais impartis.

La gestion approximative des documents officiels

La gestion des documents officiels délivrés par la Conservation foncière comporte également un risque sérieux. En marge des cas d'établissement d'actes à partir de faux documents révélés au cours des entretiens, il est récurrent de constater la perte de dossiers aussi bien dans le circuit de traitement des demandes d'actes que dans la phase d'archivage. Non seulement la bonne tenue des registres et des archives reste un défi majeur, mais la fiabilité et la crédibilité de cette mémoire nationale du foncier sont en jeu.

Au cours de l'opération de certification des titres fonciers qui s'est déroulée de 2013 à 2018, les agents certificateurs ont constaté que plusieurs centaines de titres fonciers ne comportaient pas de dossiers physiques. A de nombreux dossiers de titres fonciers manquaient des pièces justificatives des inscriptions sur le titre foncier. Selon des témoignages recueillis auprès des anciens de la maison, ce défaut de dossiers physiques ne serait pas forcément constitutif d'une perte.

Plusieurs dossiers de titres fonciers ont dû glisser d'une Conservation foncière à une autre au moment des transferts de dossiers à l'occasion des scissions de circonscriptions foncières, notamment dans les Conservations foncières de Yamoussoukro, Yopougon et Cocody.

Les relations fonctionnelles avec la hiérarchie

L'organigramme de la Direction générale des Impôts a mis en relief la Conservation foncière en tant que service exerçant ses activités sous la double autorité directe de la Direction en charge de la Conservation Foncière et de la Direction régionale des Impôts du ressort territorial compétent.

Le Conservateur est la pièce maitresse du dispositif de performance de cette direction aussi bien pour l'exécution des diligences que pour la réalisation des objectifs fiscaux. Si pour la réalisation des objectifs fiscaux les intérêts de ces deux organes coïncident, il en va autrement pour l'exécution des diligences administratives autres que celles de nature financière. Les services de Conservations foncières sont réputés ne pas être prompts à reverser toutes leurs données dans la base du livre foncier électronique. Le décalage entre les inscriptions au livre foncier physique et celles du livre foncier électronique est décrié par la Conservation Centrale du Livre foncier Electronique. Il en est de même du nombre de titres fonciers réellement créés et ceux qui ont fait l'objet de transcription électronique.

Il en résulte que le processus de certification des titres fonciers qui est le mécanisme par lequel les Conservateurs informent la DDCFET de la conformité des informations au livre foncier physique avec celles du livre foncier électronique est loin d'être la priorité des activités de ces CPFH. Il en est de même du suivi de la gestion du contentieux qui est une activité marginalisée par les services parce que réputée non productive de recettes fiscales. Etant donc le parent pauvre de la gestion des services de conservation, dans la plupart des services, il n'existe pas d'agents dédiés à la gestion du contentieux hormis les Conservations foncières de Riviera, Cocody et de Bingerville.

La mise en place du service de Contrôle des Actes au sein de la DDCFET pour un examen à postériori des liquidations et encaissements de droits et taxes avant publication a contribué à aider les services

CPFH dans l'optimisation des recettes fiscales. Mais la multiplication des rejets de demande d'inscription justifiée par des paiements partiels, des minorations de droits et le non-respect de la procédure d'inscription des droits est de nature à hanter les rapports déjà parfois plus difficiles entre le service de contrôle des actes et certaines Conservations foncières.

En région, la gestion des services de Conservation foncière est placée sous l'autorité hiérarchique du Directeur régional, à l'image des Centre des Impôts (CDI) et des services de Cadastre. Les premiers responsables régionaux arguent de l'absence de lisibilité sur les activités menées par les CPFH. Les investigations sur l'origine de cette anomalie ont révélé que le problème se trouve dans la spécificité de la fiscalité patrimoniale à la charge de la Conservation foncière. Cette matière ne peut être assimilée qu'après une bonne formation, une pratique rigoureuse et de longue haleine par les agents. Les activités à la charge du Conservateur ne peuvent faire l'objet d'un même traitement fiscal et ne sauraient être logées à la même enseigne que la fiscalité pure. Or bien souvent, les Directeurs régionaux n'ont pas une meilleure connaissance ou compréhension du système de gouvernance des CPFH, à l'exception de ceux qui dans leur parcours professionnel ont pratiqué la matière foncière.

9.2.3. Les risques opérationnels

Les risques liés au processus de création de titre foncier

La sécurisation des droits fonciers par la Conservation foncière a pour pendant essentiel la création de titre foncier afin de donner vie juridique à une parcelle de terre. Les opérations de création de titres fonciers par le processus de l'immatriculation ou du morcellement-fusion comportent des risques que les agents doivent surveiller. L'immatriculation est une procédure contradictoire et sa mise en œuvre fait appel à la formulation de possibles oppositions. Ces réclamations doivent être enregistrées dans un registre des oppositions préalables au risque de ne pas être pris en compte par le Juge.

Le respect scrupuleux des délais de procédures, la publicité de l'immatriculation avec l'insertion de l'avis au journal d'annonces légales et les placards sont des étapes dont l'omission peut entrainer l'annulation de la procédure d'immatriculation. La délicatesse de la procédure de l'immatriculation des terres rurales réside dans le fait que les limites de ces parcelles rurales sont fonction des éléments culturels et traditionnels. Le géomètre expert agrée en tant qu'opérateur technique pour la matérialisation et la fixation des limites est lié par la sincérité des données topographiques levées. Il est arrivé à certains Conservateurs d'engager des procédures d'immatriculation sur la base de certificat foncier avant de découvrir que ce document était dépourvu d'authenticité.

Au moment de la réalisation d'un morcellement ou d'une fusion, l'omission de la diminution du titre foncier d'origine pourrait avoir des conséquences graves sur la concordance des données du livre foncier et la réalité matérielle du terrain. Les volumes du livre foncier qui servent à la description d'un nouveau titre foncier créé doivent être toujours disponibles. Leur absence rompt la chaine de travail et retarde l'achèvement du processus de création de titre foncier car sans la transcription électronique, le titre foncier ne peut être valablement considéré comme existant. Les autres risques tiennent au retard dans la signature de courrier de transmission et dans le dépouillement des dossiers reçus.

Les risques liés au processus de publication des droits réels immobiliers et de production du renseignement foncier

La publication des droits réels immobiliers au livre foncier est une opération qui vise à rendre public une transaction foncière afin que celle-ci soit opposable aux tiers qui n'y sont pas partie. Cette opération est enfermée dans un délai règlementaire de 15 jours. Le non-respect de ce délai est susceptible de remettre en cause l'ordre d'inscription en cas de demandes concurrentes sur un même titre foncier. Les agents sont souvent interpellés sur les cas d'inscription erronées, l'oubli de remettre dans le circuit de traitement les dossiers en attente et la non-signification des ne-varietur. Il en est de même au moment de la production du renseignement foncier capital à la prise de décision. Il a été constaté des erreurs dans la transcription et la correction des données du livre foncier et des cas d'incomplétude des copies d'actes à fournir au requérant dans le cadre des compulsoires. Ces risques sont d'une gravité élevée en ce que leur survenance est susceptible de remettre en cause la fiabilité et la crédibilité des informations sur les titres fonciers.

Les risques liés au processus de mise à disposition du livre foncier électronique

Archiver et conserver les documents et dossiers à l'issue des traitements effectués dans les services de Conservation foncière sont des tâches importantes de la mission de sécurisation juridique des droits fonciers et de sécurisation financière des ressources étatiques. La protection des dossiers contre les intempéries et la dégradation est nécessaire pour la sauvegarde de la mémoire que constituent les archives. Or il n'est pas rare d'assister à la destruction des dossiers et à l'anéantissement de leur intégrité. Le vieillissement et le manque de lisibilité des dossiers et registres pourraient entrainer la mise en cause de la responsabilité du Conservateur dès lors que ce dernier se trouve dans l'incapacité de prouver les actes à l'origine des inscriptions faites sur un titre foncier.

La bonne gestion des archives a un lien certain avec l'intégrité du livre foncier. Elle concourt à assurer dans une certaine mesure la conformité entre les mentions du livre foncier physique et électronique, et surtout l'intégrité, l'intégralité des pièces justificatives. Cette conformité ne peut être effective que lorsque le réseau informatique qui facilite la saisie du titre foncier électronique et la certification permanente des données est disponible de jour. L'instabilité chronique du réseau informatique dans les services de Conservation foncière en particulier et de la Direction générale des impôts, en général, est source de risque souvent présenté comme la cause majeure de la lenteur dans le traitement des actes. Finalement, il devient un motif d'inertie pour justifier l'improductivité des agents.

Les risques liés au processus de gestion du contentieux et des réclamations

La gestion du contentieux ainsi que son suivi sont les processus qui servent à appuyer le Conservateur en matière de défense de leurs intérêts devant les Tribunaux et surtout à assurer l'exécution des décisions de justice. Cette activité se veut également être un moyen pour solutionner les préoccupations des clients insatisfaits. Les points clés qui assurent au Conservateur une meilleure gestion du contentieux résident dans la promptitude à recourir à l'avocat de la DGI, qui est le conseil par excellence de cette administration dans le règlement des litiges fonciers et domaniaux. Le non recours systématique au conseil de la DGI et le non-respect des délais d'instance peuvent compromettre le bon déroulement de la procédure judiciaire impliquant le Conservateur et faire basculer le procès en sa défaveur.

9.3. LES FAIBLESSES ET MENACES

L'analyse de l'environnement pertinent de l'exercice des activités de la Conservation foncière a montré un contexte plus ou moins favorable. Toutefois, il est clair que certaines complexités se sont manifestées par des incertitudes et ambiguïtés au regard des faiblesses et de menaces identifiées. Dans cette perspective, le défi des dirigeants va consister à prendre la pleine mesure afin de cerner et d'appréhender cette complexité, pour mieux la gérer par la suite. Le manager doit recourir au modèle d'explicitation d'un problème décisionnel qui est une aide substantielle dans la détection d'un signal ou d'un problème dont la logique lui échappe.

Dans un contexte d'intelligence économique un problème se définit comme étant l'écart qu'il peut y avoir entre une situation donnée et une situation de référence jugée stable. Cet écart se manifeste par ce que nous appelons dans notre modèle "signal". Le cycle de vie d'un problème est expliqué par le graphique de Christian Bourion[112]. Ces écarts peuvent être catégorisés en fonction du champ d'activités : les problèmes en matière de Conservation foncière, de gestion financière du domaine de l'état et de droits d'enregistrement.

9.3.1. Difficultés dans l'exercice des activités de conservation foncière pure

Des problèmes inhérents au régime foncier de l'immatriculation

Les investigations dans le cadre de cette étude pointent du doigt l'obsolescence du régime foncier de l'immatriculation comme un problème à l'origine du déficit d'efficacité constaté dans les services de Conservation foncière. Les textes qui régissent l'immatriculation des

---

[112] Najoua Bouaka, Amos David. Modèle pour l'explicitation d'un problème décisionnel: un outil d'aide à la décision dans un contexte d'intelligence économique. Intelligence Economique: Recherche et Application - IERA'2003, 2003, Nancy, France, 8 p ; disponible sur https://hal.inria.fr/inria-00107666, consulté le 21/09/2021

parcelles et le livre foncier relèvent pour la plupart de dispositions coloniales. Après un siècle de mise en œuvre de ce système foncier, les trois (03) quarts du territoire ivoirien ne sont toujours pas encore immatriculés, l'accès à l'information fiable et disponible est difficile, et la régulation du marché foncier semble ne pas préoccuper les gouvernants.

- **Un régime d'immatriculation du territoire en berne en tenant compte du faible rythme de création de titre foncier**

Le régime de l'immatriculation a dès le départ pour vocation de révéler tous les droits fonciers existants sur les terres de Côte d'Ivoire, d'identifier les parcelles physiquement et leur attribuer des numéros de référence. Selon le Directeur Général Adjoint Monsieur CISSE, « À ce jour il existe1.900.000 parcelles identifiées et cadastrées en Côte d'Ivoire, dont 1.300.000 fiscalisables, 642.000 parcelles imposées, 453.000 contribuables à l'impôt foncier » [113] pour seulement 321.841titres fonciers créés. Le ratio des créations de titres fonciers sur le nombre de parcelle cadastrées est 17.26%. Le nombre de titres fonciers rapporté au nombre de parcelles fiscalisables représente 25.23%. Le nombre de parcelles imposées représente pratiquement le double du nombre de titres fonciers créés dans la base de données de la Conservation foncière.

Ces chiffres montrent que l'immatriculation des parcelles en Côte d'Ivoire est loin d'avoir atteint son objectif initial. Car en se référant aux données des services du Cadastre, il existe dans le pipeline plus de 1.500.000 parcelles susceptibles d'être immatriculées pour lesquelles des titres fonciers n'ont pas encore été créés. Pour les parcelles comportant des titres fonciers, Il faut noter que plus de 90% de ces titres ont été créés sur les parcelles situées en zone urbaine.

En termes de superficie, l'enquête a révélé que 65% de la superficie du district d'Abidjan avait déjà fait l'objet de lotissement. Pour ces lots, seulement 35% disposent de titres fonciers dûment créés. Il en résulte que la proportion des droits réels immobiliers inscrits au registre identifiable n'est pas très élevée. Dans le District d'Abidjan, 65% des

[113] Intervention du de Monsieur CISSE Aboubakari, Directeur général des impôts le jeudi 25 novembre 2021 à Yamoussoukro à l'ouverture du séminaire annuel des services du cadastre.

parcelles lotis ne comportent pas de titres fonciers. C'est d'ailleurs ce qui a amené les administrations gestionnaires du domaine foncier urbain à envisager le projet de régularisation de masse des parcelles urbaines non détenues en pleine propriété. Ce projet qui tarde à voir le jour semble désormais faire partie des deux volets du macro projet de simplification et transformation digitale du foncier urbain piloté par le Ministère en charge de la Construction en collaboration avec le Ministère en charge du Budget.

Si le rythme de création de titre foncier tel qu'observé à travers la courbe de l'évolution du nombre de création de titre foncier est en constante progression, les services de conservation foncière ne peuvent valablement se satisfaire de ces résultats. En effet, au cours de la troisième conférence des conservateurs, le Directeur du domaine a fait savoir que de juillet 2013 à juillet 2021, le nombre de titre foncier est passé de 170.515 à 321.841, soit une hausse de 88%. Il affirmé que jamais la Conservation foncière n'avait autant produit de titres fonciers dans l'histoire de la Côte d'Ivoire. Toutefois, ces résultats apparemment inédits semblent infirmes en les rapportant au nombre de parcelles dénombrées sur toute l'étendue du territoire.

Il importe de le répéter, la Côte d'Ivoire d'après les estimations du cadastre comporte 1.900.000 parcelles dont 321.841 sont immatriculées. Avec une moyenne de 11.300 créations de titres fonciers par année, ce rythme imposera à la Côte d'Ivoire d'attendre encore au moins un siècle, soit environs 110 ans pour prétendre immatriculer toute l'étendue de son territoire. Le livre foncier existant depuis 1900, il reviendrait à dire que la Côte d'Ivoire aura à accuser 200 ans pour réaliser l'immatriculation de tout son territoire.

Nous pouvons déduire que le rythme de création de titres fonciers au regard des enjeux que représente le foncier dans l'économie nationale est très faible. Même si les services se donnent pour objectifs 20.000 titres fonciers annuels, alors l'immatriculation s'achèvera dans 50 ans c'est-à-dire en 2070. Cette faiblesse du rythme de création est doublée d'un décalage de 50.000 entre le nombre de titres fonciers effectivement créés et les 280.000 titres fonciers consultables en ligne. Les titres fonciers dits non consultables, le sont parce que n'ayant pas encore fait l'objet de création électronique ou bien existant dans la base de données mais non certifié par les agents.

- **Une Couverture géographique insatisfaisante**

Le nombre de création de titres fonciers connait une évolution significative mais se trouve insignifiant rapporté au nombre de parcelles dénombrées. En ce qui concerne la couverture géographique à l'échelle nationale, cette insuffisance est plus plausible. Le nombre de titres fonciers créés représente en termes de superficie environ 15% de l'ensemble du territoire, autrement-dit 85% du territoire de Côte d'Ivoire reste non pourvu en matière de titre foncier. Il existe une criarde disparité au niveau régional sur la répartition du nombre de titres fonciers. Par exemple, le district d'Abidjan à lui seul regorge environ 70% des titres fonciers qui existent sur toute l'étendue du territoire. Les 100.000 titres fonciers restant sont répartis entre les 31 autres régions et le District de Yamoussoukro. Cette disparité est encore plus grande lorsqu'il s'agit de comparer les titres fonciers urbains avec les titres fonciers ruraux. Une concentration des titres fonciers est constatée en zone urbaine alors que le monde rural ne peut se prévaloir de plus 1% du nombre des nouvelles créations de titres fonciers, ce qui ne représente pratiquement rien.

Les limites du régime de l'immatriculation sont encore plus plausibles en ce qui concerne le Domaine Foncier Rural. Plus de vingt ans après la mise en œuvre de la Loi de 98 portant sur le Domaine Foncier rural, les résultats en termes de sécurisation des terres apparaissent très faibles. Les ambitions affichées au départ par l'Etat ivoirien de certifier toutes les terres foncières Rurales et appuyées par les propositions doctrinales une certification massive des terres rurales de Théodore DAGROU, sont connues de tous et concernent les parcelles qui représentent une superficie d'environ 23 millions d'hectares, selon une estimation du Centre d'Information Géographique et du Numérique (CIGN)[114]. En effet, à la date du 31 octobre 2019, ce sont seulement 10 977 demandes d'établissement de certificats fonciers sur l'ensemble du territoire national contre 6 123 certificats fonciers délivrés. En termes de genre, 565 demandes de certification ont été formulées au profit des femmes, et 247 au profit des entreprises, le tout pour une superficie cumulée de 398 108 ha 01 a 69 ca sur les 23 millions d'hectares. La proportion des terres rurales sécurisées par

[114] KRAGBE, P., Mémorandum à l'attention du Directeur du Domaine de la Conservation Foncière de l'Enregistrement et du Timbre en date du 31 octobre

l'établissement du certificat foncier correspond à un taux de 1,73% de l'ensemble des terres du domaine foncier rural.

En termes d'immatriculation, sur les 6 123 parcelles de terres objet de certificats fonciers délivrés, 905 parcelles ont fait l'objet de demande d'immatriculation, soit un taux de 14,78%. En outre, 299 demandes sur les 905 formulées ont pu être immatriculées par les services de Conservation de la Propriété Foncière et des Hypothèques, soit un taux d'immatriculation d'environ 5% des certificats fonciers délivrés et 33% des demandes d'immatriculation. En termes de délimitation des territoires des villages, sur environ 6 383 territoires programmés 2 460 villages ont fait l'objet d'une délimitation, soit un taux de 38,55%.

Plusieurs difficultés émaillent le processus de certification des terres du Domaine Foncier Rural. Elles peuvent être cernées à plusieurs niveaux :

- Manque d'organes de gestion foncière rurale dans certains villages et sous-préfectures chargés du suivi de la procédure de certification ;

- Blocage du financement du processus de certification des terres rurales ; cette politique n'ayant été exclusivement financée que par des partenaires techniques et financiers dans le cadre des projets ;

- Pesanteurs socio-culturelles du fait des traditions (impossibilité d'appropriation privée de la terre) ;

- Pesanteurs liés à l'environnement socio-politique ayant prévalu de 1999 à 2011 et essentiellement caractérisé par des crises à répétition ayant profondément affecté les rapports intra et intercommunautaires.

Outre ces difficultés, il y a aussi et surtout des difficultés d'ordre juridique, financier et fiscal.

Au plan juridique :

- L'absence d'une procédure d'immatriculation spécifique aux terres du DFR coutumier comme c'en est le cas des terres concédées. Ce qui amène le Conservateur à appliquer la procédure d'immatriculation décrite par le décret de 1932. On observe donc une double phase de publicité qui alourdit et rend couteux le processus d'immatriculation.

Au plan financier, les difficultés sont liées au coût d'accession à la pleine propriété des terres du Domaine Foncier Rural coutumier :

- Coût élevé du processus d'accession à la pleine propriété des terres du Domaine Foncier Rural coutumier du fait de la mise en œuvre obligatoire de deux procédures ayant chacune un coût alors qu'elles ont le même objet : la publicité foncière pour la révélation des droits des tiers.

A titre d'exemple, une étude réalisée par la Cellule de Suivi et d'Analyse de la Primature révèle les coûts suivants :

- ✓ Obtention d'un CF sur une parcelle de 5 ha : 867 000 F
- ✓ Immatriculation d'une superficie de 5 ha : 111 500 F

Soit un coût total de : 867 000 F + 111 500 F = 978 500 F

Ces coûts sont hors de portée pour la majorité de la population paysanne.

Au plan fiscal, les disposions des articles 23, 24 et 25 de la loi sont de nature à décourager l'accession des personnes physiques à la pleine propriété des terres du Domaine Foncier Rural. En effet, la location et l'accession à la pleine propriété des terres imposent des obligations fiscales et des poursuites judiciaires définies par les lois de finances en cas de non-respect des obligations. Il s'ensuit que la loi 98 est perçue par la masse paysanne comme un alibi pour élargir l'assiette de l'impôt foncier, d'où leur aversion pour l'établissement des certificats fonciers. Toutes ces pesanteurs font que le régime de l'immatriculation des terres et surtout des terres rurales a pris du plomb dans les ailes.

✓ **Des processus d'immatriculation non achevés**

Dans le système foncier ivoirien qui a pour socle le régime de l'immatriculation, le processus de sécurisation des droits fonciers est achevé lorsque le titulaire est inscrit en pleine propriété au livre foncier, c'est-à-dire en section 4 du titre foncier. Une évaluation récente des inscriptions au livre foncier a révélé l'existence d'un nombre important de titres fonciers qui ne sont pas en pleine propriété. Il s'agit de près de 30.000 titres fonciers pour lesquels aucune inscription en pleine propriété n'a été porté à la section 4. Au contraire, les titulaires de droits réels sur ces parcelles sont inscrits en section 3 A, c'est-à-dire qu'ils possèdent des démembrements du droit de propriété suivant des arrêtés de concession provisoire ou des concessions provisoires avec promesse de bail emphytéotique mais ne sont pas propriétaire au sens strict du terme.

Cet état de fait se justifie en partie par le fait que des acquéreurs de terrains qui ont obtenu des arrêtés de concession provisoire n'ont pu aller au bout de la procédure de l'obtention de l'arrêté de concession définitive aussi bien dans le domaine foncier urbain que rural. Or, ces titulaires de droits fonciers ne peuvent se contenter d'une présomption en qualité de propriétaire et ne peuvent jouir pleinement des prérogatives liées à la pleine propriété. Parmi ces cas de figure, l'on dénombre les acquéreurs de terrains nus ou de logement auprès de promotion immobilière qui pour des raisons diverses n'ont pu également obtenir l'inscription en pleine propriété. Ces opérateurs immobiliers étant tombé en faillite ou ayant disparu, les acquéreurs de ces biens immeubles ne peuvent justifier de la pleine propriété du cédant afin de bénéficier de mutation immobilière régulière.

Cette catégorie d'acquéreurs de ces parcelles de terrains se trouve ainsi plongée dans une situation d'insécurité foncière. Les droits précaires dont elle dispose ne sont pas protégés et sont par moment menacés par des inscriptions fallacieuses d'agents malveillants opérant sur le livre foncier électronique en dehors de toutes les procédures et formalités requises. La Conservation foncière est amenée parfois à rejeter des demandes d'acte ou même de création de titre foncier sur des parcelles immatriculées et en concession provisoire. D'autres acquéreurs dans cette même situation ont été victimes d'expropriation sans retour régulier au domaine privé de l'état violant ainsi le principe constitutionnel de garantie de la propriété accordée à tous les citoyens. Ces situations qui compromettent la crédibilité de l'institution Conservation foncière, conduisent malheureusement à rendre difficile l'accès à l'information foncière fiable.

✓ **Un accès difficile à l'information foncière**

Dans une étude similaire sur l'accessibilité à l'information foncière, Raymond Kra et Kouambla (2021) ont mis en relief les difficultés qu'éprouvent les usagers dans leur quête d'informations fiables sur les parcelles urbaines avant toute transaction immobilière[115]. Selon ces auteurs, la multiplicité des acteurs de la chaine foncière est à la base de l'accès difficile à l'information. Elle entraine une dispersion de l'information foncière au sein des structures cadastrales et de

[115] KRA Kouassi Raymond, KOUAMBLA Jonas, 2021, Op cit.

Conservation foncière. Ainsi, les renseignements sur le foncier urbain sont fragmentés en petites portions de données et détenus par des services fonciers différents. Autrement dit, en matière foncière urbaine, un seul service ne peut satisfaire le besoin d'information d'un usager. Ce dernier est obligé de faire le tour des services pour avoir les renseignements complets dont il a besoin pour réaliser son opération. L'usager qui ne connait pas le service compétent, peut être victime des tracasseries administratives inutiles.

Le fait que l'information foncière urbaine soit fragmentée et détenue de façon parcellaire par les différents services du foncier a pour conséquence directe la mise en circulation de supports multiples. Ces supports sont souvent sources de confusion et de redondance en ce qu'ils comportent parfois les mêmes renseignements. C'est le cas des extraits topographiques conçus par le géomètre expert agréé et l'extrait topographique certifié du géomètre assermenté du cadastre. C'est également le cas en ce qui concerne l'état domanial de la Direction du domaine urbain et l'état foncier ou l'état historique émis par les services de la Conservation foncière. De plus, les informations fournies par les services ne sont pas toujours complètes, ni conformes, parce que souvent intentionnellement dissimulées par les intéressés.

Il est de notoriété publique au sein des services de Conservation foncière que plusieurs agents foulent au pied les règles de bonne gouvernance en matière foncière. En effet, des piles de dossiers de demande de création de titres fonciers sont souvent entassées à même le sol dans les bureaux des agents. Il a été donné de constater que les usagers doivent se rendre physiquement dans ces services pour voir leur dossier réintroduit dans le circuit de traitement des demandes d'actes. Cette façon de faire remet en cause les principes et valeur éthique appliqués par la Direction générale des impôts et surtout ralenti le traitement des dossiers usagers qui ne daignent pas se présenter devant les agents.

Un nombre important de dossiers des usagers se trouverait toujours dans les tiroirs des agents en violation du principe de FIFO (First In First Out) qui caractérise les services dynamiques et transparents. Il en résulte un fait poignant ; c'est que les usagers ont forcément recours aux agents pour accélérer le traitement de leur dossier. Comme il est de coutume, dans le langage des usagers, « un dossier sans parrainage est classé sans suite ». Et plusieurs dossiers figurent dans les casiers et les tiroirs, notamment les dossiers concernant les grandes superficies de terrains urbains. Le Ministère de la Construction a pris une longueur d'avance sur la Conservation Foncière en initiant dans le courant des mois d'octobre et novembre 2021 une « opération tiroirs vides ». En attendant de mesurer l'impact réel de cette activité et d'évaluer son efficacité, la clairvoyance des initiateurs de cette opération est tout de même à saluer.

Pour avoir accès à une information fiable sur un terrain urbain, l'usager à l'état actuel de la technologie doit se rendre dans les services fonciers pour formuler une demande physique. Le seul et véritable portail d'accès en ligne à l'information foncière est celui de la consultation à distance et en temps réel des droits réels immobiliers des services de la Conservation foncière. Cet outil qui existe officiellement depuis 2015 continue toujours d'être en phase expérimentale et seuls les notaires y ont accès. Hormis cette innovation de la Conservation foncière, il existe des bases de données dans les différents services des autres administrations foncières mais uniquement affectées aux usages du service. Ces données continuent d'être la chasse-gardée de ces services ce qui dénote de l'opacité dans laquelle le travail est accompli. Ce manque de promptitude dans la fourniture de l'information foncière jette un discrédit sur la transparence dans les pratiques des acteurs fonciers. Finalement, l'accès à l'information foncière urbaine constitue un surplus de coût que doit débourser l'usager client pour s'assurer une garantie des transactions immobilières. À cela s'ajoute le coût exorbitant des biens immobiliers ces dernières années qui amènent à s'interroger sur les questions d'économie et politique de l'immobilier qui semblent n'avoir pas été adoubées au régime de l'immatriculation.

- ✓ **Les problématiques économiques soulevées par le foncier et l'immobilier**

Le régime foncier de l'immatriculation dans sa conception a priorisé la sécurisation de l'accès à la propriété. Il s'est agi de révéler les droits fonciers et de les consolider afin de les rendre opposables aux tiers pour qu'en cas de contestation, le titulaire soit couvert par la protection de la loi. Les aspects relatifs à l'économie de l'immobilier n'ont pas véritablement été abordés dans les textes fondateurs du régime. Et pourtant, l'évaluation immobilière est une activité qui permet la liquidation des droits de publication à la charge des titulaires de droits fonciers et leur recouvrement. L'économie de l'immobilier est une activité qui permet de mesurer les variations et fluctuation du coût de l'immobilier, et plus loin l'impact économique et surtout son poids économique dans le produit intérieur brut. L'économie de l'immobilier concerne aussi les questions relatives à la régulation du prix et au marché foncier et de l'immobilier.

Dès l'indépendance l'état a joué un rôle providentiel dans la production et la distribution du foncier avec des structures publiques. Le coût de l'immobilier n'était pas aussi exorbitant qu'aujourd'hui et était à la portée de la bourse des populations. Les opérations immobilières de SICOGI et SOGHEFIA ont permis d'octroyer des biens immobiliers habitables à moindres coût. Avec la crise économique et la vague des privatisations des années 90, la gestion du foncier a été libéralisée ce qui a permis l'émergence d'un nouvel acteur qui est l'aménageur foncier. Le coût de l'immobilier n'a cessé de grimper depuis lors. Une étude réalisée pour le compte de la Société Akwaba Business Park en décembre 2020 a montré que le prix de l'immobilier se caractérise par une variabilité d'une commune à une autre et une grande disparité de prix de vente des parcelles à Abidjan[116].

Le constat qui est fait par les experts est que dans le noyau urbain abidjanais, les offres résidentielles avec de nombreux projets sur le segment haut de gamme sont perçues comme étant de prix trop élevé. De moins en moins de biens fonciers sont disponibles et il existe une forte spéculation sur le prix de vente des parcelles. Le prix de vente au m² est extrêmement faible avec (20.000FCFA/m2) pour la commune de Port-Bouet et sur la route de Bassam. Pour ces mêmes biens immobiliers, les prix de vente peuvent dépasser les 700.000FCFA/m2 pour les terrains à Bietry, Koumassi ou Marcory résidentiel.

Selon cette étude, le manque de documentation (titre foncier, attestation de constructibilité) et de viabilisation pour certaines parcelles situées dans les communes populaires est à l'origine de cette disparité. En réalité, jusqu'en 2020, l'évaluation immobilière donnait du fil à retordre aux administrations foncières ; les monographies des valeurs vénales et transactionnelles qui existaient, n'étaient pas accessibles aux publiques. La disparité de ces valeurs était telle que souvent, la fixation des tarifs par les administrations n'aboutissait qu'à

---

116 Horwath Htl & Le Conseil Egis, Etude marché, à destination de l'Etat de Côte d'Ivoire, pour le Compte de la Société AKWABA BUSINESS PARK, Filiale du groupe TEYLIOM, décembre 2020.

la suite d'un arbitrage avec les bénéficiaires de ces parcelles. La non-maîtrise de l'évaluation immobilière et les arbitrages intempestifs conduisent à des pertes de recettes pour le compte du budget de l'état.

En effet, l'évaluation immobilière, notamment, des valeurs vénales, valeurs marchandes ou transactionnelles, valeur du bâti et locative, est une activité importante dans l'économie immobilière. A cette fin la Direction générale des impôts a créé un service d'évaluation immobilière. Toutefois, les mécanismes d'évaluation semblent ne pas être très transparents malgré la publication par la DGI de la monographie des valeurs vénales. Il existe une pluralité de structures de l'administration en charge de la fixation des valeurs immobilières (commission de fixation des valeurs transactionnelles, etc.). La variabilité et la multiplicité des valeurs vénales est en partie le résultat de cette pluralité de commissions (valeur transactionnelle, valeur marchande, valeur administrative pour la fixation des prix de cession, valeur locative). Elle complique l'imposition des parcelles et des transactions y afférentes. Les articles 788.789.790 du CGI, restent flous quant au mode de déterminations des valeurs marchandes des immeubles bâtis. Il existe enfin peu de données disponibles sur les dernières transactions de parcelles à Abidjan.

Le système du foncier ivoirien dans son appareillage actuel ne saurait à même de fournir les données économiques réalistes sur toutes les transactions immobilières opérées en Côte d'Ivoire sur une période donnée. L'économie de l'immobilier dans son fonctionnement se trouve dans l'incapacité de capter en toute transparence tout le flux financier qui circule en dehors du marché formel. L'état de Côte d'Ivoire ayant libéralisé totalement ce secteur, la régulation qui y est faite n'a pas pour vocation de réduire les coûts ou les rendre supportables. L'Etat utilise plutôt la politique de logements sociaux pour permettre l'accès à la propriété des couches les plus défavorisée. Même là encore, le bilan de ces opérations reste très mitigé quant à la catégorie réelle des couches sociales qui a accès à ces types de logement.

Des dysfonctionnements constatés dans les rapports entre les CPFH et les partenaires de la chaine foncière

Dans ses relations avec les partenaires de la chaine foncière, le Conservateur opère avec ceux-ci au sein de plusieurs cadres de concertation sur les problématiques liées aux activités de sécurisation foncière. A côté de cadres institutionnels formels qui existent et fonctionnent avec des fortunes diverses, les partenaires de la chaine foncière ont créé selon des besoins spécifiques des cadres non formels qui leur permettent d'aborder des questions pratiques. Ces rapports varient selon qu'il s'agit des partenaires publics ou des partenaires privés.

- ✓ **Un cadre institutionnel non exhaustif avec les partenaires publics**

Les cadres de concertation entre les services de CPFH et les partenaires de la chaine foncière opèrent souvent difficilement. Certaines administrations foncières se sont montrées réfractaires à coopérer avec la Conservation foncière. Lorsque ce cadre existe, c'est à peine si les diligences issues de ces rencontres sont exécutées en raison du manque de suivi et du peu d'intérêt accordé par ces organes. De plus, certaines préoccupations communes sont exposées par les acteurs en dehors de ces cadres formels de concertation. C'est ainsi qu'en début de l'année 2020, nous avons assisté à plusieurs sorties du Ministre en charge de la Construction dans les médias dénonçant la lourdeur et la lenteur des services dans l'affaire dites des 17.000 dossiers, réputés bloqués à la Conservation foncière. Cette préoccupation aurait pu être abordée au sein de ce cadre formel d'analyses et de recommandations qui est le CIRACF. Finalement, le même Ministère a réalisé que la lenteur dans le traitement des demandes d'ACD n'était pas tributaire de la seule gestion des services de la Direction générale des Impôts, puisqu'elle a dû initier en soin sein une opération « tiroir vide ».

Avec le Ministère de l'industrie, la Commission de validation de l'AGEDI, ne constitue pas un cadre pertinent de discussions sur les problématiques de recouvrement des redevances industrielles et de maitrise du fichier des contribuables soumis à cette nature d'impôts.

Cette commission se contente de faire valider ou non l'attribution des terrains industriels aux demandeurs. Au niveau du Ministère des Eaux et Forêts, aucun cadre institutionnel n'a été créé, ce qui fait que les services ont du mal à déterminer de façon optimale l'assiette fiscale des taxes forestières. Le manque de transparence sur le mécanisme d'attribution des périmètres forestiers ne permet pas d'identifier aisément les attributaires de surface forestière. Ainsi, le recouvrement de la taxe forestière est enclin à des difficultés énormes. S'agissant, des relations avec le Ministère de la Justice et tout l'appareil judiciaire, des difficultés ont été relevées dans le processus de production des actes de procès et surtout l'exécution des décisions de justice. Ces dysfonctionnements sont de nature à compromettre la garantie et le droit à un procès équitable. Ils mettent en mal la crédibilité du régime foncier de Côte d'Ivoire qui repose sur le décret foncier de 1932.

Nonobstant, l'existence et le fonctionnement de la Commission de contrôle des opérations immobilières de l'Etat, les problématiques liées à la déclaration d'utilité publique et de leur mise en œuvre demeurent. Le Conservateur de la Propriété foncière et des Hypothèques éprouve d'énormes difficultés pour l'application des décrets de déclaration d'utilité publique, dans l'exercice de ses activités de sécurisation foncière.

Certaines déclarations d'utilité publique portent sur des parcelles ne comportant pas de titres fonciers. En l'absence d'une identification expresse des titres fonciers sur les parcelles déclarées d'utilité publique au moment de la prise desdits décrets, il existe un risque que ces mêmes parcelles fassent l'objet d'actes administratifs en violation des textes règlementaires en vigueur.

Des liaisons fonctionnelles défaillantes

Au niveau technique

Le travail de la Conservation foncière se trouve souvent compromis par le défaut de transmission systématique des plans de lotissements approuvés et appliqués ainsi que les éléments numériques relatifs au Cadastre. La Conservation foncière dans ces conditions se trouve même dans l'impossibilité de traiter certains dossiers de demande d'ACD. Cette situation est bien aussi à l'origine des rejets ou du rallongement des délais de traitement décriés. A défaut d'avoir transmis les plans relatifs aux infrastructures, les parcelles situées dans le domaine public font parfois l'objet de création de titres fonciers au profit de personnes privées alors que ces espaces sont en principe des zones destinées au déroulement d'activités spécifiques d'utilité publique et non pour les habitations.

Les défaillances des liaisons fonctionnelles et de l'interconnexion des services créent le champ libre aux attributions de parcelles sur des réserves administratives non déclassées. Elles sont également à l'origine du défaut de signification des arrêtés de déclassement des réserves administratives au service de Conservation foncière. Le déficit de coopération est souvent à la base des problèmes d'identification et de localisation exacte des parcelles par les services du cadastre. Cette faille concerne particulièrement des partenaires internes à la Direction générale des impôts que sont la Conservation foncière et son binôme le cadastre. Elle est accentuée dans certains cas et jusqu'à une certaine période par l'absence de communication des dossiers de rejets par le Cadastre aux services de CPFH compétent en vue de la transmission au MCLU, au notaire instrumentaire ou autres demandeurs.

D'autres difficultés évoquées au cours de réunions informelles sont relatives au chevauchement des limites des titres fonciers. Plusieurs demandes de formalités sont rejetées pour incompétence territoriale. Alors qu'il aurait suffi tout simplement de procéder à l'actualisation des délimitations des circonscriptions foncières et corriger le chevauchement des limites des titres fonciers. Des cas non moins légions d'absence de correspondance entre les éléments de situation du bien immobilier sur l'extrait topographique certifié et la section I du livre foncier ont été identifié parmi les demandes de formalités rejetées. Toutes ces anomalies peuvent être source de litige foncier et empêcher la conclusion de transactions immobilières sécurisées.

Au plan juridique

Les services de Conservation foncière font régulièrement face aux cas de double-emploi dans la délivrance de titre de propriété. Ces cas résultent des situations où la même parcelle qui a fait l'objet d'une première attribution est une deuxième fois cédée administrativement à un tiers. Au moment de la procédure de création de titre foncier, lorsque ces anomalies échappent au contrôle du Conservateur d'un point de vue technique, cette même parcelle est irrégulièrement assortie de deux ou plusieurs titres fonciers. Les doubles emplois sont des causes récurrentes de litiges fonciers, et le juge administratif n'hésite pas dans certains cas à annuler le deuxième acte en l'absence de retrait régulier du premier.

Les administrations foncières en dépit de l'exigence d'un travail à la chaine, sont réputées œuvrer souvent chacune en vase clos sans recourir à la consultation des autres acteurs sur les domaines qui relèvent de leur compétence respective. C'est le cas lorsque les services de la Construction en charge de la rédaction des actes de retour au domaine privé de l'Etat et des actes de déchéance, omettent de consulter le livre foncier pour avoir l'état des droits réels des parcelles immatriculées qui encourent ces procédures. Plusieurs arrêtés de retour au domaine privé de l'Etat pris par le Ministre de la Construction sont, soit annulés par le juge administratif pour défaut de retrait régulier de l'acte administratif d'origine, soit difficilement applicables par les services destinataires.

La procédure d'accession à la propriété foncière dans le domaine foncier urbain a pour préalable indispensable la purge des droits coutumiers. Cette procédure importante lorsqu'elle n'est pas bien exécutée et entachée d'irrégularités débouche sur la multiplication des revendications des villageois. Ces contestations se muent très souvent en des procédures judiciaires ouvrant droit à diverses sortes d'opposition, notamment le sursis à la délivrance d'acte ou à l'exécution. Ces procédures gèlent la création de titre foncier et la délivrance des actes administratifs créateurs de droits. Dans le milieu rural comme en zone urbaine, la contestation des droits fonciers est un phénomène que l'administration foncière n'est pas arrivée encore à juguler.

Ces litiges fonciers naissent également à l'occasion de l'entrée d'une parcelle antérieurement immatriculée en zone rurale dans le domaine urbain à la faveur de l'adoption et la mise œuvre des schémas et plan directeur de l'urbanisme. La parcelle rurale immatriculée devenue terrain urbain de fait reste toujours un terrain rural de droit à défaut de la prise d'actes de transformation des titres fonciers ruraux en titres fonciers urbains. Dans ces cas de figure, tout morcellement opéré rend difficile voire impossible le traitement des demandes d'actes sur ladite parcelle par les services de la Conservation foncière.

Toutes ces difficultés montrent combien de fois le titre foncier est un acte juridique indispensable dans le régime foncier de l'immatriculation adopté par la Côte d'Ivoire. C'est pourquoi, la distinction est faite entre un titre foncier global et un titre foncier morcelé en matière d'inscription de mention sommaire préventive qui est la prénotation. Les ordonnances prise par le juge pour inscrire les prénotations doivent porter que sur les titres fonciers crées sur les lots ou îlots. Dans le domaine urbain, les prénotations sur les titres fonciers globaux comportent un grand risque d'engendrer un préjudice aux détenteurs de droits réels immobiliers qui ne sont pas concerné par le litige. Ces mentions sommaires préventives qui peuvent être levées à tout moment empêchent les autres acquéreurs d'accomplir les formalités et réaliser leurs transactions. Pire, elles gèlent le déblocage des investissements énormes engagés par les opérateurs économiques en termes d'aménagement foncier.

La relation entre le Conservateur de la propriété foncière et des hypothèques et le Juge est règlementé, et prend sa source dans les fonds baptismaux du régime foncier de l'immatriculation. Au départ un régime mise en œuvre par le magistrat, le régime foncier a fini par concéder au juge la résolution des litiges fonciers nés de la mise en œuvre de la procédure de l'immatriculation. Aujourd'hui encore le socle de cette collaboration demeure le titre foncier. Il doit obligatoirement être référencé par la décision du juge pour espérer son exécution. Biens des décisions de justice quoiqu'exécutoires ne peuvent l'être parce que le bien immobilier en cause n'a pas été identifié avec précision et le titre foncier non mentionné dans l'acte. Le Conservateur ne peut techniquement ni juridiquement procédé à l'inscription de l'acte judiciaire. Pire encore certains jugements annulant des actes ayant servi à l'inscription sur un titre foncier ne peuvent être inscrites au livre foncier à défaut pour le juge d'avoir expressément fait injonction au Conservateur de procéder aux modifications conséquentes.

Au plan fiscal

Des complications réelles dans la collaboration entre les services de conservation et plusieurs autres gestionnaires du domaine de l'Etat impactent négativement le volet fiscal des activités de gestion financière des CPFH. Censés mettre à la disposition des services de

Conservation Foncière, la liste des attributaires de titres d'occupation et d'exploitation de parcelles du domaine public, des périmètres d'exploitation forestière, des zones industrielles et des zones touristiques, les gestionnaires techniques du domaine de l'Etat se contentent d'une communication partielle. Les services de Conservation Foncière ne peuvent dans ces conditions disposer d'une bonne maitrise de l'assiette fiscale et assurer un recouvrement optimal des recettes fiscales. Ce type de gestion engendre un manque à gagner pour le budget de l'Etat.

Les textes en vigueur enferment l'accomplissement des formalités par les notaires après rédaction des actes dans un délai de 3 mois. Il est donné de constater que certains actes font l'objet de dépôt hors délais au mépris de la loi. Certains actes notariés portent sur des transactions d'immeuble non détenu en pleine propriété ou avec promesse de vente. Ce type de transaction soulève des complications quant au traitement fiscal et juridique au niveau de la Conservation foncière. De même, il existe des actes frauduleux réceptionnés dans les guichets courriers des services de Conservation Foncière. Lorsque le caractère frauduleux des actes que l'on ne peut apercevoir à vue d'œil est plus tard établi, alors ils remettent en cause tous les droits réels y afférents et engagent parfois la responsabilité du conservateur.

- **Un cadre de concertation quasi inexistant entre les services de Conservation Foncière et les partenaires privés de la chaine foncière**

Un cadre informel de concertation avec les notaires

Les notaires sont les partenaires dits privilégiés des services de Conservation foncière dans la chaine foncière. Ils entretiennent des rapports très étroits avec les services de Conservation foncière surtout pour l'accomplissement des formalités de publication au livre foncier. Le volume des activités impliquant le notaire s'avère très élevés. Paradoxalement, il n'existe pas de cadre formel de rencontre avec la chambre des notaires. Des séances de travail ont eu lieu par exemple sur la nomenclature des prix de vente de terrains urbains à Abidjan, les questions d'abandon de droits, la nomenclature des actes notariés publiables au livre foncier. Et pourtant, les problématiques que soulèvent les rapports entre CPFH et les notaires sont nombreuses et nécessitent la mise en place de véritables cadres d'échanges et de concertation en dehors des rencontres occasionnelles.

Un cadre quasi inexistant avec les autres partenaires privés

Hormis la corporation des notaires, les partenaires dans les autres professions libérales intervenant dans la chaine foncière ne bénéficient pas de ce cadre de travail. Avec l'ordre des Géomètres expert-agréés, la relation institutionnelle se limite à la conception des modules de formation de conservation foncière au profit des candidats admis ainsi que l'octroi d'un stage de perfectionnement dans les services de Conservation foncière. Les réels problèmes liés à la non-conformité aux normes dans la confection de dossiers techniques restent toujours en suspens et le sort des milliers de dossiers rejetés dans le cadre du traitement des demandes ACD restent pour le moment sans issue. Au niveau de la profession d'Avocats, des experts immobiliers, et des promoteurs, c'est aussi le statut quo. Il n'existe aucune relation institutionnelle véritable pouvant servir de cadre pour un partage d'expériences et une bonne maitrise des activités immobilières.

Un déficit de communication sur les activités de la conservation foncière

Les activités de la conservation foncière sont complexes pour les citoyens lambda, le plus grand volume des actes traités par les services en matière de sécurisation juridique se fait en collaboration avec les professionnels que sont les notaires. Dans un environnement aussi concurrentiel que représente le travail à la chaine entre plusieurs acteurs, la communication est un atout essentiel pour l'acteur qui sait en faire bon usage. Sur ce terrain s'il y a un service qui s'est mieux illustré ces dernières années, il s'agit bien évidement du Ministère de la Construction qui consacre beaucoup de publications médiatiques sur les actes qu'il émet, les procédures en vigueur au sein de ses services et le coût des opérations.

La Conservation foncière en tant qu'entité se déploie rarement dans les médias, à part quelques parutions dans l'émission « L'Impôt et Vous » de la Direction générale des impôts et les reportages qui sont faits à l'occasion des évènements comme la Conférence des conservateurs, il n'existe pas de lucarne pour permettre à cette entité de faire connaitre ses activités auprès du grand public. Cette situation est d'autant plus critique que des 814 personnes enquêtées au sein des services de Conservation foncière, 85% des enquêtés disent avoir eu vent de l'existence du service Conservation Foncière par le biais d'une administration à l'occasion d'une demande d'actes. Parmi ces mêmes enquêtés, 11% affirment avoir entendu parler de la Conservation foncière par le canal d'un concitoyen. Ce sont 5% des personnes interrogées qui affirment avoir connu cette institution par le canal des médias. Ces données confirment le manque de visibilité médiatique en ce qui concerne les activités de la Conservation foncière.

Nous avons noté dans les conversations de certains usagers un amalgame entre la Conservation Foncière et le Cadastre au point d'assimiler un service à un autre. Il n'est pas rare de les entendre affirmer « se rendre au cadastre pour l'obtention d'un titre foncier ». Ce qui n'est pas totalement une fausse affirmation puisque le Cadastre est l'œil technique du Conservateur dans le processus de création de titre foncier. Seulement la proximité du cadastre avec les contribuables clients notamment dans le cadre de l'impôt foncier a fini par lui accorder beaucoup plus de notoriété que la Conservation foncière qui se trouve être reléguée désormais au second rang lorsqu'il s'agit de concevoir des réformes foncières. Les dernières initiatives de communication des managers de la Conservation foncière ont consisté à la conception et la duplication d'un Flyers avec pour intitulé : « *le Titre foncier c'est la Conservation foncière* ». Ce titre n'est pas anodin, il reflète la prise de conscience de l'existence d'une confusion dans l'entendement des gens sur le service compétent pour l'établissement des titres fonciers.

Ce déficit de communication est plus criard selon l'enquête lorsqu'il s'agit d'interroger les usagers clients sur leur niveau de compréhension du rôle de la Conservation foncière. À ce propos, les personnes interrogées ont majoritairement une bonne compréhension. Quoi de plus normal, puisqu'elles se retrouvent dans les services de Conservation Foncière en train d'accomplir des formalités ou formuler des demandes d'actes. Si la majorité connait le rôle d'un service de Conservation foncière, il existe tout même 30% de réponses inexactes. D'autres enquêtés se retrouvent au sein dudit service sans même avoir une notion de son rôle et ses missions. En somme, il existe une nécessité pour les managers de la Conservation foncière de communiquer sur les activités qui s'y déroulent et surtout sur l'institution elle-même.

Des problèmes d'efficacité et qualité des prestations de la Conservation Foncière

L'efficacité des services de conservation foncière dans le cadre de cette étude a porté essentiellement sur la problématique de la célérité dans le traitement des demandes d'actes. D'ailleurs cette thématique a été au cœur de la troisième conférence des conservateurs et avant quoi un plan stratégique d'accélération du rythme de création de titre foncier a été conçu pour servir de support aux rencontres avec la haute hiérarchie. C'est dire que cette question est déjà débattue par les managers de la Conservation foncière. L'exercice à laquelle s'est livré le chercheur visait à appréhender la perception des usagers sur cet état de fait. Les résultats déjà illustrés au risque de nous répéter ont montré que la majorité des usagers se disent satisfait au niveau 3 sur une échelle de 5 degrés de satisfaction.

Cette appréciation qui tient compte des convenances personnelles, n'occulte pas les reproches que ces usagers font régulièrement en ce qui concerne les retards accusés par les services dans le traitement des actes. Ces retards sont réels aussi bien pour la création de titre foncier que la publication des actes, notamment des ACD et des actes de ventes immobilières. Plusieurs usagers ont eu recours à l'intervention de la très haute hiérarchie pour la publication des actes dont certains ont été enregistrés depuis plusieurs trimestres dans les services alors que les délais légaux prévus sont de 15 jours. Les services de Conservation foncière sont réputés éprouver des difficultés à respecter les délais de 30 jours pour la création de titre fonciers.

Des analyses simplistes vont jusqu'à reprocher aux agents d'être à la base du retard dans le traitement des demandes. Toute chose qu'il faut peut-être nuancer car des contraintes techniques réelles ont souvent été à l'origine de cet état de fait. N'empêche que certains dossiers de création de titre foncier peuvent facilement enregistrer une année au sein desdits services. Si dans les services à fort potentiel foncier comme Grand Bassam, Bingerville, Dabou, les agents expliquent cette situation par le volume important de demandes, en alignant productivité par agent et le personnel en activité, le ratio montre qu'il existe des efforts professionnels à faire pour améliorer les capacités et atteindre le niveau de production souhaité.

En effet, ces remarques ne sont pas fortuites, car la lourdeur et la lenteur sont inhérentes de la procédure d'immatriculation. Cette procédure implique des vérifications minutieuses de la régularité des pièces et une certaine orthodoxie. Dès lors le non-respect des délais devra être apprécié selon le contexte. La lourdeur parait tout de même comme une situation aggravante dont les effets pervers sont la baisse de crédibilité et de la qualité des services. Les dysfonctionnements de ce type peuvent occasionner des plaintes multiples à l'instar du nombre de plus en plus croissant des dossiers de contentieux relatif au refus voire au retard dans la délivrance des actes. En outre, le retard volontaire ou involontaire accusé dans l'accomplissement des formalités au cours du traitement des actes peuvent entrainer le cercle vicieux de la malversation, des fraudes et autres prévarications signalées à l'encontre des services de conservation foncière.

L'avis général des usagers clients sur la qualité d'ensemble des prestations des services de Conservation foncière a donné une note de bonne qualité d'ensemble des prestations à 47% et d'une qualité moyenne à 41%. La logique de la démarche qualité adoptée par la DGI est d'amener les prestations des services à un niveau de haute qualité. Si tel est le cas, alors le niveau de satisfaction et de qualité actuel reste encore en deçà des attentes. En dépit des efforts accomplis par les mesures prises dans ce sens, il reste que déjà au niveau de l'accueil et de la réception, les équipements font défauts et le personnel lui-même, non érudit aux pratiques professionnelles de l''accueil.

Dans les services de conservation foncière du ressort du District d'abidjan, seules les CPFH de Bingerville, Riviera, Plateau et Abobo disposent de salles d'attente, de baies vitrées en guise de guichets répondant aux normes de qualité. En faisant une comparaison avec les services du guichet du Ministère de la construction, il est clair que ces équipements sont de loin en termes de modernité derrière les infrastructures déployées au guichet unique du foncier. En revanche, les guichets courriers de la CPFH de Cocody, en 2021, donne l'impression d'opérer encore à une époque moyenâgeuse. Dans les CPFH de Yopougon 1 et 2 les guichets courriers sont de qualité, mais malheureusement, il n'existe pas de salles d'attente et les usagers sont priés de patienter dans les allées et autres couloirs des bureaux. De ce point de vue, il est difficile d'acquiescer le niveau de qualité ainsi jugé par les usagers clients.

Des éléments de faiblesses tenant au leadership des responsables

Le leadership est une attitude de management qui désigne la capacité d'un dirigeant à s'engager personnellement et à entrainer avec lui tout le personnel. Le dirigeant leader et moderne est celui qui réussit à mobiliser les équipes et les différentes ressources humaines autour d'objectifs de performance précis. C'est un des critères de management de la qualité totale que les services publics essayent tant bien que mal d'intégrer dans leur fonctionnement. Au sein d'un service de Conservation Foncière, le manager principal est le conservateur. Il est secondé par le chef de bureau contrôle, les chefs du bureau du domaine de l'enregistrement et du timbre et le receveur des domaines de la conservation foncière de l'enregistrement et du timbre pour les activités qui relèvent de leur compétence respective.

Dans certains services, les conservateurs ont une propension à se passer de leurs chefs de bureau contrôle dans le traitement de certains dossiers. Le chef de bureau contrôle (CBC) censé être le métronome d'une Conservation Foncière, se trouve relégué au second rang. Son visa n'est pas requis ou du moins est outrepassé dans l'accomplissement de certaines formalités. Cette pratique est constamment décriée par ces responsables au cours des sessions de formation. Ce type de leadership crée une sorte de clivage au sein des services et ne contribue pas à favoriser un cadre propice à la sécurisation des droits fonciers. Des informations reçues ont fait état de la présence excessive de certains Conservateurs qui vont même à se substituer aux agents pour l'accomplissement de certaines tâches opérationnelles. Tantôt, l'environnement de travail est marqué par un laxisme total doublé d'une absence de contrôle sur les activités des agents.

Ce manque de contrôle laisse le champ libre aux agents qui s'adonnent sans effroi et émoi à des pratiques de rançonnement sur les dossiers dont ils ont la gestion. Plusieurs demandes de formalité se trouvent sans justification gelées au sein de certains guichets courriers, dans l'espoir que le requérant se présente lui-même. Bien des responsables comme les CBC ont été soupçonnés d'être à l'origine du retard accusé dans le traitement des dossiers et de demander indirectement aux clients des faveurs financières pour l'accélération du traitement de leur dossier. De telles pratiques qui n'honorent pas les services, amènent fréquemment la haute hiérarchie à réagir de façon vigoureuse lorsqu'elle est tenue informée. Ce déficit de contrôle se manifeste également au niveau des services de recettes où des anomalies ont été découvertes dans la délivrance des reçus et des quittances de paiement. L'opération de contrôle des reçus et quittance initiée par la Direction générale des impôts a permis de déceler des pratiques non conformes à l'éthique.

Au niveau des bureaux domaines et enregistrement, des actes sont signés sans contrôle préalable. Il est reproché à ceux-ci de faire des sorties intempestives sur le terrain et de pratiquer le harcèlement fiscal constant des clients en toute impunité. Attachés à cette marge d'autonomie issue des pratiques anciennes, les chefs bureaux domaines, enregistrement et timbre (CDE) continuent d'agir sans se référer à leur supérieur hiérarchique qui est le Conservateur, en violation de la décision de 2018 sur la réorganisation des services de CPFH. Ces agissements abusifs ont été décriés par les notaires particulièrement pour des questions de réévaluations des valeurs contenues dans leurs actes et jugées exorbitantes.

Des problèmes liés à la sécurité et à l'exploitation du livre foncier électronique

Le livre foncier électronique est défini comme un système automatisé de données qui sert à l'immatriculation, la publication des droits réels immobiliers et à la communication de l'information juridique relatives aux immeubles immatriculés. Cette définition du livre foncier électronique, instrument indispensable à la sécurisation des droits réels immobiliers, peut soulever quelques difficultés de compréhension. Notre première interrogation porte sur la nature même du système auquel l'ordonnance de 2015 fait référence : s'agit-il d'un processus automatisé, d'un système de gestion ou d'un système d'information foncière, ou bien tout simplement d'un applicatif qui a été créé pour transcrire en langage informatique les procédures usitées au sein des conservations foncières en vue de leur dématérialisation. Si les deux premières réponses, notamment processus automatisé et système de gestion peuvent coller à l'esprit du texte, il en va autrement du système d'information foncière qui ne peut cadrer avec cet outil.

Dans son architecture actuelle, le livre foncier électronique se contente seulement d'informatiser le système de Conservation foncière sans se préoccuper des activités de sécurisation menées par les autres acteurs qui travaillent dans la chaine foncière. La structuration de la Conservation centrale du livre foncier électronique, organe en charge de la gestion des infrastructures informatiques du livre foncier électronique, ne prévoit que l'exploitation qui est un attribut de la gestion des droits à inscrire et une plateforme servant d'interface entre les services et les demandeurs d'information foncière. Le mécanisme du système de la conservation du livre foncier électronique tel que décrit n'est pas aussi ambitieux pour épouser les caractéristiques d'un système d'information foncière. Ce dernier système prend en compte aussi bien les données graphiques, cartographiques, économiques et financières, que les informations juridiques. Dans ce sens, le système de la Conservation foncière actuellement dématérialisé ne comporte pas toutes les composantes, il s'en trouve très limité.

Les premières limites se rapportent à la base de données du livre foncier électronique qui se caractérise par l'incomplétude des informations foncières stockées en son sein. Déjà en septembre 2021, le service de Conservation de la Propriété Foncière et des Hypothèques de Yamoussoukro disposait d'environ 4.000 titres fonciers qui n'avaient pas encore fait l'objet de création électronique et qui de ce fait ne figuraient pas dans la base de données du livre foncier électronique. Le nombre de titres fonciers créés électroniquement et migrés au livre foncier électronique sur la plateforme de consultation à distance est en déphasage permanent avec le nombre de titres fonciers dans les registres physiques du livre foncier ; décalage entre le nombre de titre fonciers générés électroniquement et les titres fonciers mis en ligne, décalage régulier entre les mises en ligne et les migrations.

En outre, les inscriptions foncières électroniques ne sont pas toujours actualisées en temps réel comme l'exige le cahier de charges à travers le procédé de rafraichissement des données. Aujourd'hui, le mécanisme de rafraichissement prévu pour se déclencher de façon quotidienne est activé à un rythme hebdomadaire. Ces failles expliquent certainement pourquoi les autorités ont du mal à étendre l'exploitation du livre foncier électronique aux autres acteurs de la chaine foncière. En effet, la structure telle que conçue ne donne pas la latitude aux services de

Conservation foncière pour la génération électronique des titres fonciers, sous prétexte que les informations concernées ayant un caractère sensible, il importe de les traiter avec une attention particulière.

Comme énoncé plus haut, seuls les notaires ont accès à la consultation à distance depuis 2015. Le livre foncier électronique continue d'offrir un mono service de consultation à distance, 6 ans après sa mise en service. Les motifs possibles sont, soit le manque d'ingéniosité dans la programmation initiale qui n'a pas tenu compte des paramètres d'extension, soit la perméabilité du système de sécurité qui fait que cette application est régulièrement la cible d'intrusion incontrolée et de cyber attaques. L'année 2020 a été marquée par des inscriptions non autorisées ayant été effectuées sur plusieurs centaines de titres fonciers. En dépit des corrections apportées auxdits titres, ces menaces informatiques dépeignent la faiblesse congénitale de ce système automatisé sur lequel la Conservation foncière veut s'appuyer pour mener à bien sa politique de modernisation de ses services et de digitalisation des procédés.

Le livre foncier électronique n'a pas généré depuis lors de nouveaux produits aux usagers. Hormis la consultation de données littérales purement juridique, il n'existe pas de consultation possible des données numérisées des registres du livre foncier physique et des dossiers de titres fonciers. Les services des établissements financiers sont obligés de formuler des requêtes spécifiques aux conservateurs pour mettre à leur disposition un module capable de leur permettre d'accéder à l'ensemble des biens immobiliers de leur patrimoine. Il n'existe pas de module sur les propriétaires fonciers ; ces données pouvant être utilisées par les instituts de statistiques. Le livre foncier électronique dans son format actuel semble n'avoir pas fait complètement sa mue et reste encore inachevé. Techniquement, le système du livre foncier électronique est handicapé par les problèmes d'instabilité du réseau, de microcoupures, et les baisses de tension. Toutes ces imperfections donnent l'impression que la transcription des données à travers le livre foncier est une innovation informatique majeure à laquelle le système des conservations foncière n'était solidement préparé.

Des problèmes engendrés par le lobbying des autres acteurs de la chaine foncière

Dans cette sous-partie nous expliquerons les problèmes indirectement causés par les pratiques de lobbying des autres acteurs de la chaine foncière. Nous avons déjà relaté plutôt que la suppression du certificat de propriété foncière s'était produite à la suite d'intenses tractations avec le Ministère de la Construction de l'époque. L'autre pratique du lobbying se situe au niveau de ce qu'il est convenu d'appeler l'édulcoration de l'immatriculation de masse par le titrement massif, la maîtrise de la gestion de l'identifiant unique et les velléités de contrôle de la plateforme de transfert de propriété par l'organe en charge du Doing Business (CEPICI).

- **L'édulcoration du projet d'immatriculation de masse en titrement massif des parcelles urbaines**

L'immatriculation de masse figure au nombre des recommandations de l'expert de la Banque Mondiale à l'issue de l'étude sur le foncier urbain en Côte d'Ivoire. C'est une procédure simplifiée qui consiste à créer massivement et rapidement les titres fonciers sur les parcelles avant leur accès au marché foncier. Cette création préalable de titres fonciers est censée avoir lieu au moment de l'approbation du lotissement en zone urbaine, afin que le numéro de titre foncier soit intégré au plan de lotissement ou tout simplement après le lotissement appliqué. L'expert de la banque mondiale a proposé cette procédure après avoir décelé aux termes de son étude que le processus de sécurisation des droits fonciers urbains comporte une redondance des étapes et des interventions des acteurs de la chaine foncière urbaine. Selon cette étude la lourdeur et la lenteur dans le traitement des demandes d'actes sont liées à cette anomalie.

L'immatriculation de masse est perçue comme une panacée. Elle a même été expérimentée dans certains pays africains comme le Rwanda, et certains pays d'Amérique latine à l'image du Mexique. Dans la mise en œuvre de ce gigantesque projet, en principe l'institution en charge du régime de l'immatriculation est considérée comme le lead. Dans le cas de la Côte d'ivoire, les énormes enjeux ont voulu que le Ministère en charge de la construction se soit proposé pour prendre le leadership sur le projet. L'immatriculation massive s'est finalement muée en titrement massif des parcelles urbaines dans le cadre du giga projet de simplification et transformation digitale du foncier urbain.

Cette approche se justifie par le fait que si l'immatriculation permet d'établir la propriété foncière, en zone urbaine les immatriculations sont faites généralement au nom de l'Etat et non au nom des particuliers. De plus, à l'issue de la procédure de l'immatriculation, après la suppression successive de la copie du titre foncier et du certificat de propriété foncière, aucun titre de propriété n'est délivré par le conservateur. Dans ce canevas, le titrement massif combine à la fois, la nécessité d'affecter à chaque parcelle délimitée un titre foncier et un titre de propriété et fait de la Conservation foncière un échelon non moins indispensable de ce processus. Bien que ce projet ambitionne d'accélérer la délivrance de titre de propriété, il conditionne l'action de la Conservation foncière et ne lui laisse pas la latitude de procéder aux immatriculations massives telles que voulues par les recommandations de la Banque Mondiale. Le titrement massif étant prévu pour les parcelles issues de lotissement à venir, qu'en-est-il des parcelles lotis, non détenues en pleine propriété, des parcelles aux lotissements non approuvés et celles des lotissements non appliqués, déjà occupées ou non.

- **La possible réduction de l'influence et de la valeur du titre foncier par l'institution de l'Identifiant Unique du Foncier de Côte d'Ivoire**

L'institution de l'IDUFCI fait partie de la réalisation d'une composante importante du projet de Simplification et de transformation digitale du foncier urbain. L'Identifiant Unique du foncier de Côte d'Ivoire répond au besoin de trouver une référence unique relative à chaque parcelle identifiée dans le domaine foncier en général. En effet, l'identification des parcelles de terrains, d'une administration foncière à une autre, avait diverses colorations. Au sein de la Conservation foncière, une parcelle est désignée par le titre foncier et matérialisée par un numéro de titre foncier. Au cadastre, la parcelle comporte un numéro de parcelle autre que le titre foncier, qui sert à repérer une portion de terre dans les différentes sections cadastrales que comportent les mappes. Il existe au niveau de l'urbanisme les numéros de lot et ilot. Au niveau de la CIE et de la SODECI, il existe des méthodes et références pour l'identification et la localisation d'un espace pour l'adduction d'eau, le raccordement à l'électricité et la distribution des factures physiques. Toutes ces variables désignent le même bien immobilier qui est un lot, un ilot ou un terrain de façon différentiée et en fonction du champ de compétence de l'acteur en face.

L'IDUFCI vient désormais réconcilier la désignation d'une parcelle en Côte d'Ivoire en proposant un identifiant unique qui est en réalité une référence qui sert à retracer le parcours d'un bien immobilier identifié, refléter ses caractéristiques et le désigner sur les documents de propriété. Dans la formulation du texte fondateur de l'IDUFCI, le dispositif réglementaire parle de reconnaissance nationale par les administrations publiques, privées et des particuliers. Autrement-dit l'IDUFCI ne se substitue pas aux autres référents mais vient en superposition. Ces anciennes références ne disparaissent pas mais existent et servent uniquement que pour les besoins de gestion interne de administrations émettrices. Toutefois, dans les relations avec les autres partenaires de la chaine foncière, chaque acteur foncier est astreint à se référer à l'IDUFCI. Ce choix peut paraitre comme révolutionnaire en ce qu'il facilitera la gestion administrative relative aux biens fonciers. Mieux, il permettra d'assurer la traçabilité du parcours des actes fonciers au sein des administrations surtout dans le circuit de traitement des requêtes. Il a aussi l'avantage d'être un repère voire un point de convergence de toutes les informations foncières possibles sur un bien immobilier. Ce type de réforme a été déjà expérimenté au Sénégal et a permis de régler et juguler un certain nombre de difficultés d'ordre opérationnel et de liaisons fonctionnelles.

À l'analyse, l'implémentation de l'IDFUCI ne semble pas seulement se superposer aux autres références comme annoncés par les concepteurs, elle a pour vocation de se substituer à ces numérotations. Si l''IDUFCI est la référence pour toutes les administrations, les partenaires privés et les usagers, alors il n'est pas superflu de dire qu'il absorbe le titre foncier et les autres références sans les engloutir ni les faire disparaitre. Cette façon d'appréhender ne vaut que si seulement le titre foncier est perçu comme une simple référence attribuée à une parcelle donnée. Or sur ce point, le décret de 32 ne fait aucune ambiguïté sur ce que représente le titre foncier dans l'ordonnancement juridique ivoirien. En effet, le titre foncier apparait comme un compte particulier ouvert dans le livre foncier et relatif à chaque immeuble titré. Même s'il a vocation à faire référence à un immeuble, le titre foncier est d'abord et avant tout l'acte de naissance à la vie juridique d'un bien immobilier à partir du moment où ce bien est renté sous l'égide du régime foncier de l'immatriculation.

Bien que comportant un numéro de référence, le titre foncier est loin d'être réduit à une simple numérotation. C'est en cela que la définition de l'immatriculation incrustée dans le code de l'urbanisme et du foncier urbain de 2020 à l'article 161 comme « l'affectation d'un numéro à un bien immeuble au terme d'une procédure » est tendancieuse. Le titre foncier est également avec le livre foncier l'expression la plus affirmée et affinée du régime de l'immatriculation auquel la Côte d'Ivoire a souscrit depuis les années 1900. L'identifiant est donc différent du titre foncier et ne saurait alors s'en substituer. L'IDUFCI n'ayant pas la même valeur que le titre foncier, alors, elle n'a valablement pas pu remettre en cause le titre foncier qui demeure l'extrait fiable retraçant tous les droits réels immobiliers existants ou ayant existé sur un bien immatriculé, lesquelles informations peuvent aider à la prise de décision. Cet acte de naissance à la vie juridique de l'immeuble est retracé dans l'extrait tiré du registre officiel qui est le livre foncier et qui s'apparente au registre de l'état civil en ce qui concerne la vie juridique des êtres humains.

De façon stratégique, l'institution de l'IDUFCI est la matérialisation d'une démarche lobbyiste qui est arrivée à maturité et a connu un succès retentissant avec la prise du décret y référant. Elle voudrait dès son implémentation réduire l'influence du titre foncier. Certaines indiscrétions font état de ce que l'IDUFCI pourrait être assorti d'un extrait d'acte pouvant servir aux établissements financiers dans la prise de décision relativement à la gestion de leurs actifs immobiliers et des hypothèques. Jusqu'à preuve du contraire, les informations juridiques, économiques et financières sur l'immobilier sont détenues et communiquées par les services du Cadastre et de la Conservation foncière qui disposent déjà d'un système en perfection de gestion de l'information foncière. Un projet aussi ambitieux que celui-ci devrait prendre en considération tous ces paramètres au risque de connaitre au moment de la mise en œuvre de ce volet des difficultés d'application.

- **Le contrôle de la gestion des mutations immobilières par le CEPICI avec la mise en place de la plateforme de transfert de propriété**

Les mesures de réformes de Doing business en matière de transfert de propriété ont recommandé la création d'une plateforme de transfert de propriété dénommée « la télépublication des actes ». Cette application informatique devrait permettre de faciliter les activités de la Conservation foncière et les services à l'usager par la réalisation des opérations de publication en ligne des actes. Le projet de télépublication est vu comme la suite logique et le pendant indispensable après la création du livre foncier électronique. De ce fait, sa mise en œuvre devrait bénéficier de l'accompagnement et de l'expertise du CEPICI qui a été un acteur majeur dans la conception des termes de références et la recherche du financement pour l'exécution du cahier de charges.

Le Centre de promotion des investissements en Côte d'Ivoire a obtenu plus que l'accompagnement et l'expertise, il s'est érigé en gestionnaire de la plateforme de transfert de propriété. Comment comprendre qu'un outil aussi important qui embrasse l'essentiel des activités de la Conservation foncière notamment la publicité foncière soit conçu et géré entièrement par un autre service dont la mission est de proposer des mesures de réformes et d'accompagner les administrations. Le CEPICI s'est tout simplement substitué à la Conservation Foncière pour opérer à sa place la conception et la réalisation de son instrument de travail. Finalement les débats qui ont eu cours et se sont accentués sur la question de l'agrégateur de paiement. L'on comprend aisément qu'au fond, les motivations pour le contrôle et la gestion de la plateforme transfert de propriété sont la perception des taxes de publicité et des droits d'enregistrement qui ne sont ni moins ni plus que des recettes versées au budget de l'Etat.

9.3.2. Difficultés en matière de gestion financière du domaine de l'état

- ✓ **Redevances industrielles et la difficile équation entre rentabilité de l'impôt, faiblesses textuelles et des investissements en infrastructure**

Le principe en matière de gestion des zones industrielles est que l'Etat aménage des espaces dédiés aux industries et les mette à la disposition des opérateurs économiques. Ces derniers dès l'obtention de leur titre d'occupation et du permis de construire sont assujettis à la redevance industrielle. Or certaines entreprises industrielles ne sont pas installées sur ces terrains aménagés pour l'industrie, et occupent des terrains urbains à usage d'habitation sur lesquels elles exercent des activités industrielles. Plusieurs de ces industriels se disent être propriétaires de ces parcelles et brandissent avec fierté soit l'Arrêté de Concession définitive ou leur certificat de mutation de propriété foncière pour des parcelles acquises auprès de promoteurs immobiliers. Ces installations entrainent de facto des difficultés quant au recouvrement de la redevance industrielle, car cet impôt est perçu comme un loyer acquitté par celui qui occupe une parcelle industrielle. Alors que les entreprises installées sur des parcelles aménagées et situées en zone industrielle sont assujetties à la redevance industrielle ainsi que d'autres natures d'impôts, celles en dehors des zones industrielles ne sont pas prélevées de cet impôt. Cette situation crée une concurrence déloyale en défaveur des industries qui exercent leurs activités dans les normes. Elle crée de surcroit un manque à gagner pour les recettes fiscales de l'Etat.

Les propositions faites par des agents fiscalistes d'obliger tous les industriels quel que soit leur lieu d'installation à s'acquitter des redevances industrielles n'a pu trouver d'oreille attentive. D'autres voix avisées tablent sur la possibilité d'utiliser comme levier l'autorisation d'implantation exigée des industrielles avant leur installation en dehors des zones industrielles pour contraindre ceux-ci à occuper les terrains en zone industrielle aménagés à cet effet. En outre, Les failles du dispositif de gestion des terrains industriels sont telles que même sur les terrains aménagés, certaines entreprises procèdent en toute illégalité à la sous location de parcelles industrielles en violation des règles de 2015 sans être inquiétés. Ces pratiques sont confortées par l'accession en pleine propriété de personnes privées sur des terrains industriels inaliénables dans certaines zones industrielles. C'est le cas des terrains industriels de Yopougon et de Koumassi qui normalement sont la propriété de l'Etat mais ont été cédés à titre privatif aux particuliers. Plusieurs habitations ont été érigées sur des terrains aménagés pour l'industrie ce qui fait qu'il est coutumier de voir une cohabitation entre les unités industrielles et les logements avec tous risques encourus, ainsi que des notifications d'avis de redevance industrielle aux particuliers non industriels.

Dans les relations de l'AGEDI et du FODI avec la Conservation foncière, la question du fichier des contribuables revient régulièrement. En charge de la collecte de cette redevance, les CPFH ont des objectifs fiscaux à atteindre en matière de recouvrement de cette recette affectée. Elles mènent des actions de collecte à partir des titres d'occupations que met à leur disposition l'AGEDI. La liste des attributaires ainsi que la copie des actes sont les titres qui déclenchent la procédure de recouvrement. Souvent le nombre de titres disponibles ne reflètent pas la réalité du tissu industriel et du potentiel fiscal. Il existe aussi des lots industriels non mis en valeurs qui font l'objet de retrait et réattribution. Lorsque les conditions ne sont pas réunies, notamment la notification à faire aux CPFH, les données et les fichiers des conservations foncières deviennent rapidement obsolètes. Certaines zones industrielles sont créées sans purge des droits coutumiers et immatriculation préalable. Les entreprises qui s'installent sur des parcelles non immatriculées sont dans l'impossibilité d'obtenir les baux emphytéotiques.

Certains industriels se sont insurgés contre le tarif dit exorbitant du cout d'inscription de bail emphytéotique au livre foncier. Ceux-ci se complaisent toujours des arrêtés de concession provisoire avec promesse de bail emphytéotique ayant excédé 10 ans sans obtention du bail, ou se contentent de l'arrêté d'occupation de terrains industriels. Sur ce point particulier, une réflexion menée par le Conservateur central du livre foncier électronique sur le mode de calcul du droit d'inscription au livre foncier du bail emphytéotique a soulevé quelques paradoxes. Cette modalité d'occupation des parcelles favorise la mise en valeur des zones industrielles par les opérateurs qui n'ont pas immobilisé des capitaux importants pour l'acquisition des terrains nécessaires à leur investissement. En retour, ces industriels doivent s'acquitter d'une redevance annuelle minime dans la mesure où l'opérateur doit abandonner les constructions à la fin du bail. L'inscription du bail constitue une préoccupation en raison du dispositif fiscal complexe relativement à la détermination de la base taxable. Ainsi, le nombre d'inscription au livre foncier des baux emphytéotiques est en deçà du nombre d'actes délivrés. La méthode de calcul est complexe et les tarifs sont souvent très exorbitants décourageant ainsi les opérateurs économiques.

D'autres problématiques non moins importantes portent sur les conditions de retrait par le Ministre de l'industrie des actes émis concomitamment avec d'autres départements ministériels. Ce sont notamment, la cession des impenses d'une unité industrielle ou d'un opérateur qui a cessé ses activités, l'insuffisance de la diffusion de la cartographie des zones industrielles, nécessaire pour la gestion financière mais également pour les analyses économiques.

- ✓ **Rude concurrence entre les gestionnaires techniques du domaine de l'état sur le terrain de la gestion financière en matière de redevances, Taxes et gestion du séquestre et du matériel réformé**

L'activité minière est en pleine expansion en Côte d'Ivoire. Le pays s'est doté d'un code minier pour règlementer le secteur afin d'endiguer les activités d'exploitants clandestins et accroitre davantage les investissements pour favoriser le développement économique. Le dispositif légal prévoit plusieurs titres miniers et autres autorisations, à savoir les agréments, la prospection, l'exploitation. Le rôle de la Conservation foncière décliné à l'article 20 de l'ordonnance de 2014 est de recouvrer les taxes et redevances relatives aux titres miniers et autres autorisations[117]. Toutefois cette disposition est contredite par le décret d'application dudit texte qui prévoit que les règlements des droits et frais susmentionnés se fassent auprès du receveur des Domaines, à défaut, auprès des postes comptables du Trésor ou de la Régie des recettes de la Direction Générale des Mines et de la Géologie[118]. Cette

[117] Art.20 de l'Ordonnance n° 2014-148 du 26 mars 2014 fixant les redevances superficiaires et les taxes proportionnelles relatives aux activités régies par le Code minier

[118] Art.26 du Décret n°2014-632 du 22 octobre 2014, fixant les montants et déterminant les modalités de paiement des droits fixes, des droits d'option, des frais

ambiguïté textuelle fait que dans la pratique actuelle, la Direction Générale des Mines et de la géologie assure le recouvrement des redevances superficiaires à titre principal alors que conformément à l'article 26 du Décret de 2014, elle ne devrait le faire qu'à défaut, c'est-à-dire en cas de carence de la DGI.

Ces conflits de compétence sur les activités relevant de la gestion financière du domaine de l'Etat ne cessent de proliférer. En matière de redevance d'occupation du domaine public de l'Etat, les services de Conservation foncière subissent une rude concurrence des collectivités territoriales qui procèdent au recouvrement des recettes domaniales sur le Domaine public de l'Etat, au mépris des textes qui ne leur attribuent des compétences qu'en matière de recouvrement sur le domaine public communal[119]. Il est en de même du recouvrement des prix de cession des véhicules réformés et de la participation de la DDCFET à la commission de gestion des véhicules administratifs. Là encore la règle fondamentale de gestion domaniale qui fait obligation de vente aux enchères publiques par le soin du service des Recettes domaniales et s'appliquant à tout matériel reformé sans exception est violée[120]. D'ailleurs, la Direction générale du Budget et des finances a créé en son sein une régie précisément à la Direction du Patrimoine de l'Etat pour procéder au recouvrement des prix de vente des véhicules reformés ; pour le moment les recettes de ce type sont encore recouvrées par la Conservation foncière hormis celles issues de la réforme du matériel mobilier et informatique de l'ensemble des administrations publiques de Côte d'Ivoire

La gestion du séquestre et de la confiscation des biens mobiliers et immobiliers a fini par être extirpée du champ de compétence de la Direction générale des impôts. Depuis le Décret N°2018-478 du 16 mai 2018, l'Agence Judiciaire du Trésor intervient dans la gestion des séquestres concurremment aux services de la Conservation foncière. Toutes les saisies de biens ordonnées par le juge d'instruction dans le cadre des infractions économiques sont adressées directement à l'agent judiciaire du trésor au mépris des textes légaux en vigueur.

---

de contrôles, d'expertises, d'agrément, et de délivrance des cartes et autres documents relatifs aux activités géologiques et minières.

[119] Loi N°2003-489 du 26 décembre 2003 portant régime fiscal et domanial des collectivités territoriales (Article 211 et suivants)

[120] Article 11 alinéa 2 Loi n°70-209 du 20 mars 1970, portant loi de finances pour la gestion 1970

✓ **Opacité générale au niveau de la gestion de la taxe forestière**

Les difficultés majeures constatées au niveau de la gestion du domaine forestier tiennent à la constitution et au maintien à jour du fichier des contribuables de ce type d'impôts. Le renouvellement des périmètres d'exploitation forestière se fait annuellement. Mais les titres d'exploitation ne sont pas mis systématiquement à la disposition de la Conservation foncière par le Ministère des eaux et forêts, ce qui constitue une anomalie dans les liaisons fonctionnelles entre les acteurs de ce secteur.

La Direction générale des impôts éprouve constamment des difficultés à identifier certains opérateurs du secteur du bois, ne disposant pas de la cartographie des exploitants forestiers bénéficiaires de titres d'exploitations. En ce qui concerne les grands opérateurs, ils sont connus et facilement localisable. En revanche, l'identification et la localisation des particuliers opérant dans ce secteur est volatile. Au cours d'une réunion tenue le 25 février 2021, la DGI, représentée par la DDCFET et la DCAD, s'est accordée avec l'IDEF sur la nécessité d'amener les administrations partenaires notamment les Eaux et forêts à plus de collaboration. Entre autres, inciter ces partenaires à faire ampliation des titres délivrés aux acteurs de la chaine d'exploitation des périmètres forestiers pour une mise à jour du fichier, un meilleur recouvrement des taxes et une transparence dans la gouvernance du secteur forestier.

Une autre réalité qui complique la gestion optimale des taxes forestières est le sinistre dans le secteur en raison de la pénurie des essences de bois de grumes qui sont passés de 16 millions d'hectares à moins de 2 millions d'hectares. La plupart des opérateurs s'expatrient par manque d'essence de bois de grume en Côte d'Ivoire. Cette délocalisation de l'industrie de l'exploitation des bois de grume vers d'autres contrées plus propices à l'exploitation forestière constitue une perte de recettes pour la Côte d'Ivoire. Toutefois, il importe de signaler que dans les zones forestières où l'activité est encore dynamique, comme à Agboville, Gagnoa et Man, le recouvrement des taxes forestières continue de donner des résultats satisfaisants. C'est pourquoi la question de transparence dans l'exploitation des périmètres forestiers demeure une préoccupation non négligeable pour la redynamisation de ce secteur. Il parait nécessaire de doter les acteurs d'un dispositif légal et fiscal pour dissuader l'exploitation abusive des ressources forestières et contraindre à une gestion rationnelle du patrimoine forestier national.

9.3.3. Difficultés en matière de droit d'enregistrement et du timbre

Le droit d'enregistrement est un impôt très ancien dans la cartographie des impôts, droits et taxes collectées par la Direction générale des impôts. Aujourd'hui sa perception et voire même sa pertinence est au centre des débats.

Avec l'intrusion des acteurs du secteur privé dans la formulation de proposition de textes, les droits d'enregistrement ont subi ces dernières années une diminution de l'assiette fiscale et surtout une baisse drastique des tarifs en matière d'enregistrement et du timbre. La confédération des générales des entreprises de Cote d'ivoire (CGECI) sans concertation préalable avec les acteurs de la gestion quotidienne de cette nature d'impôt matières a réussi à influencer les législateurs pour obtenir la baisse des taux sur les ventes de 10% à 4%. Cette tendance baissière pourrait s'amplifier car le Patronat ivoirien entend parvenir à un enregistrement gratis des actes. Selon les partisans de la baisse des tarifs de l'enregistrement, une diminution voire une surpression de cet impôt lèvera des freins à l'investissement et entrainera un boom économique. Il faut pas tout de même perdre de vue que toute baisse d'impôt engendre assurément un coût fiscal qu'il importe d'évaluer sans état d'âme avant toute initiative dans ce sens.

En matière de droit d'enregistrement et du timbre, les textes sont réputés complexes, éparses et d'interprétation difficile. Il arrive à des responsables de service de mettre à la charge des contribuables des impôts contestés. Ces derniers sont obligés de déférer devant les autorités supérieures par le recours hiérarchique. Cette situation multiplie le contentieux en matière de droits d'enregistrement et fait peser le risque certain de perte de recettes. Les Bureaux du domaine d'enregistrement et du timbre clament que les problèmes logistiques et de déplacement constituent un frein sérieux au pilotage des services. Il est également reproché le déficit de collaboration avec la Direction des opérations d'assiettes pour la mise à disposition des exonérations accordées. Les services en charge de l'enregistrement sont réputés être un terrain propice aux prévarications des droits au détriment de le l'Etat.

Nonobstant toutes ces difficultés, les droits d'enregistrement, cet impôt ancien s'est toujours adapté au regard de la modernité. « *C'est un impôt qui a beaucoup apporté à la Direction générale des impôts* » selon le Sous-directeur de l'enregistrement et du timbre au regard de son vaste champ de prédilection portant sur toutes les opérations usuelles de la vie.

9.4. DES POSSIBLES SCENARIOS

9.4.1. Le scenario pessimiste : la suppression de la conservation foncière

Les services de Conservation foncière sont difficilement réformables, ou les réformes prennent du temps à prendre forme. Alors, les autres administrations foncières vont continuer de s'accaparer les attributions foncières, voire même fiscales. Les services de la Conservation foncière finiront au fil du temps par être annexés et opéreront comme des acteurs accessoires de la gestion du foncier. Ce scénario dit alarmiste connait un début de réalisation avec les différents projets en cours, notamment la mise en place du SIGFU qui prévoit la création d'un guichet unique et la conception d'une application ou un portail unique offrant l'accès aux usagers du foncier. La mise en œuvre de ces projets verra la conservation foncière dorénavant opérer dans le backoffice de cette nouvelle organisation et le Ministère de la construction deviendrait l'interlocuteur unique des questions relatives au foncier urbain.

La Côte d'ivoire dans cette dynamique n'est pas loin d'une unification et concentration des attributions foncières urbaines entre les mains d'une organisation unique comme ce fut le cas avant l'indépendance et ce jusqu'en 1963. En tout état de cause ce scénario a eu déjà cours en France, où la conservation foncière n'a pas su résister aux critiques formulées à son encontre et a du disparaitre au profit d'un service de publicité. A côté de ce scénario pessimiste, il ne faut pas perdre de vue l'existence de modèles pays où les Conservation foncière fonctionnent normalement et se présentent comme des références en matière de gestion foncière.

9.4.2. Le scenario idéal : le repositionnement de la conservation foncière

Le scénario idéal ici est une Conservation foncière performante et efficace, une institution repositionnée comme l'interlocuteur unique et crédible en matière d'information foncière fiable et disponible, dont le rayonnement peut l'amener à prétendre à se hisser comme l'organe parfait pour assurer la gestion des infrastructures du système d'information foncière et de l'observatoire du foncier. Pour que le scénario idéal se produise, il faut une réforme profonde au sein de cette institution et de son binôme le Cadastre. Ces services devront opérer des innovations dans leurs procédés de sécurisation foncière. Le dynamisme contribuera à coup sûr à accroitre le niveau des droits et taxes au profit du budget de l'Etat et à booster le marché immobilier et hypothécaire.

9.5. VERIFICATION DES HYPOTHESES DE DEPART

A l'entame de notre travail, nous avons postulé pour deux hypothèses spécifiques et une hypothèse générale. Ci-après les résultats obtenus après vérification de ces hypothèses.

9.5.1. Conservation foncière et sécurisation des droits immobiliers : une mission difficile

La première hypothèse de cette étude postule que la Conservation Foncière dans son organisation et son fonctionnement actuel peine à assurer pleinement sa mission de sécurisation des droits réels immobiliers. La mission de sécurisation des droits réels immobiliers de la Conservation Foncière décrite dans le cadre de cette étude consiste à la création des titres fonciers et à la publication des actes au livre foncier. Au regard des résultats obtenus, nous notons que le cadastre de Côte d'Ivoire a identifié 1.900.000 parcelles dont 1.300.000 sont cadastrées et imposables alors que la conservation foncière dispose à son actif de 342.500 titres fonciers. De plus, plusieurs dizaines de milliers d'actes sont encore en souffrance au sein desdits services parce que n'ayant pu être publié au livre foncier[121]. De ce point de vue, nous pouvons admettre qu'effectivement, la conservation foncière peine à assurer sa mission de sécurisation. Cette première hypothèse spécifique est vérifiée.

9.5.2. Organisation et fonctionnement de la conservation foncière : des services peu performants

La deuxième hypothèse formulée stipule que l'organisation et de fonctionnement actuels de la conservation foncière contribue à cette contreperformance des services. Les contreperformances enregistrées sont relatives à l'écart entre le nombre de parcelles cadastrées et le nombre de titres fonciers créés. Il existe également plusieurs dossiers de demande de publication d'ACD dans les services. En dépit de l'évolution continue du nombre de création de titre foncier depuis 2013, l'écart entre le nombre de demandes et les dossiers réellement traités est très important. Plus d'un tiers des demandes de création de titres fonciers ne sont pas traités et rares sont celles qui aboutissent dans les délais. Les services n'arrivent pas fournir les prestations dans les délais fixés pour la création de titre foncier et la publication des actes.

L'organisation actuelle de la conservation a diagnostiqué une prépondérance des activités manuelles sur l'électronique dans plusieurs services, l'absence de dispositif de contrôle interne, la défaillance des liaisons fonctionnelles entre les services et les partenaires de la chaine foncière. Ainsi, la notoriété de la Conservation foncière est au cœur des critiques de la part des usagers et même des autres partenaires de la chaine foncière. Les indicateurs de performance que nous avons énumérés plus haut, notamment la qualité des services, l'efficacité semblent du point de vue des usagers clients ne pas être totalement remplis. De manière globale, cette deuxième hypothèse se trouve également vérifiée.

---

[121] Au 1er novembre 2022, les chiffres officiels font état de 33.000 ACD, en souffrance au sein des services de conservation Foncière, parce que non encore publiés au livre foncier pour défaut de paiement par les titulaires des frais de publication.

9.5.3. Conservation de la Propriété Foncière et des Hypothèques : de gros dysfonctionnements

La confirmation des deux hypothèses spécifiques nous amène à admettre que les dysfonctionnements constatés dans les services de Conservation de la Propriété Foncière et des Hypothèques sont liés majoritairement à la trop grande suprématie des activités de sécurisation financière pour la réalisation de recettes afin d'alimenter le budget de l'Etat sur les missions de sécurisation juridique pour la garantie des droits fonciers. En clair, les services de Conservation Foncière privilégient la mission de recouvrement des recettes fiscales sur celle de garantie des droits réels immobiliers. Selon nous, le fait par exemple de fixer des objectifs de recettes au CPFH alors que ces mêmes services ne sont pas astreints aux objectifs de création de titres fonciers témoigne de l'importance de cette mission financière sur celle de la sécurisation juridique. L'autre aspect, non moins négligeable se situe au niveau de l'allocation des ressources. A ce propos, les chefs de Bureau domaine et Enregistrement ont droit à des véhicules de service à l'opposé des chefs de bureau contrôle, au motif que les premiers jouent un rôle important dans l'optimisation des recettes fiscales.

Il peut être aisément déduit au regard de ce qui précède que les missions fiscales occupent une place importante dans l'agenda des managers des services, alors que les activités de sécurisation juridique sont reléguées à l'arrière-plan. Les responsables des CPFH se contentent de comptabiliser chaque année le nombre de création de titre foncier sans se préoccuper d'évaluer la progression par rapport à un objectif précis. Alors que l'atteinte des résultats fiscaux est au cœur des débats au cours des séminaires de bilan trimestriel et annuel de la Direction générale des impôts, il n'en est rien en ce qui concerne le volume de production de titres fonciers, le niveau de couverture géographique en matière d'immatriculation des terres. Ces quelques exemples suffisent en plus des hypothèses spécifiques à confirmer l'hypothèse générale émise dès le départ.

Quatrième Partie

MODERNISATION DE LA CONSERVATION FONCIERE, REFORME DU CADRE DE GOUVERNANCE ET DIGITALISATION DES METIERS DU FONCIER

Chapitre 10

DISPOSITIONS OPERATIONNELLES POUR UNE AMELORATION DE LA PERFORMANCE DES SERVICES

Les analyses précédentes ont montré que les services de Conservation Foncière regorgent un savoir-faire qui explique la longévité de cette institution. Ils renferment de bonnes pratiques qui sont tout aussi perfectibles compte tenu des exigences de célérité et de modernité. Le présent chapitre, propose un éventail de mesures pour corriger les anomalies constatées. Il s'agit de mesures relatives à l'amélioration du management interne des services de conservation foncière et de la qualité des rapports avec les partenaires extérieurs.

10.1. DES MESURES RELATIVES A L'AMELIORATION DU MANAGEMENT INTERNE DES SERVICES DE CPFH

10.1.1. Dispositions managériales générales pour une gestion efficiente

- ✓ **De la mise en place d'une cellule de veille stratégique**

Certains dysfonctionnements observés au sein des services de Conservation Foncière auraient pu être anticipés s'il existait un poste travail à la DDCFET relatif à la veille stratégique. Cette activité aurait pu servir d'alerte au sein de cette Direction pour détecter des signaux. L'institution Conservation Foncière a adopté et appliqué jusque-là selon nous une stratégie défensive qui a consisté à justifier ses actes auprès des autres partenaires de la chaine foncière. Nous avons observé par exemple que face au scandale des « prétendus 17.000 dossiers d'ACD bloqués dans les CPFH », les services ont peiné à prouver effectivement que plusieurs dossiers réputés bloqués avaient été déjà traités et transmis aux services du Ministère de la Construction. Un système d'alerte efficace implémenté et suivi aurait permis d'ores et déjà de signaler aux gestionnaires, les probables goulots d'étranglement et voire même anticiper sur cette situation.

La mise en place d'une cellule de veille stratégique au sein de la Direction centrale, en tant qu'un organe du service de la stratégie pourrait dorénavant éviter à la Conservation Foncière de se laisser surprendre par ses partenaires ou les concurrents de la chaine foncière. Cet organe aura pour mission de chercher à accroitre la capacité de proactivité des services de CPFH en détectant les signaux faibles ou les signaux d'alerte précoces partir d'un tableau de bord (LESCA, 2003). Cette cellule pourra également anticiper sur la baisse de la production de titres fonciers comme il est de coutume pour les recouvrements fiscaux. Cet organe aura en charge de surveiller l'environnement pertinent, d'assurer l'élaboration et l'adaptation des textes légaux. Par exemple, la cellule de veille peut proposer une stratégie relativement à la croissance projetée du nombre de création de titres fonciers dans le cadre des réformes engagées par le Ministère de la Construction en ce qui concerne le titrement massif des parcelles urbaines.

✓ **D'un élargissement de la politique de gestion axée sur les résultats (GAR) aux activités de sécurisation juridique de la Conservation Foncière**

La Direction générale des impôts s'est illustrée depuis l'année 2000 par une politique de gestion axée sur les résultats. L'introduction de cette stratégie était à l'époque une véritable innovation. Elle a permis à l'administration fiscale de réaliser des exploits dans le recouvrement des recettes pour alimenter le budget de l'état. Au cours des différents séminaires bilan de fin d'exercice, le Directeur général a fait signer des contrats d'objectifs aux différents responsables. Ces contrats d'objectif qui sont toujours d'actualité sont des engagements pris par ces responsables pour la réalisation des objectifs fiscaux afin de ne pas régresser en-deçà d'un certain seuil. Les contrats d'objectifs font peser sur les responsables, les directeurs centraux et régionaux une obligation de résultat dans l'exécution de leurs activités. Cette stratégie continue de fonctionner et de produire des résultats satisfaisants.

Une extension de la politique de GAR par le mécanisme d'assignation des objectifs dans les autres domaines en matière de sécurisation foncière pourra contribuer à booster la production de titre foncier. Dans ce canevas, la DGI s'alignera par exemple sur les objectifs de création de titre foncier envisager dans le cadre du projet de simplification et transformation digital du foncier urbain qui prévoit créer au moins 60.000 TF par année. La DDCFET aura à son tour pour tâche de répartir cet objectif global entre les différents services de CPFH en fonction de leur potentiel foncier. Ces objectifs peuvent concernés également le nombre de publication d'ACD que les services pourraient se fixer à 40.000 l'année.

- ✓ **De l'actualisation et de l'application des manuels de procédures dans le cadre de la politique qualité de la Direction générale des impôts**

Les investigations menées dans les CPFH ont mis en exergue une diversité de pratiques au sein desdits services. L'un des points saillants de ces pratiques se situe au niveau de la procédure d'immatriculation. La pratique de l'immatriculation par exemple à la CPFH de Grand-Bassam et celle de Gagnoa ont montré des divergences de méthodes ; la rédaction des avis d'immatriculation ne faisait pas référence aux même textes légaux, les supports ne présentaient pas les mêmes caractéristiques. De même, la durée d'une procédure d'immatriculation n'était pas maîtrisée par la plupart des Conservateurs de l'intérieur. Toute chose qui concourt à déteindre sur la qualité des prestations desdits services. En effet, le diagnostic de ces services a aussi relevé que les manuels de procédures n'étaient pas mis en application. Pour une meilleure sécurisation juridique des droits réels immobiliers et financière des recettes de l'Etat, il est recommandé aux Conservateurs de s'approprier les procédures déclinées dans ledit manuel et s'atteler à les appliquer dans leurs différents services.

Avec l'usure du temps, certaines pratiques inscrites dans le manuel de procédure sont devenues obsolètes. Les activités informatiques ont commencé à se substituer progressivement aux tâches manuelles. La consultation à distance s'est désormais imposée comme recours indispensable aussi bien pour les clients que les agents de l'Administration fiscale. La certification est passée d'une opération à une tâche permanente qui mobilise toute une cellule au sein de la DDCFET. Ces mutations dans la réalisation des activités font que le manuel de procédures à l'état actuel n'arrive plus à satisfaire aux exigences de qualité d'une administration moderne voulue par les managers. C'est d'ailleurs ce qui a amené la DDCFET à envisager la mise en place d'un comité d'actualisation des procédures et processus avec pour spécifique tâche d'entreprendre l'actualisation des manuels de procédure du ressort des activités de la Conservation Foncière. Il parait utile de parachever l'actualisation des manuels et de procéder à leur diffusion au sein des services après formation des agents. L'actualisation, la diffusion et le suivi de l'application des manuels de procédure contribueront à harmoniser les pratiques métiers au sein des CPFH et rehausser le niveau de qualité des prestations de services.

Au cours des investigations, il a été noté que des missions d'inspection sont régulièrement diligentées par l'inspection générale des services fiscaux. Ces missions débouchent généralement sur des rapports d'inspections dont le contenu est rarement diffusé. Au moment de cette enquête, les agents n'ont fait cas d'aucune mission d'audit qualité entreprise dans leur service durant ces 5 dernières années. De plus, il a été noté qu'aucune réelle évaluation des activités n'a été effectuée par les responsables desdits services. L'évaluation des services se fait dans le cadre des réunions hebdomadaires qui ne se tiennent pas toujours régulièrement dans certains services.

La pratique des audits qualité devra permettre d'atteindre aisément les objectifs des CPFH en évaluant leur processus, les risques, et la gouvernance d'ensemble. L'audit permettra d'assurer la conformité de l'exécution des tâches quotidiennes aux normes prescrites. Ce contrôle interne mettra à nu les éventuelles fraudes et omissions souvent constatées dans les services. Ainsi, la mise en place par les dirigeants d'un dispositif de contrôle interne pourra faciliter la bonne maîtrise des activités et le respect des processus à tous les niveaux. A ce propos, la DDCFET qui a déjà en projet de mettre en place un comité de contrôle interne devra mettre à la disposition dudit comité les moyens humains, techniques et matériels nécessaires pour assurer cette tâche.

✓ **De la fonction de Conservateur de la propriété : un statut particulier**

La fonction de Conservateur de la propriété foncière et des hypothèques est à la fois passionnante et délicate. C'est un métier qui nécessite des connaissances juridiques, techniques et fiscales. Il requiert du titulaire du poste une certaine loyauté dans la protection du patrimoine des personnes et surtout la conservation des documents, des actes et des titres. Le Conservateur est le gardien de la propriété foncière et des hypothèques. Autant le conservateur de par sa fonction impose le respect, autant ses actes dans le cadre de ses activités engagent sa responsabilité, personnelle, pénale et pécuniaire. Le conservateur se trouve donc être un fonctionnaire au statut particulier. De ce point de vue, et dans l'intérêt du service public, un profilage est nécessaire pour un meilleur recrutement de ce type de fonctionnaire.

Le conservateur doit avoir une bonne connaissance de la matière foncière. C'est un homme de métier avec à son actif plusieurs années d'expériences. Pourra prétendre au poste de Conservateur de la Propriété Foncière et des Hypothèques, tout fonctionnaire ayant 10 ans au minimum d'ancienneté continue dans un service de Conservation Foncière ou tout responsable d'un service du cadastre ou de la Conservation Foncière ayant au moins 5 années d'expérience à ce poste au sein desdits services. Dans son curriculum vitae, le Conservateur doit avoir exercé précédemment en tant que chef de service dans au moins un organe de la Direction générale des impôts. Il a le grade d'administrateur des services financiers certes, mais il devra justifier d'une formation diplômante ou qualifiante en management des organisations ou équivalent. Comme pour reprendre Monsieur Assi N'Din, dans des propos empruntés à Jacques Peletier du Mans, « *l'administrateur, c'est celui à qui aucun obstacle ne peut se dresser, il voit le possible là où il existe l'impossible* »[122]. Cette mission importante nécessite que son statut en tant que fonctionnaire soit revu. Le rang de Sous-directeur qui lui ait accordé le subordonne dans la prise de décision et fait peser l'épée de Damoclès sur sa tête. Pourtant dans l'exercice de ses fonctions, il est assujetti à double responsabilité pécuniaire et pénale. Ce statut inconfortable devra être corrigé, par exemple en l'élevant au rang de Directeur d'administration centrale afin de lui garantir une certaine autonomie de prise de décision dans un domaine aussi sensible que complexe qui est la gestion de la propriété foncière.

---

[122] Intervention de Monsieur ASSI N'DIN, Conseiller spécial du Directeur Général des impôts au cours des séances de travail de répartition des objectifs de recettes de 2022 des services de la DGI.

- ✓ **Pour le Développement d'une culture éthique de la conservation foncière**

« *La culture d'entreprise s'est imposée comme le ciment entre tous les systèmes de l'organisation, elle devrait conduire chaque salarié à avoir le sentiment que son succès personnel passe par celui de son établissement* » dixit Maurice Thévenet (2015)[123]. C'est un ensemble de principes et de valeurs que chaque organisation se donne pour pouvoir fédérer l'énergie de ses différents acteurs autour d'un objectif commun. À la Direction générale des impôts, le canevas frayé par les dirigeants pour inculquer cette culture aux agents est l'éthique. À cette fin, la DGI a créé auprès de ses Directions centrales et régionales des Comités Ethique. Ces organes sont chargés de veiller à la bonne application des règles éthiques contenues dans cette charte au sein des services.

En dépit de ces normes et de la multiplication des équipes en charge de veiller à leurs applications, les cas de fraudes et d'irrégularité sont toujours signalés au sein des services de la Direction générale au point où le DG est amené à sévir par des sanctions disciplinaires et pénales. En matière de Conservation foncière, certaines pratiques violent les règles éthiques, notamment les conflits d'intérêts où l'agent privilégie le traitement diligent des demandes de certains clients au détriment des autres. Il existe d'autres agents qui se sont érigés en véritable agents immobiliers pour entreprendre les démarches pour la délivrance des actes sur les propriétés foncières au profit des usagers contre des avantages. Ces pratiques sont fleuves dans les services fonciers et froissent la charte éthique.

Dans sa conception actuelle, cette charte est rédigée dans le cadre du déroulement des activités de fiscalité pures. Les spécificités de la Conservation Foncière et du Cadastre ne sont pas prises en compte. C'est dans ce contexte que la DDCFET a pris le soin de concevoir un module de l'éthique de la Conservation foncière pour l'administrer aux agents au cours des sessions de formation qu'elle organise régulièrement. Ce module de circonstance pourra être enrichi et diffusé à tous les agents en service dans les CPFH. Il pourrait constituer le socle

---

[123] THEVENET, M. (2015), *La culture d'entreprise*, Paris, Presses Universitaires de France, p128.

de la culture de la Conservation Foncière. En prélude à tous les bouleversements à venir dans l'exercice des activités des CPFH, il se peut que cette nouvelle culture éthique soit un puissant canal pour implémenter et réussir la conduite du changement[124].

10.1.2. **Dispositions pour un meilleur pilotage des services par les conservateurs**

La performance d'un service, son efficacité et sa compétitivité dépendent du type de leadership que le pilote de l'équipe emploie. À propos de leadership, les nouvelles règles de management prévoient plusieurs types de leaders qui ajoutés au charisme du manager peuvent s'adapter à des situations bien précises. Ainsi, les conservateurs et leurs chefs de service ne sont pas forcément ceux qui donnent des ordres et sanctionnent, mais ils peuvent se comporter comme des chefs de files qui misent sur l'excellence et montrent des exemples de haut niveau de performance. Ils doivent en sus se montrer visionnaires : inculquer cette vision et laisser aux équipes la latitude de trouver la solution. Ils doivent être très positifs et savoir mobiliser les agents pour s'approprier les projets.

Le Conservateur est collaboratif, croit en l'harmonie, et cherche la cohésion au sein de son service. Il favorise les interactions (échanger, travailler ensemble) et comprend les besoins de l'équipe, qu'il cherche à satisfaire. Il devient également participatif lorsque l'ampleur de la tâche nécessite un consensus par la voie démocratique. Le Conservateur comme tout bon manager se doit de se doter d'une bonne écoute et être convaincu de l'intelligence collective. Ce style améliore la créativité collective et l'innovation. Enfin, le Conservateur est un coach pour ses agents et passent du temps avec les équipes qu'il aide à développer leurs forces et résoudre leurs faiblesses, en ligne avec les objectifs professionnels.

Ce leadership du conservateur repose sur son exemplarité au sein de son service. Cette démarche passe irréfutablement par son respect scrupuleux des dispositions légales régissant l'ensemble des activités de la Conservation foncière. Le Conservateur doit par exemple veiller à la stricte application de la monographie des valeurs vénales au

[124] https://www.cadremploi.fr › conseils › conseils-carrière

moment de l'évaluation des biens immobiliers en vue d'une juste et équitable liquidation. Le Conservateur doit également être regardant de l'origine d'un titre foncier et de sa disponibilité avant de déclarer recevable une demande de morcellement. Il doit s'assurer qu'une parcelle de terrain n'a pas fait l'objet d'une demande antérieure de création de titre foncier. Ce sont des vérifications qui valent leur pesant d'or, car elles évitent aux services d'être impliqués dans des contentieux fonciers interminables. Ainsi, le respect des textes et des processus participe au renforcement du leadership du conservateur.

Le pilotage d'un service de CPFH passe nécessairement par l'évaluation de la productivité des agents et surtout du niveau de satisfaction des usagers clients. Lorsque l'agent se trouve à son poste de travail au sein du service, quel mécanisme permet au Conservateur de s'assurer que celui-ci exécute quotidiennement et parfaitement les tâches qui lui sont assignées. En général, les goulots d'étranglement dans les services viennent du laxisme des responsables vis-à-vis de la quantité de travail accomplie par les agents sous leur responsabilité. Dans les CPFH comme Bingerville, Dabou et Grand-Bassam, la mesure de la productivité des agents pourra être un outil efficace de pilotage. Des informations collectées et recoupées auprès desdits services, il ressort que chaque agent a une capacité moyenne de traiter manuellement environ 35 dossiers par jour lorsque les conditions sont réunies en termes d'électricité et stabilité du réseau informatique. Cette moyenne de traitement de 35 dossiers journaliers pourra servir de repère pour la fixation des objectifs de traitement des dossiers.

Les services de CPFH évaluent rarement le niveau de satisfaction des usagers clients qui se présentent au Guichet courrier et qui fréquentent leur service en général. Hormis quelques enquêtes par questionnaires diligentées par les chercheurs ou des étudiants, l'administration fiscale elle-même n'a entrepris aucune investigation de cette nature pour connaitre la perception et le jugement des usagers. Le Conservateur en tant que pilote est le responsable qui se soucie de la notoriété et de l'image de marque de son service pour au besoin l'améliorer. Dans ce canevas, la conception et la mise à disposition du conservateur d'un tableau de bord assez exhaustif peut lui permettre d'avoir une bonne lisibilité sur toutes les activités de ses services, notamment la production des agents et le niveau de satisfaction des usagers.

10.1.3. Disposition pour une organisation optimale et un meilleur fonctionnement des services de Conservation de la Propriété Foncière et des Hypothèques

✓ **Au titre de l'organisation des services de CPFH**

La Direction centrale a diligenté au cours de l'année 2021 une étude sur les activités du Guichet courrier. Il ressort de cette étude que les missions initiales dudit guichet, à savoir assurer la gestion des correspondances et de toutes les requêtes adressées au conservateur, s'avèrent aujourd'hui dépassées. La charge de travail ainsi que les exigences de la modernité sont telles qu'il est inconcevable de maintenir cet organe comme une simple cellule rattachée au Cabinet du Conservateur. Les recommandations de la troisième conférence des conservateurs ont souhaité un meilleur positionnement du Guichet courrier.

Dans ce canevas, les responsables des CPFH entrevoient la création d'un service à part entière en lieu et place d'une cellule et par décision du Directeur général portant réorganisation des services de conservation foncière. Comme profil du prochain responsable de ce service, la conférence a recommandé à ce poste le recrutement d'un fonctionnaire ayant de préférence pour profession l'assistanat de direction, un cadre de grade A, qui a des connaissances en management des organisations et est doté d'un charisme et d'un leadership. Ce responsable qui pourra prendre la dénomination d'Assistant du Conservateur aura une vue transversale à l'image du conservateur sur toutes les activités qui se déroulent dans le service de CPFH. Son rôle principe est la réception et le suivi des actes ainsi que la gestion de la clientèle. Le nouveau responsable du guichet courrier fonctionnera comme un tableau de bord, une aide à la prise de décision de gestion pour le conservateur. Il aura pour mission de donner l'alerte à ce dernier sur les risques et points critiques.

A ce titre il sera chargé pour le compte du conservateur de :

- Réceptionner et délivrer les actes ;
- Suivre les délais de traitement ;
- Relancer les services retardataires ;

- Rédiger les rapports de suivi du traitement ;
- Tenir les statistiques de la conservation ;
- Gérer les relations avec les usagers-clients ;
- Auditer la mise en œuvre des processus.

✓ **Au titre des activités opérationnelles dans les services de CPFH**

o **Sécuriser les archives de la conservation foncière**

Les archives de la conservation foncière sont une des mémoires vivantes de l'économie ivoirienne. La bonne tenue des archives participe de la vitalité de cette mémoire. Les enquêtes ont montré que les archives des services de CPFH n'étaient pas souvent bien tenues par les agents. Des cas de dossiers égarés ou détériorés ont été signalés au conservateur au moment du traitement de certains compulsoires ou diligences administratives. Cette situation met en mal la crédibilité des services, la fiabilité de l'information foncière et elle peut engager la responsabilité du conservateur.

Pour une meilleure sécurisation des archives, les managers de la conservation doivent loger cette activité dans un cadre adéquat et conforme aux normes de l'archivage de qualité. En plus du local, il parait nécessaire de procéder au recrutement d'un personnel qualifié, notamment des assistants ou conservateur d'archives. En revalorisant le traitement accordé aux archivistes et documentalistes, les collaborateurs extérieurs exerçant par défaut cette activité pourront davantage s'y appliquer.

L'expérience de la numérisation des registres du livre foncier et des registres de dépôts doit servir de tests pour étendre cette opération à la scannérisation des dossiers de titre foncier et des autres documents pour la constitution d'une base de données d'archives numériques. Les services sont appelés à passer de façon imminente de l'archivage physique à la numérisation pour prévenir les destructions de dossiers physiques et anticiper sur la digitalisation en cours. Cette opération de numérisation pourra conduire à l'enrichissement de la base de données du livre foncier électronique et l'offre de la possibilité de consulté le livre registre numérisé ainsi que les pièces contenues dans le dossier de titre foncier.

- **Assainir la base de données du programme conservation foncière**

A la suite de la première vague de certification des titres fonciers, il avait été proposé un audit des données du livre foncier électronique pour une évaluation de la qualité et de la fiabilité des informations relatives aux droits réels immobiliers. Les difficultés relatives au rafraîchissement des données après la mise en ligne et la correction régulière des informations au livre foncier l'électronique ne facilitent pas la mise en harmonie avec le livre physique. En effet plusieurs titres fonciers supprimés ou annulés figurent toujours en mode consultation à distance et sont de ce fait accessibles par le biais des divers comptes utilisateurs au profit des usagers. L'audit permettra de relever toutes les anomalies et les imperfections que renferme le livre foncier l'électronique pour une meilleure prise en compte.

Les propositions ont été faites à titre provisoire pour le gel de la consultation des titres fonciers supprimés, annulés et non la suppression totale afin d'éviter le risque d'effacer l'historique du titre foncier qui est un mécanisme permettant de retracer même à la mort dudit titre foncier sa vie juridique antérieure. Il y avait en outre, en perspective le nettoyage du livre foncier électronique pour éliminer les doublons. Cet assainissement devra conduire à la création d'un système d'alerte pour éviter la double création de titre foncier sur la même parcelle par quelques procédés que ce soit. Ces propositions contribueront à purger le livre foncier électronique de toutes les impuretés, le rendre crédible et fiable pour le bien des usagers clients et de l'administration foncière.

- **Renforcer la sécurité du livre foncier électronique**

Dans le courant de l'année 2020 au plus fort de la crise de COVID 19, la Conservation Centrale du Livre Foncier Electronique a été fortement éprouvée par une série d'intrusions dans le système d'inscription électronique sur les titres fonciers. Ces inscriptions irrégulières qui s'apparentaient à une opération de cyber activistes ont entrainé des surcharges sur les titres fonciers particulièrement au niveau des sections 3A et 4. Le pirate aurait utilisé des comptes professionnels pour assouvir sa sale sbesogne au mépris de l'intérêt national. Ces activités illicites ont pu rapidement être contenues grâce à la vigilance des agents de la Direction du Système informatique, en dépit des infrastructures et équipements informatiques peu performants. C'est le lieu de renforcer la sécurité du livre foncier électronique par l'acquisition de matériels de sécurité de pointe afin d'intercepter systématiquement les tentatives d'intrusion et surtout de résister aux menaces extérieures et attaques internes.

- **Etendre la consultation à distance à tous les corps de métiers :**

L'avènement du module consultation à distance et en temps réels des droits réels immobiliers avait suscité une bouffée d'oxygène auprès des usagers clients de la Conservation Foncière. Ces derniers espéraient avoir accès au livre foncier électronique avant de prendre des décisions relatives aux immeubles immatriculées. Depuis 2015 que le livre foncier électronique est officiellement opérationnel, le module consultation à distance des droits réels immobiliers n'est ouvert uniquement qu'aux notaires. A ce jour, ce sont uniquement les notaires au nombre avoisinant 207 qui ont accès à cette plateforme. Les autres corps de métiers, notamment les banques et établissements financiers, les commissaires de justice, les professionnels de l'immobilier, les géomètres experts, les juristes professionnels et les responsables des administrations foncières, territoriales et judiciaires n'ont pas accès à cet outil indispensable pour la marche de l'économie immobilière.

Depuis 2020, la DGI a entrepris d'élaborer une convention avec l'APBEF-CI en vue de l'accès des professionnels des banques et établissements financiers à la consultation à distance. La concrétisation de ce partenariat par la conclusion de cette convention pourra permettre aux établissements financiers d'avoir un accès utile aux données du Livre foncier électronique. Mieux, les managers devront se pencher sérieusement sur les conditions d'extension de cet outil aux autres acteurs des différents corps de métiers pour la consultation des informations juridiques. Cet accès à la consultation à distance évoluera et s'étendra certainement à tous les usagers clients pour leur permettre également de sécuriser leurs transactions immobilières. Il est même possible d'entrevoir pour des particuliers disposant d'un patrimoine foncier, un compte utilisateur spécial pour leurs permettre d'avoir un regard à 360° degrés sur leurs biens immobiliers. Le livre foncier électronique est devenu aujourd'hui une nécessité pour la gouvernance des activités foncières et immobilières. Il doit être sécurisé davantage et démocratisé pour une meilleure satisfaction des usagers et une compétitivité accrue de l'économie ivoirienne.

10.2. DES MESURES EN FAVEUR DE RAPPORTS QUALITATIFS AVEC LES PARTENAIRES FONCIERS

Pour juguler les nombreux dysfonctionnements constatés, nous a exploré des pistes de réflexion qui nous amènent à formuler des recommandations pour une amélioration de la qualité des relations entre les services de Conservation foncière et les différents partenaires de la chaine foncière. Ces recommandations portent d'une part sur des dispositions à prendre pour des rapports institutionnels appropriés et d'autre part pour des liaisons fonctionnelles de qualité.

10.2.1. Des rapports institutionnels appropriés

L'institution d'un cadre formel et général de concertation entre tous les acteurs de la chaine foncière en vue de clarifier davantage les champs de compétence des acteurs pour une gestion optimale du foncier est devenue plus qu'une nécessité. Cela passe par la réactivation des organes en veilleuse et la mise en place si nécessaire de nouveaux instruments.

En ce qui concerne les organes en veilleuse, nous suggérons la réactivation de la commission permanente d'études des problèmes fonciers et cadastraux créée par un arrêté du ministre de l'économie et des finances, en date du 16 octobre 1959. Cet organe pourra mener de grandes études sur les questions foncières et aborder les problématiques de façon globale pour des solutions locales et durables. De même, il est souhaité de faire revivre la commission foncière rurale crée par l'arrêté n°55 du 11 juillet 2003 du premier ministre. Cette commission pourra être un puissant instrument pour accompagner les acteurs du foncier rural dans la mise en œuvre de la loi de 1998 sur le domaine foncier rural. Il s'agira en outre, d'engager de profondes réflexions sur les multiples commissions existantes, d'en peser la pertinence et opérer une refonte pour la mise en place d'une commission unique regroupant tous les acteurs de la chaine foncière au sein d'un organe qui pourra être constitué sous la forme d'un observatoire du foncier.

Du reste et pour ce qui est de la gestion financière du domaine de l'Etat, les principales difficultés sur l'inexistence de cadre formel de concertation pourront être résolues à long terme par l'institution de la commission unique ci-dessus évoquée. À court terme, les initiatives de mise en place de plateforme entre les administrations peuvent être encouragées pour permettre de gérer les difficultés relatives à la constitution des fichiers des contribuables et la transmission des actes pour asseoir et liquider l'impôt. A ce propos, des efforts sont déjà accomplis par la DDCFET en collaboration avec la DPE du Ministère de l'équipement et de l'entretien routier pour communiquer régulièrement les différents titres d'occupation, la liste des attributaires ainsi que leurs contacts. Entre autres dispositions à prendre pour améliorer les rapports institutionnels entre les acteurs :

- Impliquer les services de conservation foncière et le cadastre dans la purge des droits coutumiers afin d'assurer une meilleure garantie des documents produits ;

- Prendre des dispositions pour notifier aux Conservateurs de la propriété foncière et des hypothèques, les arrêtés de retour au domaine privé de l'Etat, les arrêtés de déclassement et les réaffectations des réserves administratives ;

- Prendre des dispositions pour identifier dans la procédure de déclaration d'utilité publique les parcelles objet de titres fonciers et les notifier au conservateur avec le décret y relatif.

10.2.2. Des liaisons fonctionnelles de qualité

L'une des plaies de la gestion du foncier est le déficit d'échanges d'informations entre les partenaires de la chaine foncière. Pour faciliter cette communication, il serait souhaitable de créer une plateforme informatique d'échanges d'informations. Cette application est prévue dans le module SIGEFIM du SIGICI. Elle prévoit la transmission de flux d'informations en temps réels avec les autres administrations connectées notamment le MCLU et l'AFOR et l'AGEDI dans le cadre de l'interopérabilité et l'interconnexion des systèmes intégrés de gestion. Ces innovations ont pour but de faciliter la transmission diligente des plans et éléments numériques relatifs aux infrastructures du réseau routier, des aérodromes, des aéroports, des ports, des infrastructures fluviales, lagunaires et maritimes etc. aux services de Conservation Foncière et de Cadastre pour la mise à jour des documents cadastraux (mappe cadastrale et les plans d'assemblage).

La bonne marche de ces liaisons fonctionnelles tient à la réciprocité dans la transmission et la diligence dans traitement des demandes émanant des différents services. Au niveau du foncier rural par exemple, Il s'agira également pour les acteurs de prendre des dispositions pour un traitement diligent des demandes d'immatriculation foncière émanant de l'AFOR, notamment pour les notifications de placards et l'émission des avis de bornages sur les terrains ruraux. Au niveau du foncier urbain, les services de la DDCFET devront s'assurer que les plans de lotissements approuvés et appliqués sont reproduits et transmis régulièrement avec les éléments numériques aux services de Cadastre pour leur intégration aux mappes cadastrales afin de faciliter l'identification technique des parcelles.

Il est souhaité aussi d'harmoniser les normes de confection de dossiers techniques entre les données cadastrales et celles des géomètres experts pour éviter ou réduire les rejets des dossiers pour motif technique. A ce propos, il suffit de veiller à l'application et au respect du nouveau reférentiel géodésique national de Côte d'Ivoire[125]. De même, les services pourront tout mettre en œuvre pour que les gestionnaires du domaine de l'Etat communiquent intégralement la liste des attributaires de parcelles du domaine public, des périmètres d'exploitation forestière, des zones industrielles et des zones touristiques aux services de la conservation foncière pour une bonne maitrise de l'assiette fiscale et un recouvrement optimal des recettes fiscales. Entre autres dispositions à prendre en ce qui concerne la collaboration avec les notaires :

[125] Decret n°2019-220 du 13 mars 2019 instituant un système de référence terrestre, un système de référence altimétrique et un système de représentation plane.

- Mettre tout en œuvre pour éviter le dépôt tardif d'actes par les notaires dans l'accomplissement des formalités qui sont enfermées dans les délais ;

- Mettre en place un mécanisme de sécurisation de la rédaction des actes notariés pour éviter la réception d'actes frauduleux dans les guichets courriers des services de Conservation Foncière.

10.2.3. Une amélioration de l'image de marque et la notoriété de la CF

Selon KACOU Goa (2018)[126], « *la communication externe est une partie de la communication organisationnelle. Elle regroupe au sein de la communication, l'ensemble des formes et processus de communication d'une organisation envers le monde extérieur et les groupes cibles. Quelle que soit la taille de l'entreprise, la communication externe joue un rôle fondamental pour son image et sa notoriété* ». C'est une communication qui orientée vers les partenaires extérieurs et dont les actions influencent les clients et les prospects à se forger leur propre opinion et leur attitude vis-à-vis de l'entreprise. Ce type de communication est essentiel dans la vie de l'organisation puisqu'il offre une image positive basée sur l'expérience, la compétence et l'innovation. Pour la construction de la notoriété de l'entreprise, un plan de communication cohérent doit être conçu et exécuté.

✓ La conception et exécution d'un plan de communication

Pour l'institution Conservation foncière, un plan de communication à proprement dit est susceptible de rencontrer des obstacles. La communication sur ce service est censée être mise œuvre dans le cadre de la politique globale de communication de la Direction générale des impôts. Cette Direction générale s'est dotée à cette fin, d'une Direction de la Communication de la Qualité et de la Promotion du Civisme Fiscal (DCQPCF). La réalisation de quelques actions de communication sur

---

126 KACOU, Goa (2018), *Communiquer pour être et paraître dans la société de consommation*, L'Harmattan, Abidjan, p217.

les activités de la Conservation foncière s'inscrit dans la droite ligne de cette politique globale de la DGI. Ainsi les actions de communication peuvent être d'abord basiques.

- **Les actions de communication basique**

Les types d'actions de communication basique	Création et animation d'un profit Facebook
	Création et animation d'une page professionnelle et sponsorisée Facebook
	Création et animation d'un compte Instagram et d'un compte X

L'exécution des actions de communication basique peut être une activité du ressort du cabinet de la DDCFET qui pourra être confiée au service en charge de la stratégie des études et de la qualité. Ce type d'actions ne nécessite pas de grands moyens financiers. Il suffit de disposer d'un smartphone, de la connexion internet haut débit, et d'une carte prépayée d'une banque ou d'un établissement financier, pour assurer aisément le paiement des pages sponsorisées. Ce canal tout aussi efficace permet d'avoir un certain nombre d'abonnés et mieux assurer une lisibilité sur les activités à partir de publications journalières ou hebdomadaires.

✓ **Les actions de communications institutionnelles offensives**

La mise en œuvre d'actions de communication offensive implique la négociation et l'obtention d'une ligne budgétaire spécifique allouée à la communication sur les activités de la Conservation foncière. Lorsque cette ligne budgétaire est ouverte, les actions à financer peuvent porter sur :

- La réalisation de films institutionnels et de publireportage ;

- La multiplication des temps d'antenne à l'émission 'Impôt et vous' de la DGI ;

- La conception et distribution d'une quantité importante de prospectus et flyers sur les différentes composantes des activités de la CF ;

- La production de différents types de kakemono sur les activités de la conservation hormis la conférence des conservateurs ;

- La Participation régulière sur les médias audio visuels aux émissions telles que RTI1 le magazine du dimanche, le journal télévisé de 20h ;

- La conception et la diffusion de spots télévisés sur les produits et services de la Conservation foncière ;

- La transformation de la plateforme du livre foncier électronique en un site internet à part entière avec en ligne de mire une communication sur les activités de la conservation foncière ;

- La mise en ligne sur ce site interne des informations foncières relatives aux activités de la conservation foncière ;

- L'organisation de campagne de sensibilisation.

Les journées portes ouvertes et les salons sont des évènements qui rassemblent un monde de qualité composé du grand public ou de professionnels. Le Ministère de la construction est très souvent représenté sur les lieux de ces grands rendez-vous et dispose même de stands d'exposition sur les produits et services rendus. La Conservation foncière pourra faire pareil pour faire connaitre davantage les services offerts aux usagers clients. Ci-après une liste des grands rendez-vous susceptibles d'intéresser la Conservation Foncière.

Tableau n°31 : Liste d'événements pour assurer une visibilité

EVENEMENTS	PERIODE	VISIBILITE	GAINS ATTENDUS
FILOSES Forum international du logement social, économique et standing	16,17 et 18 juin	83 exposants pour 20.000 visiteurs	Accroitre la notoriété de la CF Toucher 100.000 personnes
ARCHIBAT salon de l'architecture et du bâtiment	08 au 11 décembre	300 exposants 25.000 visiteurs	

SICI, le salon de l'immobilier de Côte d'Ivoire	13 mars 2021	25.000 visiteurs 100 exposants 300 experts 25 conférenciers	Augmenter de 100.000 le nombre d'Abonnés sur la page Facebook de la CF Distribuer 100.000 flyers
SIBAT EXPO Salon international du Bâtiment d'Abidjan	20-22 octobre 2021	9.518 Visiteurs, 100 exposants internationaux 250 produits	
SARA 2022 Salon International de l'Agriculture et des Ressources Animales d'Abidjan	25 novembre au 4 décembre 2022	350.000 Visiteurs 700 exposants	

Source : Kra, Kouambla 2021

Chapitre 11

REFORME DE LA GOUVERNANCE, DIGITALISATION DES SERVICES ET IMMATRICULATION MASSIVE DES TERRES

Le chapitre précédent a porté sur la correction des difficultés d'ordre opérationnel par des actions à court terme. Les options suivantes sont stratégiques et envisagent des pistes de solutions pour remédier aux problèmes nécessitant des mesures à moyen et long terme[127]. Il s'agit des mesures des réformes du cadre de gouvernance d'ordre institutionnel en vue de la transformation digitale des pratiques de la conservation foncière. Ces réformes devront être accompagnées de projets d'envergure et d'intérêt national sur l'immatriculation des terres.

11.1. REFORME DU CADRE DE GOUVERNANCE DE LA CONSERVATION FONCIERE

11.1.1. Des réformes textuelles pour un encadrement adéquat des activités des CF

Vers l'élaboration d'un nouveau texte de loi pour régir les activités de la conservation Foncière

La longévité du décret de 1932 a fait la fierté de la Conservation Foncière et du régime foncier de l'immatriculation. Il n'en demeure pas moins que ce texte est aujourd'hui l'objet, de toutes sortes de railleries administratives sur sa vétusté. Le contexte actuel est marqué par une évolution considérable des pratiques métiers avec l'informatisation des services et l'institution du livre foncier électronique. De plus, les exigences actuelles de la modernité imposent d'aligner célérité et sécurité foncière. Dans ce canevas, en raison des difficultés énumérées, il parait nécessaire de réviser les textes régissant les activités de la conservation foncière pour tenir compte de ces mutations.

[127] www.helfo.com/blog/gestion-dentreprise/processus-de-planification-stratégique/

Les enjeux de cette réforme du dispositif textuel tiennent à la modernisation de la Conservation foncière et sa conformité à la politique foncière expressément définie par le la déclaration de politique foncière rurale. Le nouveau texte à élaborer pourrait s'articuler autour de la thématique de sécurisation foncière pour cadrer avec le contenu de la politique foncière en Côte d'Ivoire. Dans ce sens, cette réforme dépouillera la législation ivoirienne des écailles du colonialisme et des écueils des motifs anciens qui ont présidé à la prise de cette norme. Sur le plan de son positionnement dans l'ordonnément juridique, l'ancien texte expressément libellé comme étant un décret est considéré par les caciques de la conservation foncière comme un texte règlementaire avec valeur de loi. Au-delà de cette ambivalence, il s'agira de lever toute équivoque en envisageant la prise d'un texte qui va requérir l'adoption par le parlement pour être revêtue de la force d'une loi. Mais pour ne pas remettre en cause l'organisation de la gestion foncière qui confie aux autres administrations foncières la gestion technique du domaine et à la conservation la sécurisation de la propriété foncière, ce nouveau texte pourrait se consacrer à l'encadrement juridique des activités de l'immatriculation des terres et de la publicité foncière comme l'envisge déjà le groupe de travail constitué à cet effet[128].

Dans cette perspective, il serait souhaitable d'envisager, au-delà de ce texte traitant spécifiquement des activités de l'immatriculation des terres et de la publicité foncière propres à la conservation foncière, dans un futur proche, **un texte avec force de loi organique qui pourra régir l'organisation d'un régime de sécurisation de la propriété foncière en Côte d'ivoire tel que prévu par la déclaration de politique foncière.** Le premier texte a pour objectif de préciser les articulations des procédures de l'immatriculation et de publication des droits au livre foncier. Quant au second texte, il sera dédié à la clarification du champ de compétence des acteurs de la chaine foncière, l'unicité du titre de propriété foncière et du système de sauvegarde et de communication de l'information foncière. Ces nouveaux dispositifs introduiront en lieu et place du régime de l'immatriculation, un régime de sécurisation des

[128] La note n°01000/MFB/DGI/DDCFET du 15 mars 2023 relative à la Mise en place d'un Groupe de Travail pour l'Actualisation du Régime de la Propriété foncière et la note n°01001/MFB/DGI/DDCFET/ du 15 mars 2023 relative à la d des membrésignation des du Groupe de Travail pour l'Actualisation du Régime de la Propriété foncière.

droits fonciers pour cadrer avec la politique de sécurisation foncière en vigueur en Côte d'Ivoire.

Tels que libellés, les nouveaux textes n'auront pas vocation à opérer une brusque rupture comme l'a requis certains experts d'avec les textes coloniaux. Dans ce nouveau contexte, le régime de l'immatriculation sera réduit à une procédure d'immatriculation, mais obligatoire et qui conduira à l'identification de toutes les parcelles du territoire national et à des procédés de publication des droits réels. Les nouveaux dispositifs textuels envisagés, peuvent tenir compte des activités cadastrales afin de leur donner un fondement juridique formel et renforcer la compétence du cadastre en matière de fiscalité foncière. Les articulations des nouveaux textes vont mêler informatisation et mise en place d'un système d'information foncière plus global intégrant les données du foncier rural et celles du foncier urbain détenues par ces deux administrations (Conservation Foncière et Cadastre) qui ont des compétences transversales dans tous les domaines fonciers. Ce système pourra être enrichi également des données produites par les autres administrations gestionnaires des domaines publics, forestiers etc.

Il s'agira de concilier dans ce nouveau dispositif, le droit d'accès à l'information foncière des usagers et l'obligation de communication de cette information par l'administration publique. En prévoyant des dispositions sur l'accès à l'information foncière, le nouveau régime foncier de Côte d'ivoire accorde une place de choix à la bonne gouvernance foncière et s'aligne sur les recommandations de la banque mondiale en la matière. La Côte d'ivoire règlera ainsi les difficultés d'accès à l'information foncière, l'une des causes des litiges et conflits fonciers. C'est une innovation majeure dans la mesure où désormais ce type d'encadrement permettra de faire une classification typologique et distinguer l'information foncière juridique, graphique, économique et financière de l'information foncière générale. Ainsi, à défaut de pouvoir unifier la gestion du foncier, le nouveau régime foncier tout en jetant les jalons d'une future unicité de gestion, aura permis, s'il est adopté, d'avoir une base de données intégrées de l'information foncière, centralisée et une organisation transversale gérée par tous les acteurs producteurs des données foncières.

✓ **De l'érection du titre foncier en titre de propriété**

L'une des innovations majeures que nous proposons dans le cadre de la révision du décret foncier de 1932 est la transformation du titre foncier en titre unique de propriété opposable à tous en Côte d'Ivoire, ou du moins « **le rétablissement** » du titre foncier en titre de propriété. Le dispositif ancien pensé par le Sir Torrens et soutenu par l'avocat Decourdemanche fait du titre foncier la double page ouverte du livre foncier sur laquelle le bien foncier est décrit et tous les droits réels, notamment les démembrements de la propriété et les restrictions à la propriété sont inscrits. Pour le Sir Torrens, le titre foncier est également un compte particulier pour chaque immeuble immatriculé assorti d'un numéro de titre foncier. C'est dans cette logique, qu'il a considéré que l'acte qui établit la propriété était le titre foncier. Il comporte toutes les mentions de la double page du livre foncier et fait office de preuve de la propriété foncière. Ainsi, la copie du identique du titre foncier délivrée aux bénéficiaires du droit de propriété foncière et qui retraçait toutes les mentions de la double page, servait à la fois de preuve de la propriété foncière et titre de propriété. Cette copie était à elle seule autorisée circuler sur le marché foncier et immobilier.

De façon pratique, la copie du titre foncier dans ce format ressemblait plutôt à une pile de pièces, collationnée aux deux feuilles du livre foncier qu'il fallait plier et déplier à chaque fois qu'un usage devrait en être fait. Cette copie se présentait sous la forme d'un livre à mince épaisseur. La copie du titre foncier inventée par le Sir Torrens et Maitre Decourdemanche était difficilement malléable et techniquement incompréhensible pour les non professionnels. Cet acte mystifiait la propriété tant le document était à la fois complexe et la procédure pour son obtention teinte de lourdeur et de lenteur, caractéristiques même des procédures foncières classiques.

Dans certains pays, tout en restant collé à l'esprit du décret foncier de 1932 ou du texte régissant leur régime d'immatriculation, les gouvernants ont entrepris des réformes qui ont conduit à ériger directement le titre foncier en titre de propriété. D'autres ont même substitué à cet acte, un autre format de titre de propriété avec pour appellation le certificat de propriété foncière. En 2002, la Côte d'ivoire a réussi à faire du certificat de propriété foncière le titre foncier par excellence sur toutes les parcelles situées en zone urbaine. Ce choix ne faisait qu'affirmer et conforter le principe de garantie de la propriété foncière tel que voulu par les concepteurs dudit régime de l'immatriculation.

Or, il est arrivé que plusieurs décisions de justice ont été prises en annulation du titre foncier en l'assimilant au titre de propriété. Ces décisions remettaient en question la crédibilité du régime foncier. Elles portaient ainsi atteinte au caractère définitif et imprescriptible du titre foncier. Selon nous, dans la logique de ses concepteurs, le compte particulier de l'immeuble qui est le titre foncier demeure tant que l'immeuble existe. Seuls les droits réels immobiliers qui se succèdent à travers différents détenteurs peuvent varier et être annulés. Au contraire, le titre foncier en tant qu'acte de naissance à la vie juridique de l'immeuble immatriculé, sauf les cas de suppression pour superposition, ne pouvait en principe être admis en annulation.

Aujourd'hui les défis énormes de la sécurisation foncière ont fait que la majorité des Etats de la sous-région ont opté pour le titre foncier comme le titre de propriété. Ces pays se sont mis en harmonie avec la pratique dominante dans l'UEMOA en uniformisant les textes fonciers et en réglant le problème de la multiplicité des actes en circulation. Malgré les tentatives de solution, en Côte d'Ivoire, cette préoccupation demeure toujours insoluble surtout en zone urbaine, où il existe en plus de l'ACD délivré par le Ministre de la Construction en première acquisition d'un terrain urbain et ensuite certifié par le Conservateur de la Propriété foncière après publication des droits au livre foncier, le Certificat dc Mutation de Propriété foncière en cas de transmission.

Il en est de même dans le domaine rural où dans une époque récente, les administrations délivraient encore les arrêtés de concession définitive, les arrêtés de concession provisoire pour les parcelles du domaine foncier concédé ou privé de l'Etat. En ce qui concerne les parcelles du foncier coutumier, le certificat foncier est établi en guise de constatation d'une jouissance paisible et stable de droits fonciers. Cette lacune liée à l'absence de titre de propriété à délivrer à l'issue de la procédure d'immatriculation n'a pas véritablement été résolue jusqu'aujourd'hui en ce qui concerne le foncier rural. Les administrations gestionnaires du foncier rural ont finalement décidé de proposer un nouveau titre de propriété à délivrer au requérant à l'issue de la procédure d'immatriculation. Il s'agit pour l'instant de l'Arrêté de propriété foncière[129]. Ce nouveau titre de propriété sur le foncier rural en vigueur vient combler le vide juridique uniquement pour le foncier rural, tout en engendrant des difficultés d'application sans pour autant régler la question de l'harmonisation du titre de propriété en circulation.

En reprécisant la pensée de Sir Torrens et Maître Decourdemanche, et pour mettre fin à la multiplicité des actes de propriété en circulation en Côte d'Ivoire, il parait nécessaire de restituer l'esprit du décret foncier de 32. Il s'agira par conséquent de faire du titre foncier le titre unique de propriété opposable à tous et délivré à l'issue de toutes les procédures d'immatriculation, de morcellement ou de fusion. Si ce projet venait par être admis, alors comment arriver à faire la distinction entre le titre foncier qui est la double page du livre foncier et le nouveau titre foncier qui sera le document ou l'acte délivré pour établir la propriété ?

A notre sens, il suffira de reconsidérer que le titre foncier tel que perçu aujourd'hui comme un compte particulier ouvert pour chaque immeuble immatriculé et assorti d'un numéro de compte de titre foncier. Cette nouvelle compréhension pourra résoudre deux préoccupations. D'une part le compte du titre foncier n'étant pas un acte administratif mais un acte technique qui donne vie juridique à l'immeuble immatriculé, il ne pourra faire l'objet d'annulation par décision du Conseil d'Etat. De plus le numéro de titre foncier sera le numéro de compte de titre foncier qui est généré chronologiquement qui se présente comme l'identifiant. Il n'y aura plus d'amalgame entre le compte de titre foncier qui se matérialise par la double page du livre foncier, le numéro de compte de titre foncier qui fait office de l'actuel numéro de titre foncier et le titre foncier lui-même qui dévient un acte, un document ou un titre de propriété. Ainsi le titre foncier étant l'acte de naissance du bien immobilier, le juge ne fera que demander la radiation des inscriptions erronées ou frauduleuses, sans demander l'annulation du titre foncier en tant que titre de propriété qui est unique pour chaque bien immatriculé. Dans un régime de droits réels, les acquéreurs de biens ou de droits se succèdent mais le titre demeure.

Désormais les tâches du Conservateur se déclineront comme suit : la création du compte de titre foncier au moment de la procédure d'immatriculation, de morcellement ou de fusion et en lui affectant un

[129] L'article 12 du Décret de 2023-238 du 05 avril 2023 déterminant les procédures d'immatriculation des terres du domaine foncier rural.

numéro de compte de titre foncier. A l'issue de ces différentes procédures, il est délivré par le conservateur au requérant un titre de propriété dénommé « **titre foncier** » qui matérialise la propriété établie. Ce titre foncier sera délivré pour les terrains urbains après publication de l'ACD et certification par le conservateur. Contrairement à l'ancienne procédure, dans le nouveau procédé à mettre en place, l'ACD pourra prendre l'appellation de l'**Arrêté de transfert administratif de propriété** et ne sera plus remise à l'usager. L'**Arrêté de transfert administratif de propriété** sera tout simplement archivé dans le dossier de titre foncier. Il en est de même du certificat foncier rural qui après immatriculation sera versé au dossier d'archives dans le dossier de titre foncier.

Cette réforme pourra substituer le titre foncier en tant que titre de propriété aux arrêtés de concession définitive, concession provisoire pure et simple et sous réserves des droits des tiers après immatriculation et rend inutile la délivrance d'un arrêté de propriété foncière. En cas de transmission, entre vif au par décès, ou à titre onéreux ou gratuit, c'est le **titre foncier** qui sera également délivré à l'usager en lieu et place du certificat de mutation de propriété foncière, par changement du propriétaire. L'adoption du titre foncier comme titre unique de propriété opposable à tous permettra de juguler les problèmes de conflit de compétence entre les administrations, trancher définitivement toutes les complexités et réduire considérablement les litiges fonciers. Le titre foncier délivré sera l'acte opposable à tous, administrations, juridictions, usagers et partenaires privés. Le titre foncier nouveau format pourra toujours être hypothécable auprès des apporteurs de crédits. La responsabilité du conservateur en tant que garant de la propriété foncière pourra aisément se justifier par cette réforme.

- ✓ **De l'accès facile à la pleine propriété des détenteurs de terrains urbains déclarés à l'impôt foncier**

Un autre avantage de ce projet va consister à faciliter l'accès à la pleine propriété aux détenteurs de terrains urbains déclarés à l'impôt foncier dont les parcelles ne sont pas encore immatriculées. Jouissant déjà de la présomption de propriété foncière sur leurs parcelles déclarées à l'impôt foncier, les attributaires pourraient bénéficier de réduction relative aux taxes et publicité foncière et du prix de cession ou assujetti à un tarif forfaitaire suivant une procédure rapide de délivrance de titre de propriété. Un tel projet aura certainement un double impact, notamment en termes d'optimisation du rendement de l'impôt foncier et d'augmentation significative des recettes en matière de conservation foncière. Il contribuera également à la promotion du civisme fiscal dans la mesure où il pourrait inciter les détenteurs de parcelles à se faire déclarer à l'impôt foncier afin de bénéficier de l'accès à la propriété.

- ✓ **Actions de lobbying pour l'adoption et la promulgation de nouveaux textes sur l'immatriculation des terres et le régime de la sécurisation de la propriété foncière**

Ce nouveau dispositif vise tout d'abord à sécuriser davantage les droits réels immobiliers et réduire significativement les litiges fonciers, mais mieux il s'agit également de repositionner la Conservation foncière et son binôme, le Cadastre sur l'échiquier national administratif en matière de gestion du foncier. Ce dispositif légal entrainera à coup sûr une restauration des activités et un renforcement des attributions foncières et domaniales des services de Conservation foncière. La substance et le contenu des dispositions nécessiteront certainement une large consultation au regard des enjeux. La pratique du lobbying selon Emmanuel Bloch, sera d'une utilité pour convaincre les partenaires à une adhésion massive à ce projet structurant.

Selon Hérodote « Le pouvoir n'est rien, seule compte l'influence ». Dans cette même veine le lobbying est pour François-Bernard Hughes, comme l'usage réfléchi de moyens l'est tout aussi, « l'art de faire vouloir à autrui ce que vous voulez »[130]. Dans le cadre de l'adoption d'un futur texte législatif sur les activités de la conservation foncière, il parait utile d'élaborer une démarche adaptée à ce nouveau challenge. L'initiative d'une loi peut être proposée par le gouvernement (projet de loi), ou par un ou plusieurs parlementaires (proposition de loi) qui la déposent au bureau de l'une ou l'autre des assemblées. Dans ce cas, la loi à envisager ayant pour but de régir les activités de la conservation foncière et du cadastre, alors le canal le mieux indiqué est d'user la voie

[130] François, L. et Zerbib, R., Influentia, éd. Lavauzelle, 2015

gouvernementale. Mais comment recueillir l'adhésion du ministère de tutelle qui est le Ministère en charge du budget ? Cette étape suppose que le projet soit porté par une implication personnelle du Directeur général des impôts, ou des Directeurs de cabinet du Ministère en charge du Budget.

11.1.2. Des réformes structurelles et organisationnelles pour une meilleure sécurisation des droits fonciers

Le modèle organisationnel des services fonciers de Côte d'ivoire est spécifique au choix de développement économique opéré depuis 1963. La compétence domaniale a été conférée à plusieurs ministères pour une gestion technique et administrative. Le Ministère du budget est dévolu à la gestion financière et surtout à la garantie des droits réels immobiliers et la sécurisation de la propriété foncière. Après comparaison au système foncier en vigueur dans d'autres pays, nous notons qu'il existe d'autres types d'organisation qui ont fait leur preuve. Deux modèles ont attiré notre attention, notamment les modèles chérifien et rwandais.

✓ **L'organisation des activités du Cadastre et de la Conservation foncière au Maroc et au Rwanda**

Les modèles chérifien et Rwandais peuvent inspirer les responsables de la Conservation Foncière[131].

- **Le modèle rwandais du Centre National de la Gestion foncière**

Il existe depuis 2013 une loi sur le régime foncier qui détermine les modalités d'allocation, d'acquisition, d'usage et de gestion des terres. Cette loi consacre la terre comme un héritage commun c'est-à-dire un patrimoine commun sur lequel seul l'Etat dispose d'un droit suprême

---

[131] ID-RAIS Abderrahim, SEMLALI EL Hassan, 3ETTARID Mohamed, EL IDRISSI Abdelwahed, Sécurisation foncière en Afrique Les cas du Maroc, la Tunisie et le Rwanda, in journal africain des politiques foncières et des sciences géospatiales, Vol.3 No.1 mai 2020

de gestion en vue d'assurer le développement économique et sociale de la nation.

La sécurisation des droits fonciers au Rwanda est une mission de l'Institution Nationale de l'Enregistrement Foncier et Services de Géo-information. Cette institution nationale est composée du Centre National de la Gestion Foncière qui a en charge la tenue des registres fonciers du cadastre et de la cartographie au niveau national et qui est placé sous la tutelle du ministère chargé des terres. L'institution dispose aussi de Bureaux Fonciers du District (BFD) créés à l'échelle de tous les territoires rwandais [132]. Ces bureaux ont pour rôle de faire l'enregistrement des terres, d'octroyer les documents fonciers, de mettre à jour et de conserver les documents fonciers, de borner et d'approuver la fiche cadastrale. En plus du BFD, il existe des commissions foncières de District, des comités fonciers de secteur et de cellules en charge du suivi de l'enregistrement et de la cession des terres[133]. Au Rwanda, cet organe unique en charge du foncier est logé au ministère des terres.

La procédure de sécurisation des droits fonciers dans ce pays se fait par immatriculation systématique, ensuite volontaire. L'enregistrement systématique est mené dans le cadre d'un programme d'immatriculation dans la zone de District après approbation de la commission foncière.

- **Le modèle du royaume chérifien**

Dans ce modèle la gestion des terres est confiée à une entité autonome dénommée, Agence Nationale de la Conservation Foncière, du Cadastre et de la Cartographie (ANCFCC). Cette Agence est chargée de :

- L'immatriculation de la propriété foncière ;

- La publicité et la conservation des droits réels et des charges foncières affectant les propriétés immatriculées ou en cours d'immatriculation ;

---

[132] Arrêté ministériel 001/2006 portant nature de documents fonciers, attributions, et fonctionnement des BFD

[133] Arrêté présidentiel 54/01 du 12/10/2006 portant organisation, attributions, fonctionnement et composition des commissions foncières,

- La conservation des archives et documents fonciers et la communication au public des renseignements qui y sont contenus ;

- L'établissement des plans cadastraux dans le cadre de l'immatriculation foncière.

Dans son organisation l'agence du Maroc comporte une administration articulée autour d'un pôle métier composé de la direction de la conservation foncière, direction de la cartographie, la direction du cadastre et pôle support fait des directions de ressources humaines, logistiques, finance logistiques et système d'information. Le taux de sécurisation réalisé depuis l'introduction de la procédure d'immatriculation est estimé à 31% dans le monde rural et 75% dans le périmètre urbain et périurbain (CESE, 2018). Le patrimoine informationnel de l'Agence se compose essentiellement de : 6.500.000 titres fonciers à fin 2020 et l'Agence accueille annuellement 3 millions de clients.

✓ **Modèle d'organisation de la gestion foncière pour la Cote d'Ivoire**

Au regard de toutes les difficultés soulignées, il parait nécessaire d'envisager un nouveau paradigme dans la gestion du secteur foncier. Dans ce cas, il s'agira de faire un choix politique en tenant compte des contraintes administratives, économiques et sociales.

- **Un nouveau paradigme de gestion du foncier.**

Un nouveau paradigme de gestion du foncier pourrait être profitable pour la Côte d'ivoire. Ce paradigme exclue l'hypothèse d'une rupture systématique d'avec le modèle de gestion en cours. En d'autres termes il faudrait exclure toute idée d'unifier les attributions de gestion foncière rurale et urbaine au profit d'un seul nouvel organe à court terme et privilégié à moyen terme une convergence progressive vers une unification de la gestion du foncier uniquement au bout de la chaine. Ce modèle aura l'avantage de préserver en amont la pluralité au niveau des acteurs afin de ne pas désintégrer le système foncier et favoriser plutôt le participatif au niveau de la politique foncière.

Une plateforme participative au niveau de la politique foncière

Ainsi, chaque acteur de l'administration foncière pourra garder ses attributions dans son domaine de compétence. Pour rappel, la Conservation Foncière et le cadastre se trouve en amont du système par l'immatriculation foncière afin d'établir la propriété des terres. Les gestionnaires du domaine interviennent pour le transfert administratif de propriété et des droits réels immobiliers sur les parcelles du domaine privé et public de l'Etat. Toutefois, une organisation pourra être mise en place pour la gestion de l'information foncière, les propositions de réforme foncière et le suivi et la mise en œuvre de politique foncière.

Il faut rappeler que des plateformes composées de plusieurs acteurs existent et se concertent régulièrement sur les questions foncières. Il y a eu la commission de réflexion sur les problèmes fonciers et cadastraux, qui a préconisé dans les années 80, la procédure d'immatriculation globale graphique et plus tard le comité interministériel de régulation de la chaine foncière, pour ne citer que ceux-là. Ces organes ont montré leur limite dans une certaine mesure. Ils ont opéré sur convocation en fonction des nécessités du moment. L'inconvénient de cette approche a été que les questions foncières d'ordre durable n'y sont pas véritablement traitées. De façon occasionnelle le gouvernement a eu recours au séminaire gouvernemental pour traiter de ces questions. La mise en place d'un organe permanent dédié à la réflexion sur les problématiques foncières s'avère par conséquent nécessaire.

Dans plusieurs pays qui se sont dotés de politique foncière comme Madagascar, le Sénégal et le Burkina Faso, la tendance est à la mise en place d'un observatoire du foncier. En Côte d'ivoire, la déclaration en 2017 de la politique de sécurisation foncière rurale, n'a pas été systématiquement suivie par la création d'un tel organe quoique vraisemblablement souhaité par les acteurs. Et aujourd'hui, les résultats récents de la mise en œuvre de cette politique foncière rurale ne sont pas très reluisants en matière d'établissement de certificat foncier, d'immatriculation des terres rurales et de prélèvement de l'impôt foncier.

Au niveau organisationnel, la DGI a récemment procédé à une refonte de la gestion des plaintes foncières non juridictionnelles, par la mise en place d'un observatoire des plaintes foncières. Cette structure regroupe des agents de la conservation foncière, du cadastre et de la direction informatique et est logée pour des raisons d'autonomie au cabinet du ministère du Budget. De plus, la Direction générale des impôts envisage au niveau de l'équipement et des infrastructures de loger le cadastre et la conservation foncière au sein d'un pôle foncier intégré pour permettre une meilleure interaction de ces services. C'est dire qu'il existe des prémices d'unification opérationnelle en amont en ce qui concerne les services fonciers de la DGI.

Nous proposons que ce pôle foncier soit converti en une division structurelle de la Direction générale des Impôts ou une institution directement rattachée au ministère en charge du budget. Ce pôle foncier pourra être dirigé par un responsable avec rang de Directeur général. Il regroupera tous les services fonciers de la Direction générale des impôts, notamment la conservation foncière, le cadastre et l'observatoire des plaintes foncières. Au besoin, le responsable pourra ouvrir des services de pôles fonciers régionaux dirigés par un responsable qui aura le rang de directeur d'administration centrale.

Un organe unique de gestion de l'information foncière

L'organisation actuelle de la conservation foncière ne pose pas en soi problème. Hormis quelques aménagements à faire pour rendre les services efficaces au niveau opérationnel, la conservation foncière s'accommode déjà bien des projets de dématérialisation en cours. Ce qui coince, ce sont les nouveaux métiers dévolus à la sécurisation de la propriété foncière pour lesquels les attributions de la Conservation Foncière se sont à un moment donné avérées insuffisantes au regard des mutations en cours. Il s'agit, notamment de la gestion des informations générées par la mise en œuvre du régime foncier de l'immatriculation. En effet, la conservation foncière s'est contentée jusque-là de rendre accessible les informations sur le titre foncier qui sont essentiellement des données littérales. Or, le titre foncier regorge également des informations graphiques, économiques et financières dont certaines sont délivrées par d'autres administrations foncières et d'autres informations tout simplement hors de portée des usagers clients parce que non délivrées.

La diversité de l'origine des informations foncières en raison de la pluralité des acteurs fonciers fait que le Conservateur de la Propriété Foncière et des Hypothèques en raison de sa responsabilité ne peut se contenter que de délivrer des informations qui ressortent du livre foncier pour lesquelles, il exerce un contrôle de la régularité du point de vue de la forme. Ainsi, le régime de responsabilité du conservateur clarifie l'étendue et les limites de l'action ou de l'inaction du conservateur dans ce domaine.

Cette sanction a l'inconvénient de laisser ce pan important de la gestion du régime foncier et d'handicaper la sécurité que doit procurer le titre foncier. Il a été donné de constater que le manque ou l'insuffisance d'information crédible peut occasionner des transactions immobilières débouchant sur des litiges fonciers. Alors que dans un régime foncier plus robuste et protecteur des droits des tiers, la transparence de l'information et la facilité de l'accès sont une donne désormais importante. L'individu ou le sujet de droit manifeste de plus en plus le besoin d'accéder aux informations foncières fiables sur une parcelle avant de transiger.

L'accès facile à ce type d'information nécessite l'existence d'un interlocuteur unique pour rendre un service public plus digeste au profit de l'usager. Il s'agira d'éviter que pour une seule parcelle, le demandeur d'information parcourt tous les services des différents intervenants de la chaîne foncière pour avoir la certitude qu'une opération est sans risque. La mise en place d'un organisme ou un organe dédié à l'information foncière a l'avantage d'inverser les charges. De sorte que l'administration aura la tâche de collecter les données, les traiter, les stocker et les rendre consultables à la demande.

Ce type d'organe pourrait se présenter comme une extension des attributs de la Conservation foncière. A la différence d'un service public classique composé seulement de fonctionnaires et d'agents de l'administration, cet organe pourra être de type participatif et collaboratif. Les acteurs seront composés d'une part des responsables catégoriels en fonction de la typologie des informations foncières traitées et diffusées par le système d'information. L'organe ne sera responsable que de la bonne et exacte transcription de ces données sur la plateforme consultable. Le lead sur cet organisme pourra être assuré par la Conservation foncière et le cadastre ou au plus haut niveau par le Ministère du Budget qui est en réalité le destinataire de toutes les informations foncières produites par tous les autres services en raison de sa mission de sécurisation de la propriété foncière et de recouvrement de l'impôt pour alimenter le budget de l'Etat. De ce qui précède, le modèle d'organe adapté est celui d'un observatoire national du foncier.

Cet organe pourra, en plus des activités de gestion de l'information foncière et de l'accès des usagers à ces données, devenir un instrument incitatif au développement d'une économie immobilière. Il aura également pour mission de gérer les aspects relatifs à l'économie de l'immobilier, notamment la promotion du marché foncier et hypothécaire. Il se préoccupera de la centralisation et l'exploitation des informations économiques et financières afin de servir d'instruments pour les décisions économiques et politiques et la résolution des plaintes foncières non juridictionnelles. Cette nouvelle organisation contribuera assurément à proposer des réformes pour l'accélération de l'immatriculation des terres, la rentabilité de l'impôt foncier et l'amélioration du rendement des taxes et autres redevances.

La mise en œuvre de cette réforme exige des pouvoirs publics de disposer de moyens financiers substantiels nécessaires à la réalisation dudit projet. Dans ce canevas une certaine autonomie pourra être accordée à cet organe en lui conférant un statut particulier d'établissement public capable de rechercher des financements pour ces différents projets. Ainsi, le nouvel organe qui pourra emprunter la dénomination d'un Observatoire National du Foncier en Côte d'ivoire, aura pour missions de :

- Assurer pour le compte du gouvernement le suivi et l'évaluation de la mise en œuvre de la politique d'immatriculation foncière de Côte d'ivoire ;

- Mener des études sur les grandes problématiques foncières et cadastrales ;

- Faire des propositions de réforme de la gestion foncière relative au régime foncier ;

- Créer et gérer un système national d'information foncière ;

- Assurer aux usagers et aux administrations foncière l'accès à l'information foncière fiable et crédible ;

- Assurer une veille stratégique sur l'évolution du marché foncier, immobilier et hypothécaire ;

- Gérer les réclamations et les plaintes non juridictionnelles en matière foncière ;

Ci-après une proposition de composition du projet d'observatoire national du foncier de Côte d'ivoire :

- ✓ un conseil regroupant tous les acteurs de la chaine foncière et domaniale ;
- ✓ un responsable de l'information juridique consignée dans le livre foncier ;
- ✓ un responsable de l'information cadastrale ;
- ✓ un responsable de l'information domaniale rurale ;
- ✓ un responsable de l'information domaniale urbaine ;
- ✓ un responsable des études, des réformes, du suivi et de l'évaluation ;
- ✓ un responsable du système d'information ;
- ✓ un responsable du guichet d'accès à l'information foncière ;

11.2. TRANSFORMATION DIGITALE, IMMATRICULATION MASSIVE ET SYSTEMATIQUE DES TERRES

11.2.1. Vers une digitalisation complète des services

La Dématérialisation des procédures foncières

La digitalisation complète de l'activité de la Conservation Foncière et du cadastre est un projet en cours au sein de la Direction générale des impôts avec le module SIGEFIM du SIGICI. Les opérateurs comptaient bien livrer cette application dans le courant de l'année 2023, mais jusqu'en 2025, la phase pilote n'avait pas encore eu lieu. Or Il aurait été souhaitable que cette implémentation intervienne avant ou au même moment que celle du SIGFU pour faciliter l'interopérabilité. Cette nouvelle application de la DGI prévoit l'intégration du livre foncier électronique et de l'application EasyCadastre.

Le module SIGEFIM prévoit un sous-module propriété foncière. Il comprend la procédure numérique d'immatriculation, la procédure électronique de publication, la consultation à distance et en ligne des droits réels immobiliers. Ce module est complété par la télépublication des actes et un service à l'usager. Dans la perspective de cette réforme, le livre foncier électronique est une base de données composée de toutes les informations foncières juridiques sur le titre foncier. Les travaux de scannérisation en cours ont permis de l'enrichir de la version numérisée du livre foncier physique. Les services envisagent de débuter la numérisation des dossiers physiques de titre foncier ainsi que toute la documentation d'archives de la conservation foncière. Le module fiscalité foncière porte sur les activités du cadastre qui feront l'objet d'une étude spécifique.

Cette réforme qui a été souhaitée par les autorités en charge de l'assainissement de l'environnement des affaires en vue de faciliter l'accès à l'information foncière, cadastrale et juridique est aujourd'hui et plus que jamais une nécessité de service public. L'intégration du livre foncier et de l'application EasyCadastre au bout de la chaine est une innovation majeure attendue. Elle pourra permettre par exemple de faciliter à l'usager client qui consulte un état foncier d'avoir pour une même requête la situation fiscale au niveau de l'impôt foncier, l'état des droits réels immobiliers, l'extrait topographique numérique certifié et mieux un plan de localisation. Cette intégration devra déboucher sur la conception d'un document unifié, intégré et sécurisé à moindre coût et imprimable en ligne et en temps réel. Elle mettra à disposition toutes les informations nécessaires à la réalisation de transaction immobilière sans avoir à se déplacer, ni se présenter devant plusieurs services fonciers. L'usager aura ainsi un accès en ligne à la cartographie domaniale et d'autres produits que les administrations de la Conservation Foncière et du cadastre voudraient bien développer.

Il existe actuellement deux portails au sein de la Direction générale des impôts qui couvrent les activités de ses services fonciers. Il s'agira de créer un portail unique à partir des données déjà disponibles avec pour finalité d'aboutir à la qualité totale à travers les 5 principes que sont : le zéro défaut, zéro panne, zéro stock de dossiers dans les tiroirs, zéro papier et zéro délai. Ces changements dans la vie d'une organisation conduisent nécessairement à des résistances. La mise en place d'un cadre de réflexion stratégique pour la conduite du changement s'avère indispensable ainsi qu'un dispositif destiné à accompagner les collaborateurs dans cette nouvelle dynamique de digitalisation des services.

La création d'un système national d'information foncière

La dématérialisation des procédures d'immatriculation, de publicité et la numérisation du livre foncier, des registres et dossiers de titre foncier vont générer une quantité importante de données foncières. Se posera à coup sûr, la problématique de la gouvernance de ces quantités importantes de données. Pour assurer une gestion transparente, et efficace de ces données dans les conditions optimales de sécurité, il parait impérieux de créer un système d'information foncière national à la Direction générale des impôts ou au ministère du Budget.

Le Système d'information foncière peut se définir comme un ensemble de ressources et de dispositifs visant à collecter, stocker, traiter et diffuser l'information foncière. Dans ce cas précis, ce système pourra comporter essentiellement les informations détenues par la conservation foncière et le cadastre. En plus de ces informations juridiques et cadastrales, le dispositif sera enrichi des données foncières détenues par toutes autres entités foncières publiques comme privées. Cette centralisation des informations permettra de s'assurer que chaque parcelle qui existe matériellement et juridiquement, comporte dans la base de données, toutes les informations à caractère foncier, domanial, graphique, juridique, économique et financier qui y sont rattachées.

Certaines administrations gestionnaires du domaine foncier de l'Etat ont déjà pris une longueur d'avance sur cette question. Au niveau du foncier rural, le système d'information foncière rurale (SIFOR) est en construction. Le MCLU à travers le SIGFU est en phase d'introduire également un Système d'information relatif au foncier urbain. Toutes ces administrations ont procédé à la conversion de leurs données littérales (les actes) et graphiques (les cartes) et disposent déjà de base de données limitée à leur champ de compétence et typiques à leurs services. Il s'agira simplement d'autoriser que le SIFN ait accès à ces différentes bases dans les conditions à déterminer selon les besoins en informations foncières à exprimer.

En ce qui concerne les informations domaniales, il convient de préciser que les données visées portent sur tous les actes émis par les services domaniaux, notamment en matière urbanistique, d'attribution de parcelles, et contenus dans les registres domaniaux. Particulièrement pour le foncier rural, ces informations portent sur les actes de délimitation des territoires villageois, l'historique des enquêtes officielles pour la délivrance de certificat foncier et la contractualisation qui a lieu avec l'appui de l'AFOR.

Outre ces données, la Direction générale des impôts avec ces deux administrations que sont la Conservation Foncière et le Cadastre a l'avantage de détenir des données foncières transversales sur tous les domaines fonciers, notamment le domaine foncier rural, urbain, public routier et maritime, forestier, et les terrains industriels, touristiques etc. Elle détient également des informations juridiques relatives à la propriété foncière, et graphiques, économiques et financières. En effet, les dossiers physiques de titre foncier comportent des extraits topographiques certifiés qui sont produits par le cadastre. Il existe des plans cadastraux fonciers et fiscaux que le cadastre utilise pour ses activités foncières et fiscales. Dans le programme E-cadastre, ces plans sont matérialisés par une cartographie numérique d'information spatiale à vocation foncière. Il existe également les données économiques générales comme la monographie des valeurs vénales et marchandes, la situation fiscale, et le montant des impôts fonciers affectant un immeuble.

Ledit système d'information devra en conséquence être doté d'une base de données complète et sécurisée. La constitution d'une base de données riche et complète ne signifie pas un accès illimité à tous. L'encadrement régulier de l'utilisation de ces données permettra de préciser clairement les conditions d'accès auxdites informations sans préjudicier aux droits des tiers et des règles de protection des données. Le dispositif pourra reposer sur une infrastructure qui donne des gages importants de sécurité afin d'éviter les intrusions et les cyberattaques.

Un accent particulier peut être mis, dans le cadre de la collecte des données, sur toutes les pièces fournies à l'appui des requêtes d'immatriculation, de publication et celles générées au cours de ces procédures. Quelles émanent des administrations gestionnaires du domaine, des acteurs privés de la chaine foncière, ces données sont importer pour alimenter le système d'information et le rendre complet. La complétude du SIF nécessite également les données relatives aux procédures litigieuses, notamment la prénotation ou tout autre acte de litige rattaché au titre foncier y soient consignées, pour permettre d'implémenter des alertes au moment de l'accès à l'information foncière.

La Base de données foncières nationales ne sera efficace et performant que si elle comporte un système intelligent qui permet d'affecter systématiquement à chaque dossier constitué d'un ensemble de pièces, une clé d'accès aux données à partir de la Blockchain. Alors que le livre foncier électronique tend à être consultable sur toute l'étendue du territoire par tous, l'objectif de ce système sera de faciliter la consultation de l'information foncière complète et fiable selon des critères précis et d'aider à la prise de décision aussi bien par des particuliers que par autorités locales ou nationales. Il en résulte que pour rendre productif et compétitif ce système, en se référant au type d'organisation proposé un peu plus haut, il parait judicieux de disposer d'un service à l'usager à travers une plateforme physique sous forme d'un guichet dédié à l'information foncière pour les requêtes physiques et un portail électronique de demande d'actes ou d'informations numériques.

11.2.2. Vers une immatriculation totale de l'ensemble du territoire

Conçue pour assurer une stabilité du régime foncier et un développement économique durable, l'immatriculation des terres n'a pas abouti aux résultats escomptés en termes de couverture géographique, de sécurisation de la propriété foncière et de développement du marché hypothécaire. C'est dans ce canevas, que la Direction générale des impôts a entrepris des travaux de réforme du décret foncier de 1932. Le Groupe de Travail mis en place à cet effet a recommandé dans ses conclusions la mise en place d'une véritable politique d'immatriculation des terres et proposé des procédures simples et accélérées pour l'immatriculation totale des terres[134].

[134] Le Groupe de Travail Actualisation du décret foncier de 1932 a été mis en place à la DGI dans le courant de l'année 2022 pour élaborer un nouveau texte plus simple et adapté sous la forme de Loi qui sera le texte de base du régime foncier de Côte d'Ivoire pour faciliter l'accès à la propriété foncière et à l'information foncière, sécuriser davantage les droits réels immobiliers et réduire significativement les litiges fonciers.

De la Mise en place d'une politique d'immatriculation massive des terres

L'immatriculation totale de l'ensemble du territoire est le scénario idéal pour permettre à la Côte d'Ivoire de profiter pleinement des retombées attendues du régime de l'immatriculation. C'est un objectif que le gouvernement cherche à atteindre depuis l'indépendance contre vents et marrées. Mais, force est de constater que les initiatives des autorités dans ce sens n'ont pas pris la pleine mesure de la complexité du contexte national de l'accès à la propriété foncière et de son encadrement par lle dispositif légal relatif au foncier. Il y a eu quelques initiatives isolées de création massive de titres fonciers surtout en milieu urbain avec l'institution du CDMH en 1987 qui ont été stoppées pour des raisons de gouvernance. Le gouvernement est actuellement en phase de mettre en œuvre le projet de titrement massif qui sera opérationnel en 2022 et certainement suivi par celui la régularisation massive des parcelles de terrains urbains non détenues en pleine propriété.

En Milieu rural, le plan foncier rural des années 91 avait pour objet d'opérer l'identification des propriétés coutumières rurales avant de procéder à l''immatriculation massive. Malheureusement ce projet n'a pu véritablement se concrétiser avec la crise militaro politique. Et depuis, l'immatriculation des terres en Côte d'Ivoire par réalisme est une entreprise qui est conduite progressivement en fonction des objectifs de développement économique. Or une immatriculation systématique aurait permis de rendre obligatoire cette procédure et autorisé le conservateur à prendre l'initiative pour sécuriser les parcelles. Peut-être qu'il serait temps d'inscrire ce projet dans le cadre d'un programme spécifique à rattacher à la politique de sécurisation foncière et doter d'un appui financier conséquent. En se projetant dans le cadre d'un programme national d'immatriculation des terres de l'ensemble du territoire quel mode opératoire possible et quel intérêt ?

Eléments d'explication d'un programme d'immatriculation massive des terres de l'ensemble du territoire

Une immatriculation de masse à l'état actuel de la configuration technique du foncier en Côte d'Ivoire passerait nécessairement par une phase de cadastrage. Cette opération préalable de cadastrage vise à faire un maillage de l'ensemble du territoire pour l'identification cartographique des parcelles du solde des périmètres urbains non encore totalement délimité. Cette opération se décomposera d'une phase d'identification et délimitation des différents blocs fonciers, notamment les circonscriptions foncières ainsi que leurs ramifications au niveau des découpages administratifs officiels (région, département-sous-préfecture).

Une opération de cadastrage conduit dans des meilleures conditions favorisera la pleine maitrise des limites des territoires villageois en zone rurale et du domaine public maritime fluvio-lagunaire. Les différentes composantes du domaine public naturel et artificiel,le cas échant, feront l'objet d'immatriculation systématique pour sécuriser les droits réels détenus et la propriété publique existante. L'opération d'immatriculation pourra s'étendre également au domaine forestier classé et des aires protégées comme l'a recommandé KOBO pierre Claver pour en assurer la protection et limiter les occupations irrégulières. Ainsi, tous les différents blocs non encore immatriculés feront l'objet d'une immatriculation massive et rapide, et le solde des zones qui ont connu un début d'immatriculation le sera également. Ce procédé aura l'avantage de ne pas remettre en cause les acquis des siècles d'activités en matière d'immatriculation, ainsi que le système de numérotation en cours.

Progressivement après ce travail technique de cadastrage (section cadastrale, établissement de mappes), la conservation foncière pourra procéder à l'immatriculation en s'appuyant sur les données de l'enquête officielle en zone rurale. Il s'agit de l'immatriculation du passif des terres qui ont déjà fait l'objet de certificat foncier. Cette démarche vise à simplifier la procédure de l'immatriculation des terres rurales. Il existe aujourd'hui des infrastructures, de l'équipement ultra moderne et la technologie de pointe en matière de gestion géospatiale qui sont mis à la disposition du cadastre et lui permettent d'assurer avec aisance son rôle technique en matière l'immatriculation. Un tel programme bien ficelé et financé, pourra s'exécuter sur une durée n'excédant pas 10 ans.

Quelques opérations possibles :

- L'immatriculation des circonscriptions foncières des différents services de CPFH ;

- L'immatriculation des territoires villageois ;

- L'immatriculation massive en zone urbaine de toutes les parcelles identifiées hormis les nouveaux lotissements ;

- La création massive de titres fonciers sur les terrains urbains non détenus en pleine prospérité ;

- La réduction drastique du cout de l'immatriculation et de taxe de publicité foncière, etc.

Ces réformes peuvent permettre de booster la création de titre foncier et de réaliser en 5 ans plus d'un million (1.000.000) de titres fonciers dans la base de données de la conservation foncière soit une production moyenne annuelle de 200.000 titres fonciers. Dans ce canevas, d'ici 2030 la Côte d'ivoire pourra se vanter de détenir dans sa base de données un nombre de titres fonciers oscillant entre 2.000.000 et 5.000.000. En ce qui concerne les perspectives en matière de fiscalité immobilière, il n'est pas irréaliste d'envisager que le nombre de biens imposés, quadruple sur la même période en passant de 600.000 à 2.400.000. Quant à la manne financière, une amélioration significative des impôts, droits et taxes, est attendue de toutes ces réformes.

Pour atteindre cet objectif, des investissements massifs méritent d'être faits. Une étude encore non publiée a montré qu'un investissement massif de 100 milliards sur les équipements et les infrastructures des services de la conservation et du cadastre échelonné sur une décennie peut booster les recettes de la fiscalité mobilière et immobilière. Cet investissement va permettre de financer les locaux par la création du pôle foncier central et des pôles fonciers régionaux, ainsi que l'érection d'un véritable système d'information foncière nationale. Les recettes attendues pourront progresser de 400 milliards l'an pour atteindre annuellement les 2.000 milliards à partir de la 10ème année d'investissement.

De la Vulgarisation des opérations d'immatriculation globale graphique

L'opérationnalisation d'une politique d'immatriculation générale des terres pourra se faire à partir de certains procédés comme l'immatriculation globale graphique. Si ce procédé a souvent engendré dans sa mise en œuvre des litiges fonciers, sa réforme par une clarification des contours peut contribuer à renforcer la sécurité des droits réels immobiliers qu'elle permet de consolider.

L'immatriculation globale graphique ou par la délimitation graphique peut se définir selon les experts comme une procédure de création de titre foncier en masse sur les terres à l'initiative du Conservateur de la Propriété Foncière et des Hypothèques, visant à faciliter l'accès à la propriété foncière. Elle consiste dans sa mise en œuvre à établir un titre foncier global et graphique sur un périmètre foncier déterminé dans le but de faciliter la création de titres fonciers par morcellement et permettre aux détenteurs de droits réels de prétendre à la propriété foncière.

De ce point de vue, la procédure d'immatriculation globale graphique n'a pas pour vocation de faire de l'Etat le propriétaire exclusif desdites terres. Car à l'issue de cette procédure, aucun titre de propriété n'est délivré à l'Etat. De plus, cette procédure l'immatriculation globale graphique ne saurait prévaloir sur la procédure d'immatriculation de droit commun qui demeure le socle de la garantie des droits réels immobiliers révélés et établis. L'immatriculation par délimitation graphique et numérique ne nécessite pas de purge préalable des droits des détenteurs coutumiers sur les parcelles concernées et ne doit pas non éteindre lesdits droits.

Le dispositif de 1982 a institué l'immatriculation globale graphique, pour la création de titre foncier global sur les circonscriptions administratives, les terroirs villageois, les périmètres lotis, le domaine public notamment les emprises des routes, les servitudes de survol des lignes électriques, le domaine public forestier, le domaine public maritime et fluvio-lagunaire etc. Il est souhaitable par contre de mettre en veilleuse, l'immatriculation des circonscriptions foncières qui selon les découpages prennent en compte les terres coutumières. Les périmètres à immatriculer selon la procédure d'immatriculation globale graphique sont décidés de commun accord par le Conservateur de la

Propriété foncière et des hypothèques et le géomètre assermenté du cadastre. Il conviendrait simplement d'associer au cours de l'immatriculation globale graphique, les gestionnaires du domaine compétents et les autorités coutumières afin de s'assurer une transparence foncière et une grantie plus inclusive.

Des Procédures spéciales pour l'immatriculation des terres rurales

Le bilan de l'immatriculation des terres rurales a montré qu'une infirme portion des terres rurales a été sécurisée en pleine propriété. Les propositions de réformes dans le sens de l'amélioration du rythme d'immatriculation des terres rurales n'ont pas gagné l'assentiment de tous les acteurs. Des projets de textes soumis pour examen ont consisté à faire une pale copie de la procédure actuelle de l'immatriculation foncière. Ce choix, s'il est entériné risque de maintenir encore pour longtemps, les parcelles sous le régime du certificat foncier et des droits coutumiers. Toute chose qui risque de compliquer davantage l'atteinte des objectifs du gouvernement en matière d'accès à la propriété foncière des coutumiers.

Le groupe de travail pour l'actualisation du régime de la propriété foncière en Côte d'ivoire après analyse du projet de décret sur le régime de l'immatriculation des terres rurales proposé par le Ministère en charge de l'agriculture, a trouvé que les dispositions de ce texte reprenaient en substance la procédure d'immatriculation de droit commun décrite dans le décret foncier de 1932. Ce projet n'apportait pas grande innovation à l'immatriculation des terres rurales telle que pratiquée, jusqu'alors. Au contraire, le groupe de travail a noté une similitude en certains points entre la procédure d'immatriculation des terres et la procédure d'enquête officielle pour l'établissement du certificat foncier. il s'agit, notamment de l'étape de l'insertion au journal officiel, la phase de recueil des oppositions et règlement, la visite de terrain pour le constat des limites.

Le groupe de travail a déduit que les deux procédures pouvaient faire l'objet d'une procédure fusionnée pour qu'à terme, la demande de certificat foncier aboutisse à l'accomplissement de la formalité d'immatriculation et faciliter l'accès à la propriété foncière rurale. Pour s'inscrire dans la nouvelle dynamique d'immatriculation massive et rapide que porte cette réforme, le groupe de travail a recommandé de faire la fusion de l'immatriculation avec les articles du domaine foncier rural du décret n°2019-266 du 27 mars 2019.

Dans cette nouvelle procédure, l'unicité des demandes est prônée de sorte que la seule demande de certificat foncier entraine automatiquement une demande d'immatriculation. Mieux, un seul document, une seule demande pour l'accomplissement des deux formalités. Ainsi, la copie de la demande de certificat foncier est adressée au Conservateur de la propriété foncière et des hypothèques par le gestionnaire du domaine foncier rural pour engager la procédure d'immatriculation. L'objectif premier étant la célérité dans le traitement des deux procédures et l'allègement du coût à supporter. Il est recommandé de faire peser sur le gestionnaire du domaine foncier rural, responsable de la procédure de certification foncière, des obligations afin de l'amener à chacune des étapes de la procédure à impliquer le conservateur de sorte que les deux formalités soient accomplies concomitamment. Le conservateur pourra être chargé d'inviter à son tour les différents acteurs à y participer, à communiquer les registres afin d'aboutir à la création du titre foncier, et à la délivrance du titre de propriété.

Ainsi, à la fin du processus de délivrance du certificat foncier rural interviendra la formalité de l'immatriculation. Cette approche permet simplifier l'immatriculation des terres du domaine foncier rural et également d'éviter l'éviction de l'AFOR. Dans ce canevas, l'AFOR exercera pleinement ses compétences pour vu que le conservateur soit associé afin de pratiquer à son tour toutes les opérations qui lui sont dévolues. En définitive, sans préjudices des procédures de l'existant, l'AFOR aura pour obligation d'informer la direction de l'agriculture afin que le conservateur ait les informations utiles pour engager la procédure d'immatriculation et mettre à jour ses registres dès la délivrance du certificat foncier rural. Les oppositions au certificat foncier rural enregistrées par le comité villageois et le sous-préfet seront retranscrites par le conservateur dans les registres dédiés.

Opération de création massive de titre foncier sur les parcelles issues d'anciens lotissements approuvés

Le projet de titrement massif a axé sa stratégie sur les lotissements à venir. Le bornage contradictoire massif et la création massive de titre foncier se font après application du lotissement pour que la parcelle puisse faire l'objet de demande d'accès à la propriété. La conséquence est que ce projet ne prend pas en compte les parcelles lotis sous l'ancien régime. Cette situation fait qu'il existe un énorme passif de terrains lotis non assortis de titre fonciers. Pour faciliter l'accès à la propriété foncière, les terrains issus des anciens lotissements approuvés, peuvent à l'initiative du Conservateur de la propriété foncière et des hypothèques, faire l'objet d'une opération de création massive de titre foncier au nom de l'Etat.

Cette opération concerne tous les lotissements approuvés avant la mise en vigueur du décret de 2021 sur la nouvelle procédure d'élaboration, d'approbation et d'application de plans de lotissement. Dans la pratique le Conservateur, le Cadastre et l'ordre des géomètres doivent élaborer une convention cadre. A l'intérieur de cette convention, l'initiative sera donnée à l'ordre des géomètres également de confectionner les dossiers techniques de la zone choisie. Cette convention déterminera comment sont fait les dossiers techniques, quand, qui paye pour la confection, et comment assurer les frais pour le bornage massif.

Les retombées de cette opération seront l'accroissement des recettes en matière de taxe domaniale et de revenus du domaine ainsi que des recettes considérables en matière d'impôts fonciers, le développement du marché foncier et hypothécaire, la délivrance massive des titres de propriété aux détenteurs de droits réels immobiliers et la multiplication des transactions immobilières. Cette vaste opération nécessitera des moyens financiers conséquents et pourra se faire par le canal du partenariat public privé.

11.3. SYNTHESE DES RECOMMANDATIONS

Actions à mener pour assurer la qualité de service

- Définir un plan et des outils de communication afin de communiquer sur les offres de service des conservations foncières ;
- Déterminer et appliquer des délais encadrant les processus métiers ;
- Réduire les coûts et les tarifs des formalités au sein des conservations foncières ;
- Simplifier toutes les procédures et processus métier ;
- Renforcer le contrôle interne ;
- Mettre en place un accueil de qualité ;
- Mettre en place un système d'évaluation des services rendus aux usagers-clients ;
- Mettre en place un dispositif de notation par les contribuables ;
- Mettre en place un dispositif de médiation pour le règlement des litiges fonciers.

Actions à mener pour une organisation optimale des services de CPFH

- Redéfinir l'architecture des circonscriptions foncières ;
- Créer de nouveaux services de CPFH ;
- Réorganiser les services de CPFH ;
- Procéder à une immatriculation massive des parcelles ;
- Construire un pôle foncier intégré, moderne et polyvalent regroupant les Services de CPFH et les Services du Cadastre technique du Grand Abidjan ;

- Créer un observatoire du foncier en charge des études, du suivi et de la mise œuvre des réformes issues de politiques foncières et de la gestion du système d'information foncière ;
- Créer un cadre permanent de concertation entre les différents acteurs de la chaine foncière.

Actions à mener pour une transformation digitale des services

- Mettre en place un système d'information foncière national (e-cadastre – LIFE – e-Enregistrement) ;
- Mettre en place un système d'archivage électronique ;
- Suivre en temps réel l'évolution du traitement des dossiers par les CPFH ;
- Mettre en place un réseau informatique efficace et adapté aux exigences techniques et opérationnelles des CPFH ;

Action pour le renforcement des capacités et la motivation des agents

- Doter les services de personnels qualifiés en renforçant la formation et réalisant un profilage du recrutement ;
- Former les agents des CPFH à l'utilisation des outils bureautiques et des applicatifs métiers ;
- Renforcer le dispositif de contrôle des actes ;
- Mettre en place un dispositif interne d'informations qui permette de communiquer et apporter des éclaircissements sur des thématiques précises ;
- Doter les agents de matériel informatiques performants pour l'accomplissement de leur tâche ;

Actions à mener au titre des procédures

- Assainir les textes applicables aux activités des CPFH ;
- Opérationnaliser la signature électronique des actes ;

- Atteindre l'objectif « ***Zéro papier*** » entre les CPFH et les usagers-clients par la numérisation de tous les dossiers physiques et centre d'archivage ;
- Mettre en place un dispositif d'entretien et de conservation des Livres et dossiers physiques suite à leur numérisation et leur digitalisation ;
- Actualiser les processus et procédures ;
- Diffuser les processus et procédures et harmoniser les pratiques ;
- Mettre en place un dispositif d'Assistance au conservateur en cas de procès.

CONCLUSION

Cette étude a voulu répondre à la préoccupation sur la performance et l'efficacité des services de conservation foncière en Côte d'Ivoire en matière de gestion des droits fonciers. Pour y arriver, nous avons passé au peigne fin le dispositif légal, institutionnel et opérationnel de la conservation foncière.

Il en est ressorti que l'Etat de Côte d'Ivoire pour la sécurisation des droits fonciers a opté pour l'intervention et l'interaction d'acteurs multiples dans le système foncier. En faisant cette option, l'Etat a certainement voulu renforcer son contrôle sur le foncier en tant que gage d'une gestion efficiente pour le bien-être des populations et le développement économique. C'est ainsi que certains acteurs sont en charge de la gestion technique de son domaine ; tandis d'autres s'occupent de la gestion financière de ce domaine. Au cœur de l'action de ces administrations plurielles, la conservation foncière se trouve être un service essentiel.

Le régime foncier qui régit les activités de la conservation foncière est le régime de l'immatriculation. Ce régime qui cohabite avec les régimes coutumiers, domaniaux et du code civil, est considéré comme le régime de convergence. Ce régime fait du titre foncier, l'acte de naissance à la vie juridique des parcelles. Ce titre est indispensable pour la sécurisation des droits fonciers car il donne une existence juridique à terre et permet de rendre public par le canal de la publicité foncière tous les droits contenus dans les diverses transactions et inscrits au livre foncier. Les outils de la conservation foncière, à cette fin sont le livre foncier, les registres et les dossiers.

La Conservation foncière semble se moderniser, bien que les pratiques gardent encore la rigueur et les méthodes anciennes. Elle connait une longévité dans le tissu administratif de la Côte d'Ivoire : c'est tout aussi du fait de la solidité de ses méthodes. Ainsi, le rôle spécifique de la Conservation Foncière en tant qu'acteur incontournable de la gestion foncière a été mis en exergue. Ce rôle est décliné à travers l'essentiel des procédures et formalités immobilières en vigueur au sein desdits services. Il s'est agi particulièrement de l'immatriculation foncière et des formalités de publicité ainsi que des coûts à débourser pour leur accomplissement. Ces éléments ont été analysés pour mesurer l'incidence sur les recettes globales.

Cet aspect a révélé que les activités de la Conservation Foncière revêtent un double caractère fiscal et juridique. L'activité de sécurisation entreprise par lesdits services met en avant le volet mobilisation des ressources financières. Ce pan de l'activité de la conservation est dominé par la gestion financière du domaine de l'état, axée sur l'assiette et le recouvrement des droits d'enregistrement, les droits de timbre, les taxes et redevances. Ces activités sont venues se greffer à l'activité principale de départ qui est l'immatriculation des terres. Toutefois, la collecte des recettes fiscales semble être prisée par les responsables au détriment de l'activité de création de titre foncier qui même si elle connait une croissance certaine tarde à couvrir l'ensemble du territoire.

Cette croissance observée dans le développement de la Conservation Foncière est le fruit d'une stratégie managériale et opérationnelle conçue et appliquée par les responsables. C'est cette stratégie que l'étude s'est donnée de disséquer au cours de ces démonstrations. De la mobilisation des recettes fiscales à l'accélération du rythme de création des titres fonciers face aux enjeux de du boom immobilier, les responsables au plus haut niveau ont toujours peaufiné et adapté leur stratégie en vue de satisfaire les clients et améliorer les relations avec les autres partenaires de la chaine foncière.

En somme, les activités de la conservation foncière ont été explorées et examinées. Cette phase a conduit à mesurer le poids économique en termes de réalisations financières et de création de titre foncier dans le cadre de la sécurisation juridique. Les résultats aussi fameux soient-ils, ont démontré qu'il existe encore des challenges à relever. Le plus grand de ces défis est l'achèvement de l'immatriculation du territoire qui est confronté à d'énormes obstacles. Des difficultés multiséculaires ont également été notées dans le déploiement des opérations des services de Conservation Foncière.

Après ces analyses, nous avons en ce qui concerne les hypothèses de départ noté que les services de Conservation Foncière en tant que services fiscaux privilégient la mission de de recouvrement des recettes fiscales au détriment de celle de la garantie des droits réels immobiliers. Ce qui est tout à fait normal pour un service financier qui est généralement évalué à partir de ses réalisations.

Même si dans son organisation, des postes multiples sont consacrés à l'activité de création de titre foncier et la publicité foncière, il n'en demeure pas moins que les objectifs fiscaux sont toujours atteints de façon excédentaire et paradoxalement les plaintes sont récurrentes en ce qui concerne lourdeur et retard dans la création des titres fonciers. Nous avons admis que son dispositif actuel d'organisation et de fonctionnement constitue une entorse énorme aux bonnes pratiques et à la performance. En outre, l'image de marque de la conservation foncière ainsi que sa notoriété se trouvent écorchée un tant soit peu auprès des usagers et des autres administrations. Tous ces facteurs sont à l'origine pour certains et dénotent pour d'autres des dysfonctionnements constatés au sein des services de Conservation Foncière, ce qui écorne la qualité et l'efficacité desdits services.

La confirmation des deux hypothèses spécifiques nous a amené à admettre que les dysfonctionnements constatés dans les services de conservation de la propriété foncière et des hypothèques ont un lien certain avec la trop grande suprématie des activités de sécurisation financière pour la réalisation de recettes afin d'alimenter le budget de l'Etat sur les missions de sécurisation juridique pour la garantie des droits fonciers. Cette suprématie des missions fiscales fait que dans l'agenda des managers des services, les activités de sécurisation juridique sont souvent reléguées à l'arrière-plan.

Pour y remédier, l'étude a fait quelques recommandations en termes de compétitivité, de performance et d'efficacité à l'aune des outils de l'intelligence économique. Ce sont des mesures stratégiques opérationnelles pour un meilleur fonctionnement des services de CPFH et des mesures stratégiques globales pour une compétitivité de la conservation foncière dans ces rapports avec les autres acteurs de la chaine foncière.

Toutes ces mesures de réformes ont pour but de repositionner la Conservation foncière en tant que service pivot dans le dispositif de sécurisation des droits fonciers. La mise en œuvre desdites réformes pourrait contribuer à booster les activités foncières en Côte d'Ivoire et donner un meilleur rayonnement à la Conservation Foncière. Nous avons particulièrement insisté sur la création d'un pôlr foncier, et d'un système d'information foncière national à partir des données juridique et cadastrale intégrant le livre foncier électronique et le cadastre digital. Cette proposition constitue un projet structurant qui pourra donner une valeur ajoutée aux administrations foncières au sein de la Direction générale des impôts. Ce système donnera assurément un coup d'accélérateur au projet d'immatriculation de masse qui a été réaménagé dans le cadre de cette étude.

Cette étude a voulu cerner à première vue la thématique sur la performance des services de Conservation Foncière. Son étendue et son champ d'application auraient nécessité que tous les services des 29 réseaux de conservation foncière soient enquêtés. Dans la délimitation du champ d'étude, nous n'avons investi seulement que les services qui sont dans les localités du grand Abidjan, notamment les 11 services dont 9 sont situés dans le District d'Abidjan et 2 autres dans les agglomérations en périphérie. Si ce champ d'étude représente au niveau du volume des activités environ 80% de l'ensemble des prestations fournies, il ne correspond qu'à environ 44% des services. Autrement-dit ce sont 56% des services de Conservations de la Propriété Foncière et des Hypothèques qui ont été écartés par les investigations. Cette limite quant au champ de l'étude pourrait sérieusement influencer les résultats présentés et interprétés.

L'autre limite de l'étude tient au champ d'investigation. Elle avait pour vocation d'appréhender tous les dysfonctionnements des services à travers l'analyse des activités essentielles accomplies par les agents. Mais les nombreuses activités menées par lesdits services sont souvent complexes et donc difficiles à encadrer. Un autre handicap qui constitue une inquiétude légitime est l'intérêt que pourrait porter la haute hiérarchie à l'exploitation des résultats de ce travail en vue d'une implémentation. Des études de ce type ont été élaborées par des experts et malheureusement la mise en œuvre des recommandations est restée lettre morte.

Toutes ces considérations aussi objectives et subjectives soient-elles, imprègnent à cette étude toute sa beauté. La Conservation Foncière comme objet d'étude au-delà des limites de la démarche et des instruments utilisés est une thématique d'ordre sociétal dont l'analyse n'est pas vaine entreprise. Cette structure joue un rôle clé dans la politique de sécurisation des droits fonciers en Côte d'Ivoire.

De ce fait, et au-delà des limites, cette recherche vient combler un besoin crucial exprimé par les agents, à savoir une étude d'ensemble sur les activités de la conservation foncière pouvant servir de document de référence pour l'accomplissement des tâches, pour l'analyse des problèmes, et la formulation de piste de réflexion sur les problématiques réelles, pratiques et concrètes de cette matière assez spéciale.

Ce travail pourra contribuer à régler pour l'administration le problème de la dispersion et du déficit documentaire relatif aux activités de la Conservation Foncière. Ce document est conçu comme un outil didactique et pédagogique pour la formation des cadres de la Conservation Foncière et des agents en particulier. Du point de vue managérial, il a l'avantage de mettre à nu les dysfonctionnements des services, pour permettre aux dirigeants d'affronter les réelles difficultés que rencontre ce service. Il entend aussi accompagner l'œuvre gigantesque de modernisation des services entreprise par les managers de la Conservation Foncière dans le sens d'améliorer la performance et redorer l'image de marque dudit service.

En outre, cette étude vient donc enrichir l'état de l'art sur la sécurisation des droits fonciers en Côte d'Ivoire spécifiquement en ce qui concerne l'apport de la Conservation Foncière. En complément aux théories de Dagrou Théodore (2018) sur la politique foncière et la nécessité d'une certification massive des terres rurales, cette étude théorise la sécurisation foncière comme un ensemble d'opérations avec pour socle le titrement de parcelle qui est un mécanisme qui veut qu'à chaque parcelle identifiée ou cadastrée correspondent un titre foncier et un titre de propriété. C'est grâce à ce mécanisme que l'Etat accorde la garantie juridique d'une jouissance sociale et économiquement paisible à une portion de terre immatriculée.

Elle stipule que le système d'information foncière national en construction, soit amélioré et achevé. Pour qu'il en soit ainsi il importe d'engager d'importantes réformes en ce qui concerne les administrations foncières de la Direction générale des impôts en s'inspirant des modèles existants et les adapter aux réalités ivoiriennes. Cette modernisation de la Conservation Foncière permettra sans doute d'accroitre les activités de sécurisation juridique par le titre foncier, ce qui aura nécessairement un impact positif sur les recettes fiscales de la Direction générale des impôts.

BIBLIOGRAPHIE

OUVRAGES

ADJETE K., G. *L'indépendance et les nouvelles tendances de la propriété foncière en Afrique noire,* in Antoine BRAWAND, & al., Le village piégé, Graduate Institute Publication, https://books.openedition.org.

AKA, M., *Délivrance des actes au ministère de la construction : 17.000 dossiers bloqués à la conservation foncière.* www.infodrome.com/société-culture/54637-deivrance-des-actes-au-ministère-de-la-construction, consulté le 29/01/2021

Agence Nationale de la Conservation Foncière du Cadastre et de la Cartographie du Maroc, chiffres clés relatifs au patrimoine informationnel, disponible sur : https://www.ancfcc.gov.ma/presentation/chiffres-cles/, consulté le 27/10/2021.

BOUAKA N., AMOS D., Modèle pour l'explicitation d'un problème décisionnel: un outil d'aide à la décision dans un contexte d'intelligence économique. Intelligence Economique: Recherche et Application - IERA'2003, 2003, Nancy, France, 8 p ; disponible sur https://hal.inria.fr/inria-00107666, consulté le 21/09/2021

ALERTE-Foncier. (2018). *Document de prise de position sur le foncier rural*, 35p.

BOUDILLON, A. (1911), *La question foncière et l'organisation du livre foncier en Afrique Occidentale Française*, Conférence faite à Bruxelles, le 18 octobre 1910, Paris, Librairie maritime et Coloniale, 32p.

CABRAL H., T. (2012), L'institution de la conservation foncière dans le système foncier camerounais. Etude à partir de la conservation foncière de la Menoua., Université de Dschang - Master II Professionnel Droit Et Techniques Fonciers Et Domaniaux

CHOPLIN, A., et al. (2014). *Les pratiques du titrement dans les villes en développement : Trois cas d'étude* Inde, *Ethiopie, Mauritanie*, Rapport de recherche, Ecole d'Urbanisme de Paris, EHESS.

CISSE A., (2021), Une analyse du poids économique de la conservation foncière en 2021 présentée par le Directeur Général Adjoint des Impôts, au cours de la Conférence des conservateurs du 30 septembre et 01 octobre à l'hôtel président de YAMOUSSOUKRO.

COLIN J., (2005), Le développement d'un marché foncier ? Une perspective ivoirienne, De Boeck Supérieur« Afrique contemporaine » /1 n° 213 | pages 179 à 196, Article disponible en ligne à l'adresse : https://www.cairn.info/revue-afrique-contemporaine-2005-1-page-179.htm, Consulté le 23/10/2021.

Comité technique ''Foncier et développement'', (2015). *La formalisation des droits sur la terre dans les pays du sud : dépasser les controverses et alimenter les stratégies*, Paris, MAEDI ministère des affaires étrangères et du développement international, AFD, 28p.

DAGROU T., LOROUX S. (2017) *argumentaire pour une certification foncière généralisée en Côte d'Ivoire*, in OASIS (Observatoire et analyses des systèmes à impacts sociaux Foncier-Démarginalisation, Abidjan, 67p.

DAGROU, T. (2007). *Comprendre le Code foncier rural de la Côte d'Ivoire*, Frat-Mat éditions.

DE France DE TERSANT & OLIVE, Traité des droits d'hypothèque et des salaires, extrait du Traité alphabétique des droits d'enregistrement, de timbre et d'hypothèques, M. EDOUARD

DE SOTO, H. (2005), *Le mystère du capital, pourquoi le capitalisme triomphe en occident et échoue partout ailleurs*, Flammarion, 208p.

DE TERSANT., OLIVE, *Traité des droits d'hypothèque et des salaires*, extrait du Traité alphabétique des droits d'enregistrement, de timbre et d'hypothèques, M. EDOUARD

DIGBEU N., P. (2017). *Quelles stratégies pour l'amélioration des performances des services des Conservations de la propriété foncière et des hypothèques,* TDR de la 1ère Conférence des Conservateurs, Grand-Bassam-Afrikland-Hôtel

Direction Générale Du Développement Rural Et De La Maitrise De L'eau Dans Le Domaine Agricole, Déclaration de politique foncière rurale de la Côte d'Ivoire, Ministère de 'Agriculture et du Développement Rural, janvier 2017, 27p.

Direction générale des Impôts, Code général des impôts Livres de procédures fiscales et Autres textes fiscaux, Les publications de la DGI, 2021, 722p.

DUSABE G., (2017). *Le Diagnostic de la gestion foncière en milieu urbain en Côte d'Ivoire,* Conclusions des travaux réalisés, Groupe de la Banque Mondiale.

GASSE. (1968). *Le droit foncier outre-mer et son évolution depuis l'indépendance*, thèse AIX, Librairie des Palmiers, 19 av. des iles-d'or, 83-Hyères.

GAUDJI D., (2022), Communication inaugurale, *Le foncier, un contentieux en explosion : regard du Conseil d'Etat,* Séminaire sur le foncier organisé par le Conseil d'Etat, les 27, 28 ,29 et 30 juillet 2022 à l'Hôtel Golden Palace de Grand-Bassam.

GUIGNARD D. (2015), Les archives vivantes des conservations foncières en Algérie », L'Année du Maghreb, n° 13, 2015, p. 79-108. © Presses de Sciences Po

GUIGNARD, D.(2015).*Les archives vivantes des conservations foncières en Algérie*, L'Année du Maghreb, vol n°13.http://journals.openedition.org/anneemaghreb/,consulté le 25 février 2021.

HOWART H. & Le Conseil Egis (2020), Etude marché, à destination de l'Etat de Côte d'Ivoire, pour le Compte de la Société AKWABA BUSINESS PARK, Filiale du groupe TEYLIOM, décembre

IMRAN, A. (2012). *Amélioration et sécurisation de l'accès des femmes au foncier au Sénégal*, Rapport scientifique, Dakar, p7: http://idl-bnc-dspacedirect.org.

ID-RAIS A., SEMLALI EL H., ETTARID M., EL IDRISSI A.(2020), Sécurisation foncière en Afrique : Les cas du Maroc, la Tunisie et le Rwanda, in journal africain des politiques foncières et des sciences géospatiales, Vol.3 No.1

KACOU, G. (2018), *Communiquer pour être et paraître dans la société de consommation*, L'Harmattan, Abidjan, p217.

KARSENTY, A. (2016). La théorie de la pensée économique: des physiocrates à la nouvelle économie institutionnelle. Dans K. A. LE

ROY Etienne, *La sécurisation foncière en Afrique : pour une gestion viable des ressources renouvelables* (p. 420).

KOBO P-C., ASSEMIEN, F. (2009). *Etude relative à l'implication de la définition du domaine foncier rural sur les autres domaines fonciers et au statut de l'arbre*, Ministère de l'Agriculture, Rapport définitif, 63p.

KOUAMBLA, J., KRA, R. (2021), L'information foncière urbaine et la question de sa gouvernance en Côte d'Ivoire, L'Harmattan, Paris, 200p.

KRAGBE, P., Mémorandum à l'attention du Directeur du Domaine de la Conservation Foncière de l'Enregistrement et du Timbre en date du 31 octobre 2019, portant sur la loi n°98-750 du 23 décembre 1998 relative au domaine foncier rural.

LAMARCHE A. A. (2019), L'accès à la terre en Côte d'Ivoire : diversité et variabilité des pluralismes, La Revue des droits de l'homme Revue du Centre de recherches et d'études sur les droits fondamentaux 16 | 2019 Revue des droits de l'homme - N° 16, 26 p

LAVIGNE-DELVILLE, P. (2009). *Gouvernance foncière et sécurisation des droits dans les pays du Sud*, Livre blanc des acteurs français de la coopération, Comité Technique ''Foncier et Développement, 20p.

LEY, A. (1973), Le régime domanial et foncier et le développement économique de la Côte-d'Ivoire, Revue internationale de droit comparé25-3pp. 768-769

LAVIGNE-DELVILLE, P. (2017). Qu'est-ce que la sécurité foncière et comment la renforcer? *Foncier & Développement*, p. 3.

LEY, A., (1972), *Le régime domanial et foncier et le développement économique de la Côte d'Ivoire*, Paris, Librairie générale de Droit et de Jurisprudence, 727p.

LAVIGNE DELVILLE, P. (1998). *La sécurisation de l'accès aux ressources : par le titre ou l'inscription dans la communauté ?* in, Philippe LAVIGNE DELVILLE, quelles politiques foncières pour l'Afrique rurale : réconcilier pratiques, légitimité, et légalité, Paris, Karthala.

LE ROY, E., & al. (2016) *La sécurisation foncière en Afrique : pour une gestion viable des ressources renouvelables*, Paris, Karthala, 347p.

MAGUERO et TASSAIN ET MOLAS, Paris, bureau de la revue d l'enregistrement, 5 rue de vienne, 1929 page 22, 25 et 26

MALENGREAU, G. (1947). *Les droits fonciers coutumiers chez les indigènes du Congo Belge*. Essai d'interprétation juridique, Bruxelles, IRCB, XV, 2pp207-110

MELLASSOU, C., (1974). *Anthropologie économique des gouro de Côte d'Ivoire : de l'agriculture de subsistance à l'agriculture commerciale,* 3ème édition, Paris-La Haye, Mouton, 257p.

N'DA, P. (2015). *Recherche et méthodologie en sciences sociales et humaines : Réussir sa thèse, son mémoire de master ou professionnel, et son article* , Paris, L'Harmattan, 207p.

OLWALE, E. (1961). L*a nature du droit coutumier africain*, Pairs, Présence Africaine, 325 p

PANNIER, J. (2020). *Les contorsions de la jurisprudence administrative ivoirienne en matière de litiges fonciers*.https://www.village-justice.com/articles/les-contorsions-jurisprudence-administrative-ivoirienne-matiere-litiges,34075.html, consulté le 24/02/2021

PUEL, Jean-Marc. (2012). *Les fonds souverains dans l'agriculture : un investissement politique ?*, Etudes rurales, 190, http://journals.openedition.org/etudesrurales/9723.

PRZYBYLOWSKI T. (2021). La rente foncière en Afrique subsaharienne, Paris, L'Harmattan, 172p.

RAMANITRA S. M. (2011) Restructuration, modernisation et informatisation de la Conservation Foncière, Mémoire de fin d'études, Ecole nationale d'Administration de Madagascar ENAM, 113p.

THEVENET, M. (2015), *La culture d'entreprise*, Paris, Presses Universitaires de France, p128.

ZALO L. D. (2020), La sécurisation des terres rurales en Côte d'Ivoire édité par le Centre National de Documentation Juridique d'Abidjan

LOIS, DECRETS, ET AUTRE TEXTES

Loi de 1998-750 du 23 décembre 19998 relative au domaine foncier rural

Loi n°2013-867 du 23 décembre 2013 relative à l'accès à l'information d'intérêt public

Loi N°2003-489 du 26 décembre 2003 portant régime fiscal et domanial des collectivités territoriales (Article 211 et suivants)

Loi n°98-750 du 23 décembre 1998 relative au domaine foncier rural

Loi n°2002-156 du 15 mars 2002, annexe fiscale, article 36, voir CGI, Droits domaniaux et publicité foncière : texte 6 ; loi n°2003-206 du 07 juillet 2003, annexe fiscale, article 33.

Loi n°2013-908 du 26 décembre 2013, annexe fiscale, article 19.

Loi de finances n°2013-908 du 26 décembre 2013 Portant budget de l'état pour l'année 2014 instituant *une formalité fusionnée d'enregistrement et de publicité foncière*

Loi n°64-485 du 21 décembre 1964, article 7 et Ordonnance n°2013-481 du 02 juillet 2013, article 6, voir CGI, Droits domaniaux et publicité foncière : texte 9)

Loi n°70-209 du 20 mars 1970, portant loi de finances pour la gestion 1970

Loi n°96-218 du 13 mars 1996 portant annexe fiscale de l'année 1996, voir CGI, Droits domaniaux et publicité foncière : texte 2 article 4, alinéa 2

Décret N° 2016-869 du 03 novembre 2016 portant organisation du Ministère auprès du Premier Ministre, chargé du Budget et du Portefeuille de l'Etat.

Décrets n°2013-463 du 19 juin 2013 et n°2015-810 du 18 décembre 2015 qui fixent le montant et les modalités de paiement de ladite redevance.

Décret n°2015-883 du 23 décembre 2015 déterminant les modalités d'application de l'ordonnance n°2015-208 du 24 mars 2015 portant création du livre foncier électronique.

Décret n°2014-462 du 06 août 2014 portant attributions, organisation et fonctionnement de la Commission d'accès à l'information d'intérêt public et aux documents publics agrégé CAIDP.

Décret n°2014-632 du 22 octobre 2014, fixant les montants et déterminant les modalités de paiement des droits fixes, des droits d'option, des frais de contrôles, d'expertises, d'agrément, et de délivrance des cartes et autres documents relatifs aux activités géologiques et minières

Décret n°1-02-125 du 1er rabi II (13 juin 2002) portant promulgation de la loi n°58-00 portant création de l'agence nationale de la conservation foncière, du cadastre et de la cartographie (ANCFCC)

Décret du 26 juillet 1932 portant réorganisation du régime de la propriété foncière en Afrique Occidentale française.

Ordonnance n°61-183 du 18 mai 1961 modifiée par la loi n°79-1048 du 27 décembre 1979, portant Redevances pour occupation du domaine public et privé de l'Etat.

Ordonnance n°2014-148 du 26 mars 2014, Voir CGI, Code minier, redevances superficiaires et taxes proportionnelles)

Ordonnance n°2015-208 du 24 mars 2015 portant création du livre foncier électronique et le décret N°2015-883 du 23 décembre 2015 déterminant les modalités d'application de l'ordonnance précitée.

Ordonnance n°60-146 du 03 octobre 1960 relatif au régime foncier de l'immatriculation à Madagascar

Ordonnance n°2015-208 du 24 mars 2015 portant création du livre foncier électronique.

Ordonnance n°2013-297 du 02 mai 2013 fixant le barème des montants de la redevance d'occupation des terrains industriels

Ordonnance n° 2014-148 du 26 mars 2014 fixant les redevances superficiaires et les taxes proportionnelles relatives aux activités régies par le Code minier

Arrêté n' 673 MFAEP.CAB. du 20 Avril 1962 portant création d'un service du cadastre.

Arrêté n°269/MEMEF/CAB du 12 septembre 2003 portant création des conservations de la propriété foncière et des hypothèques.

Arrêté n°285/MEMEF/CAB du 15 septembre 2003 portant nomination des Conservateurs de la propriété foncière et des hypothèques

Arrêté présidentiel n°54/01 du 12 octobre 2006 portant organisation, attributions, fonctionnement et composition des commissions foncières,

Arrêté n°2164 du 09 juillet 1936 réglementant l'aliénation des terrains domaniaux en Côte d'Ivoire, modifié par l'arrêté n°83 D du 31 janvier 1938

Arrêté ministériel 001/2006 portant nature de documents fonciers, attributions, et fonctionnement des BFD

Note de service n°59/MPMB/DGI/DDCFET/ du 10 février 2014 portant modalité d'application de l'article 19 de l'annexe fiscale à la loi de finances portant budget 2014 relatif à la formalité fusionnée d'enregistrement et de publicité.

Note de service n°022/SEPMBPE/DGI/DDCFET du11jnavier 2019, Précisant la Procédure de traitement des actes soumis aux formalités d'inscription ou d'extinction de droits réels immobiliers au Livre Foncier

Note de service n°922 du 26 septembre 2017, portant Précisions relatives aux notions de réclamation et de litige foncier.

Note de service n°490 du 26 septembre 2017 portant Précisions relatives au suivi des affaires en justice liées à la procédure de création des titres fonciers ou de publicité au Livre foncier.

Délibération n°187-57 AT du 5 février 1958 modifiée par la loi n°79-1048 du 27 décembre 1979, annexe fiscale, article 6 ; loi n°81 – 150 du 27 février 1981, annexe fiscale, article 20

WEBOGRAPHIE

Www.helfo.com/blog/gestion-dentreprise/processus-de-planification-stratégique/

Https://www.cadremploi.fr › conseils › conseils-carrière

https://www.arcalys.com/archivage/definition-archivage, consulter le 13/09/2021

www.boursedescredits.com/lexique/marche-hypothecaire-

Https://www.dgi.gouv.ci/index.php/statistiques/25-evolution-des-recettes

www.cnrtl.fr/définition/impôt

www.entreprises.gouv.fr/qu'est-ce qu'une démarche qualité?

http// :.wikipédia/conservation des hypothèques, devenu services de la publicité foncière.

www.banquemondiale.org/fr/news/feature/

http://www.statcan.gc.ca/edu/power-pouvoir/ch13/nonprob/5214898-fra.htm#a2

TABLE DES MATIERES

DEDICACE 7
ABSTRACT/ RESUME 9
REMERCIEMENTS 11
PREFACE 15
AVANT-PROPOS 19
LISTE DES SIGLES ET DES ACRONYMES 21
LISTE DES TABLEAUX 23
LISTE DES FIGURES 25
INTRODUCTION 27
PREMIERE PARTIE : CADRAGE THEORIQUE ET METHODOLOGIQUE 33
CHAPITRE 1 : APPROCHE THEORIQUE DE L'ETUDE 35

1.1.LA CONSERVATION FONCIERE : UNE ETUDE BIEN JUSTIFIEE 35

1.2. LES ARGUMENTS SUR LE ROLE DE SECURISATION DE LA CONSERVATION FONCIERE 36

1.2.1. Du rôle essentiel de la conservation foncière 37
1.2.1.1. La publicité foncière, essence du métier de conservation foncière 37
1.2.1.2. L'immatriculation foncière, une activité indispensable pour le développement économique 38
1.2.1.3. L'archivage : la mémoire de l'économie par la conservation foncière 40
1.2.1.4. L'immatriculation des terres : pierre angulaire de l'activité de conservation foncière 41

1.2.2. De la méconnaissance du rôle essentiel de la conservation foncière 42
1.2.2.1. La primauté du régime domanial sur le régime de l'immatriculation 42
1.2.2.2. La certification massive comme gage de succès de la mise œuvre de la politique de foncière rurale de l'Etat de Côte d'Ivoire 43

1.2.2.3. Le rôle complémentaire de la conservation foncière dans le processus de sécurisation des droits fonciers urbains 45

CHAPITRE 2: LA CONSERVATION FONCIERE : *UNE VERITABLE PROBLEMATIQUE DES TEMPS MODERNES* **47**

2.1. L'IMPORTANCE DU TITRE FONCIER DANS LE FINANCEMENT DE L'ECONOMIE DEPUIS L'ORIGINE 48

2.2. L'ABSENCE DE POLITIQUE D'ENVERGURE DE L'IMMATRICULATION DANS LE CONTEXTE COLONIAL ET POST COLONIAL 49

2.3. LE POSITIONNEMENT DE LA CONSERVATION FONCIERE DANS LE DISPOSITIF DE SECURISATION FINANCIERE ET DYSFONCTIONNEMENTS 52

2.4 QUESTIONNEMENTS, OBJECTIF, HYPOTHESE 55

2.5 METHODOLOGIE ET CHAMP DE L'ETUDE 56

2.6 LES PARADIGMES ET COLLECTE DES DONNEES DE L'ETUDE 59

CHAPITRE 3 : CONCEPTS GENERAUX LIES A LA SECURISATION FONCIERE **63**

3.1. LA SECURITE FONCIERE 63

3.1.1. Sécurité foncière d'un point de vue générale 63

3.1.2. Sécurité foncière une question de normes et d'autorités.. 64

3.1.3. Insécurité foncière ou la nécessaire protection en cas de trouble 65

3.2. LA SECURISATION FONCIERE 66

3.1.4. Sécurisation par la création de la propriété foncière 67

3.1.5. Sécurisation par la garantie de la propriété foncière 70

3.1.6. L'intérêt de la sécurisation foncière 71

3.3. LE TITREMENT DE PARCELLES 72

DEUXIEME PARTIE INSTITUTION DE LA CONSERVATION FONCIERE ET PRATIQUES DE GESTION FONCIERE **75**

CHAPITRE 4 : CADRE LEGAL DE LA CONSERVATION FONCIERE 77

4.1. LES REGIMES FONCIERS : UNE APPROCHE HISTORIQUE 77
4.1.1. Le régime foncier coutumier 77
4.1.2. Le régime foncier du code civil 79
4.1.3. Le régime domanial ou des concessions 80
4.1.4. Le régime de l'immatriculation : aux origines de la sécurisation foncière 83

4.2. LE TITRE DE SECURISATION FONCIERE 88
4.2.1. Le titre foncier, l'acte de naissance à la vie juridique d'une parcelle, titre originel de propriété 89
4.2.2. Le titre d'accès à la propriété foncière et le titrement des terrains et des terres 91

CHAPITRE 5 : LA CONSERVATION FONCIERE EN CÔTE D''IVOIRE : *UN APERÇU HISTORIQUE* 97

5.1. EVOLUTION DE LA CONSERVATION FONCIERE DE COTE D'IVOIRE 97
5.1.1. La conservation des hypothèques en France 97
5.1.2. Le service de la conservation foncière en Côte d'Ivoire.. 98
5.1.2.1. La conservation foncière un service centralisé en Côte d'Ivoire 99
5.1.2.2. La démultiplication des services de conservation de la propriété foncière et des hypothèques à partir de 2003 101

5.2. MISSIONS ET ORGANISATION 102
5.2.1. Missions de l'institution conservation foncière 102
5.2.2. Organisation de la conservation foncière 105
5.2.2.1. Organisation des services centraux 105
5.2.2.2. Organisation des services régionaux 111

CHAPITRE 6 : ACTIVITES ET OUTILS DE LA CONSERVATION FONCIERE 117

6.1. LES ACTIVITES DE LA CONSERVATION FONCIERE. 117
6.1.1. La garantie des droits réels immobiliers par la conservation foncière 117

6.1.1.1. La création de titre foncier : les étapes de l'immatriculation et ses effets ... 119
6.1.1.2. La publication des Arrêtés domaniaux ... 124
6.1.1.3. La conservation des archives et la communication de l'information foncière ... 131
6.1.1.4. La gestion contentieuse : causes et typologie ... 134
6.1.2. La perception des droits et taxes sur les formalités ... 136
6.1.3. Les activités en matière de gestion financière du domaine de l'Etat ... 138
6.1.4. L'enregistrement enmatière foncière : généralités, principes et activités ... 144

6.2. LES OUTILS DE LA CONSERVATION FONCIERE : Typologie et Gestion ... 148
6.1.5. Typologie des outils physiques ... 148
6.1.6. Les techniques de gestion des outils physiques ... 152
6.1.7. Les outils numériques et électroniques ... 154

CHAPITRE 7 : REFORMES EN GESTION FONCIERE ET ETAT DES LIEUX DES SERVICES ... **159**

7.1. REFORMES ENTREPRISES EN MATIERE DE GESTION FONCIERE ... 159
7.1.1. Les réformes foncières et techniques ... 159
7.1.1.1. La simplification de la procédure de délivrance des titres fonciers ... 159
7.1.1.2. L'informatisation des services de la DGI pour la célérité dans la délivrance des actes ... 162
7.1.1.3. La facilitation du transfert de propriété ... 164
7.1.2. Les pratiques managériales ... 167
7.1.2.1. L'informatisation du livre foncier ... 167
7.1.2.2. L'exploitation du livre foncier électronique ... 171

7.2. DIAGNOSTIC DES SERVICES DE CONSERVATION FONCIERE ... 181
7.1.3. Le diagnostic général par les responsables de la Conservation Foncière ... 182
7.1.4. Le diagnostic par la méthode PESTEL ... 185
7.1.5. Le diagnostic par la méthode SWOT ... 186

TROISIEME PARTIE : DISPOSITIFS DE SECURISATION DES DROITS FONCIERS ET L'INCONTOURNABLE ROLE DE LA CONSERVATION FONCIERE : *RESULTATS D'ETUDES ET PERSPECTIVES* **187**

CHAPITRE 8: LA CONSERVATION FONCIERE : *LA DOUBLE MISSION DE SECURISATION JURIDIQUE ET DE SECURISATION FINANCIERE* **189**

8.1. AU NIVEAU DE LA SECURISATION FINANCIERE DU BUDGET DE L'ETAT 189

8.1.1. L'évolution des réalisations fiscales de la DGI 2014-2020 190

8.1.2. L'évolution des réalisations fiscales de la DDCFET 2014-2020 192

8.1.3. L'évolution des réalisations fiscales de la DDCFET par catégorie de recettes.. 193

8.2. AU NIVEAU DE LA SECURISATION JURIDIQUE DES DROITS REELS IMMOBILIERS.. 195

8.2.1. Les résulta.....ts des services en matière de création de titre foncier 195

8.2.2. Les résultats en matière d'établissement du certificat de propriété.. 198

8.2.3. En matière de publication des ACD.............................. 199

8.2.4. En matière d'inscription au livre foncier (transactions immobilières).. 200

8.2.5. Au niveau du marché foncier et immobilier 201

8.2.6. Au niveau des inscriptions hypothécaires sur le livre foncier électronique 206

8.3. DE LA NOTORIETE DES SERVICES ET DE LA SATISFACTION DES CLIENTS.. 211

8.3.1. Types de clients intéressés par les services de CF 212

8.3.2. Proportion du Genre et de la tranche d'Age des clients de la conservation Foncière.. 214

8.3.3. Typologie et statut professionnel des usagers-clients de la conservation foncière.. 216

8.3.4. Connaissance de la conservation foncière 219

8.3.5. Qualité des prestations de service 227

CHAPITRE 9 : ATOUTS, RISQUES ET POINTS DE FAIBLESSE.................. **243**

9.1. LES ATOUTS DES SERVICES 243
9.1.1. Une performance accrue des services en termes de réalisations fiscales 243
9.1.2. Une progression lente des services en matière de création de titre foncier dans le cadre de la couverture géographique nationale244
9.1.3. Un essor du marché foncier et de l'immobilier sans grande influence sur les recettes tirées de ces opérations 245
9.1.4. Des résultats mitigés en termes de notoriété des services et de satisfaction du client 246

9.2. LES RISQUES DE GESTION 247
9.2.1. Les risques au niveau structurel 247
9.2.2. Les risques fonctionnels 248
9.2.3. Les risques opérationnels 253

9.3. LES FAIBLESSES ET MENACES 256
9.3.1. Difficultés dans l'exercice des activités de conservation foncière pure 256
9.3.2. Difficultés en matière de gestion financière du domaine de l'état 286
9.3.3. Difficultés en matière de droit d'enregistrement et du timbre 291

9.4. DES POSSIBLES SCENARIOS 292
9.4.1. Le scenario pessimiste : la suppression de la conservation foncière 292
9.4.2. Le scenario idéal : le repositionnement de la conservation foncière 293

9.5. VERIFICATION DES HYPOTHESES DE DEPART 293
9.5.1. Conservation foncière et sécurisation des droits immobiliers : une mission difficile 293
9.5.2. Organisation et fonctionnement de la conservation foncière : des services peu performants 294
9.5.3. Conservation de la Propriété Foncière et des Hypothèques : de gros dysfonctionnements 295

QUATRIEME PARTIE: MODERNISATION DE LA CONSERVATION FONCIERE, REFORME DU CADRE DE GOUVERNANCE ET DIGITALISATION DES METIERS DU FONCIER **297**

CHAPITRE 10: DISPOSITIONS OPERATIONNELLES POUR UNE AMELORATION DE LA PERFORMANCE DES SERVICES **299**

10.1. DES MESURES RELATIVES A L'AMELIORATION DU MANAGEMENT INTERNE DES SERVICES DE CPFH 299

10.1.1. Dispositions managériales générales pour une gestion efficiente 299

10.1.2. Dispositions pour un meilleur pilotage des services par les conservateurs 305

10.1.3. Disposition pour une organisation optimale et un meilleur fonctionnement des services de Conservation de la Propriété Foncière et des Hypothèques 307

10.2. DES MESURES EN FAVEUR DE RAPPORTS QUALITATIFS AVEC LES PARTENAIRES FONCIERS 311

10.2.1. Des rapports institutionnels appropriés 311

10.2.2. Des liaisons fonctionnelles de qualité 312

10.2.3. Une amélioration de l'image de marque et la notoriété de la CF 314

CHAPITRE 11 :REFORME DE LA GOUVERNANCE, DIGITALISATION DES SERVICES ET IMMATRICULATION MASSIVE DES TERRES **319**

11.1. REFORME DU CADRE DE GOUVERNANCE DE LA CONSERVATION FONCIERE 319

11.1.1. Des réformes textuelles pour un encadrement adéquat des activités des CF 319

11.1.2. Des réformes structurelles et organisationnelles pour une meilleure sécurisation des droits fonciers 327

11.2. TRANSFORMATION DIGITALE, IMMATRICULATION MASSIVE ET SYSTEMATIQUE DES TERRES 334

11.2.1. Vers une digitalisation complète des services 334

11.2.2. Vers une immatriculation totale de l'ensemble du territoire 338

11.3. SYNTHESE DES RECOMMANDATIONS 346

CONCLUSION 349
BIBLIOGRAPHIE..365
TABLE DES MATIERES 367

Structures éditoriales du groupe L'Harmattan

L'Harmattan Italie
Via degli Artisti, 15
10124 Torino
harmattan.italia@gmail.com

L'Harmattan Hongrie
Kossuth l. u. 14-16.
1053 Budapest
harmattan@harmattan.hu

L'Harmattan Sénégal
10 VDN SICAP AMITIE 3
BP 45034 Dakar-Fann
direction@senharmattan.com

L'Harmattan Cameroun
Tsinga/Derrière polyclinique FECAFOOT
BP 11486 Yaoundé
Jacques.koukam@harmattan.fr

L'Harmattan Burkina Faso
Villa 281, secteur 23 623, rue 14.32
Ouagadougou
zagbie@outlook.fr

L'Harmattan Guinée
Almamya, rue KA 028 OKB Agency
BP 3470 Conakry
harmattanguinee@yahoo.fr

L'Harmattan RDC
185, avenue Nyangwe
Commune de Lingwala - Kinshasa
matangilamusadila@yahoo.fr

L'Harmattan Congo
219, avenue Nelson Mandela
BP 2874 Brazzaville
deunovmikhael@gmail.com

L'Harmattan Mali
Immeuble Mgr Jean Marie Cissé
Aci Hamadallaye
BP 145 Bamako
syllaka@yahoo.fr

L'Harmattan Togo
Djidjole - Maison Amela
face EPP BATOME
02 BP 20680 Lomé
didieramela11@gmail.com

L'Harmattan Côte d'Ivoire
Résidence Karl - Cité des Arts
Abidjan-Cocody
03 BP 1588 Abidjan
harmattan.ivoire@gmail.com

L'Harmattan Bénin
Rue 604, (Immeuble à l'entrée
de la rue UCAO- Cite de Saint-Jean)
Cotonou
stepcorpus@gmail.com

Nos librairies en France

Librairie internationale
16, rue des Écoles
75005 Paris
librairie.internationale@harmattan.fr
01 40 46 79 11
www.librairieharmattan.com

Librairie des savoirs
21, rue des Écoles
75005 Paris
librairie.sh@harmattan.fr
01 46 34 13 71
www.librairieharmattansh.com

www.ingramcontent.com/pod-product-compliance
Lightning Source LLC
LaVergne TN
LVHW011147061026
849535LV00003B/642